图书在版编目（CIP）数据

经济类综合能力模拟 10 套卷. 数学 / 刘纬宇主编.
北京：北京理工大学出版社，2024. 11.
ISBN 978-7-5763-4544-5

Ⅰ. F0-44

中国国家版本馆 CIP 数据核字第 2024FC0383 号

U0398925

**责任编辑**：多海鹏　　**文案编辑**：多海鹏
**责任校对**：周瑞红　　**责任印制**：边心超

**出版发行** / 北京理工大学出版社有限责任公司
**社　　址** / 北京市丰台区四合庄路 6 号
**邮　　编** / 100070
**电　　话** /（010）68944451（大众售后服务热线）
（010）68912824（大众售后服务热线）
**网　　址** / http://www.bitpress.com.cn

**版 印 次** / 2024 年 11 月第 1 版第 1 次印刷
**印　　刷** / 三河市文阁印刷有限公司
**开　　本** / 787 mm × 1092 mm　1/16
**印　　张** / 10. 25
**字　　数** / 240 千字
**定　　价** / 39. 80 元

**图书出现印装质量问题，请拨打售后服务热线，负责调换**

### 4. 随书赠送 4 年真题讲解课程，扎实掌握真题考点

本书赠送 2021－2024 年真题逐题讲解视频课程，为刘纬宇老师亲自录制，同学们通过听课，将自己掌握的方法在真题中进行验证，从而巩固做题方法．

## 二、使用方法

为了帮助考生更好地利用本书，高效备考，建议同学们按照以下步骤进行学习：

**第1步　卡时间、仿真练**

调整好状态，每套试卷在闭卷的情况下，卡84分钟时间做完

**第2步　对答案，找原因**

规定时间内能做完：

正确率高的同学，除了纠错，还可参照解析，看是否能找到更好的解题方法，之后坚持做题，保持状态；正确率低的同学，查找错误原因、薄弱点，查漏补缺

规定时间内没做完：

正确率高的同学，需要练答题速度，可通过多做模拟卷，或强化习题，提高速度；正确率低的同学除了纠错，还须参照上述建议刷题以提速

**第3步　析错题，明解析**

核对完答案，每一道错题要自己重新进行分析，分析后看是否能做对，若做不对，再看解析，通过解析，明白自己的错误原因，下次做题时规避

**第4步　二刷提高**

10套试卷做完一遍，对薄弱知识点进行复习巩固之后，可以做第二遍（做第一遍时试卷不做标记，以免影响第二遍的效果），检测自己是否有提高

## 三、考前叮嘱

### 1. 看待模考

以正式考试的标准要求自己，才能测出真实的水平；有勇气接纳真实的自己，问题尽量暴露在平时而非考场上；模考分数只是一个参考，重要的是测试后的查漏补缺．

### 2. 考前复习

做题为主，听课为辅．速度准度，挑战突破．题目两遍，错题再做．避过三坑，接纳行动．重在坚持，玉汝于成(“三坑”指听多看多做题少，重量轻质效果差，片面投入失均衡).

考研的故事还在继续，需要我们一笔一划地书写．愿你历经考验，归来仍是少年．

**刘纬宇**

# 写给考前的你

考试临近，除了把真题吃透，还需要做什么呢？这是考生的普遍疑问．我的建议是做几套高质量的模拟卷，为什么呢？

我认为模考的价值主要在两个字：“测”和“练”．“测”体现在，通过在贴近真实考试的环境中参加测试及测后评价，获得对自身复习水平的全面反馈，查漏补缺；“练”体现在，通过多次参加测试，以测带练，练速度，练准度，练临场发挥能力等，不断迭代提升．

为了在“测”和“练”这两方面为考生提供帮助，依据经综最新考试大纲、结合历年真题、参考数学(一)、(二)、(三)真题及相关资料，编写了本书．

## 一、本书特色

### 1. 紧扣考纲与真题，题型全新题多，主抓高频点，兼顾新考向

严格按照最新大纲、近年最新真题，分析重难点及命题趋势，按照“高频题型重点练、低频题型适度练、延伸题型预测练”的原则，科学编排题目．

(1)本书针对高频考查点，重点命题，例如：微积分中的“导数定义”“积分计算”等；线性代数中的“矩阵运算”“向量组的线性相关与线性表示”等；概率论中的“常见分布”“期望、方差”等．这些高频题型，同学们要重点练习，重点掌握．

(2)在着重体现历年重点考查题型之外，本书还兼顾统一命题后真题中的新考情，例如：2021年新考查的“求旋转体体积”；2022年新考查的“求弧长”；2023年新考查的“用定积分定义求极限”；2024年新考查的“反常积分敛散性判断”等．这些近年真题考查的新题型，同学们也要着重练习．

(3)本书中还有在历年真题中考查频率较低的题型，例如“变化率相关问题”等，同学们可以根据自身情况，适度进行练习，不必要花费大量时间．

(4)根据近年真题难度有所增加的考情进行分析、预测，本书会出现今后可能会考的题型，例如“曲率”等，这些题型不作为重要练习目标，同学们可以选择性地练习．

### 2. 试卷结构高仿真题，难度合理分布

(1)每套试卷均严格按照统一命题后真题的形式，题量为35个单选题(5个选项)；学科题量比例为微积分∶线性代数∶概率论＝21∶7∶7；每个学科中考点的分布整体与真题保持一致．

(2)10套卷整体的难度呈“倒U”型分布：第1、10套试卷难度低于真题平均难度，第2、3、8、9套试卷难度接近真题，第4～7套试卷难度高于真题，目的是使考生拿到试卷可以轻松上手，然后逐步训练适应题目难度和考试趋势，最后回归真题难度，为考生建立考试信心．每套试卷均有大量新题，可以帮助考生锻炼思维，提高应试能力．

### 3. 解析详尽，每道题均明确考点、类型、难易度、求解过程

每道题目均会点拨考点，给出题目类型(计算题或概念题)、难易度(较低、中等、较高)．题目解析详细完善，部分题一题多解，多角度解题；必要时配有“思路”：提示解题思路，帮助学生建立解题思维；“注意”：关键解题步骤或者易错点加以提醒；“总结”：新增知识点、结论等的汇总，方便学生学习、拓展．

乐学喵教育 理工社

# 经济类综合能力

MF · MIB · MI · MV · MT · MAS

# 模拟10套卷

# 数学

- 紧扣新大纲，预测新考向
- 难易度分阶，题型全新题多
- 解析超详细，掌握方法技巧

主编 刘纬宇

北京理工大学出版社
BEIJING INSTITUTE OF TECHNOLOGY PRESS

绝密★启用前

# 全国硕士研究生招生考试
# 经济类综合能力试题
# 数学·模拟卷 2

(科目代码：396)

考试时间：8：30—11：30

(数学建议用时 84 分钟内)

## 考生注意事项

1. 答题前，考生须在试题册指定位置上填写考生姓名和考生编号；在答题卡指定位置上填写报考单位、考生姓名和考生编号，并涂写考生编号信息点。
2. 选择题的答案必须涂写在答题卡相应题号的选项上，非选择题的答案必须书写在答题卡指定位置的边框区域内。超出答题区域书写的答案无效；在草稿纸、试题册上答题无效。
3. 填(书)写部分必须使用黑色字迹签字笔或者钢笔书写，字迹工整、笔迹清楚；涂写部分必须使用 2B 铅笔填涂。
4. 考试结束，将答题卡和试题册按规定交回。

| 考生编号 | | | | | | | | | | | | | | | |
|---|---|---|---|---|---|---|---|---|---|---|---|---|---|---|---|
| 考生姓名 | | | | | | | | | | | | | | | |

**数学基础：**第 1～35 小题，每小题 2 分，共 70 分．下列每题给出的五个选项中，只有一个选项是最符合试题要求的．

1. $\lim\limits_{x\to0^+}\left(\dfrac{1}{\sqrt{x}}\right)^{\tan x}=($　　$)$.

A. 1　　B. $-1$　　C. 0　　D. 2　　E. $-2$

2. 若 $x\to0$ 时，$(1-ax^2)^{\frac{1}{4}}-1$ 与 $x\tan x$ 是等价无穷小，则 $a=($　　$)$.

A. 0　　B. 2　　C. $-2$　　D. 4　　E. $-4$

3. 已知 $\lim\limits_{n\to\infty}a_n=a$，则下列结论正确的个数是(　　).

(1)若对于任意的正整数 $n$，有 $a_n>0$，则 $a>0$；

(2)若 $a>0$，则对于任意的正整数 $n$，有 $a_n>\dfrac{a}{2}$；

(3)数列 $\{a_n\}$ 有界；　　(4) $\lim\limits_{n\to\infty}|a_n|=|a|$.

A. 0　　B. 1　　C. 2　　D. 3　　E. 4

4. 设函数 $f(x)=\lim\limits_{n\to\infty}\dfrac{1+(n-1)x^2}{1+nx^2}$，讨论函数 $f(x)$ 的间断点，其结论为(　　).

A. 不存在间断点

B. $x=0$ 为 $f(x)$ 的跳跃间断点

C. $x=0$ 为 $f(x)$ 的可去间断点

D. $x=0$ 为 $f(x)$ 的无穷间断点

E. $x=0$ 为 $f(x)$ 的振荡间断点

5. 函数 $f(x)=\begin{cases}\dfrac{e^x-1}{x}, & x\neq0,\\ 1, & x=0\end{cases}$ 在 $x=0$ 处(　　).

A. 连续且取得极大值　　B. 连续且取得极小值　　C. 连续但不可导

D. 可导且导数等于零　　E. 可导且导数不为零

6. 设 $y=\sin^4x-\cos^4x$，则 $y^{(n)}=($　　$)$.

A. $-\cos\left(2x+\dfrac{n\pi}{2}\right)$　　B. $\cos\left(2x+\dfrac{n\pi}{2}\right)$　　C. $-2^n\cos\left(2x+\dfrac{n\pi}{2}\right)$

D. $2^n\cos\left(2x+\dfrac{n\pi}{2}\right)$　　E. $-2^n\sin\left(2x+\dfrac{n\pi}{2}\right)$

7. 已知可导函数 $y=y(x)$ 满足 $ae^x+y^2+y-\ln(1+x)\cos y+b=0$，且 $y(0)=0$，$y'(0)=0$，则 $a$，$b$ 的值分别为(　　).

A. $-1$，$-1$　　B. 1，$-1$　　C. $-1$，1　　D. 1，1　　E. 1，0

8. 已知两曲线 $y=f(x)$ 与 $y=\sin x$ 在点(0，0)处的切线相同，则 $\lim\limits_{n\to\infty}nf\left(\dfrac{2}{n}\right)=($　　$)$.

A. 0　　B. 1　　C. 2　　D. $-1$　　E. $-2$

9. 方程 $4\arctan x-x+\dfrac{4\pi}{3}-\sqrt{3}=0$ 恰有(　　)个实根．

A. 0　　B. 1　　C. 2　　D. 3　　E. 4

10. 设某产品的成本函数 $C(Q)$ 可导，其中 $Q$ 为产量．若产量为 $Q_0$ 时平均成本最小，则(　　).

A. $C'(Q_0)=0$　　B. $C'(Q_0)=C(Q_0)$　　C. $C'(Q_0)=Q_0C(Q_0)$

D. $Q_0C'(Q_0)=C(Q_0)$　　E. $C''(Q_0)=0$

11. 已知 $f'(\ln x)=\dfrac{\ln x}{x}$，且 $f(1)=-2e^{-1}$，则 $f(2)=$(　　).

A. $2e^{-2}$　　B. $-2e^{-2}$　　C. $3e^{-2}$　　D. $-3e^{-2}$　　E. 0

12. 设 $a\neq 0$，则 $\int_0^1 \dfrac{ax+b}{x^2+2x+2}dx=$(　　).

A. 0　　B. $\dfrac{a}{2}\ln\dfrac{5}{2}$

C. $(b-a)\left(\arctan 2-\dfrac{\pi}{4}\right)$　　D. $\dfrac{a}{2}\ln\dfrac{5}{2}+(b-a)\left(\arctan 2-\dfrac{\pi}{4}\right)$

E. $\dfrac{a}{2}\ln\dfrac{5}{2}-(b-a)\left(\arctan 2-\dfrac{\pi}{4}\right)$

13. $\int_{-\pi}^{\pi}(1+x)\sqrt{\pi^2-x^2}\,dx=$(　　).

A. $\dfrac{\pi}{2}$　　B. $\dfrac{\pi^2}{2}$　　C. $\dfrac{\pi^3}{2}$　　D. 0　　E. $\pi$

14. $\lim\limits_{n\to\infty}\int_0^1 e^{-x}\sin nx\,dx$(　　).

A. 等于 0　　B. 等于 1　　C. 等于 2

D. 为$\infty$　　E. 不存在但不为$\infty$

15. 在第一象限内求曲线 $y=-x^2+1$ 上的一点，使该点处的切线与所给曲线及两坐标轴所围成的图形面积为最小，则该点横坐标为(　　).

A. $\dfrac{\sqrt{3}}{3}$　　B. $\dfrac{2\sqrt{3}}{3}$　　C. $\sqrt{3}$　　D. $2\sqrt{3}$　　E. $3\sqrt{3}$

16. 曲线 $y=\ln x$ 与 $y=1$ 以及两坐标轴围成的图形绕 $x$ 轴旋转一周所得旋转体的体积为(　　).

A. $\pi$　　B. $2\pi$　　C. $\pi(e-1)$　　D. $2\pi(e-1)$　　E. $2\pi e$

17. 下列反常积分中，收敛的个数为(　　).

(1) $\int_0^{+\infty}\dfrac{1}{\sqrt{e^x}}dx$；(2) $\int_0^{+\infty}xe^{-x^2}dx$；(3) $\int_0^{+\infty}\dfrac{\arctan x}{1+x^2}dx$；(4) $\int_0^{+\infty}\dfrac{x}{1+x^2}dx$.

A. 0　　B. 1　　C. 2　　D. 3　　E. 4

18. 对于二元函数 $f(x,y)$，若 $f'_x(x_0,y_0)=0$，$f'_y(x_0,y_0)=a(a\neq 0)$，则下列结论正确的个数为(　　).

(1) $f(x,y)$ 在 $(x_0,y_0)$ 连续；(2) $f(x,y)$ 在 $(x_0,y_0)$ 可微；

(3) $df|_{(x_0,y_0)}=a\,dy$；(4) $(x_0,y_0)$ 不是 $f(x,y)$ 的极值点．

A. 0　　B. 1　　C. 2　　D. 3　　E. 4

19. $f(x+y,x-y)=x-y$，则 $df(x,y)=$(　　).

A. 0　　B. $dx$　　C. $dy$　　D. $dx+dy$　　E. $dx-dy$

20. 设函数 $z=f(u)$，方程 $u=\varphi(u)+\int_y^x P(t)\mathrm{d}t$ 确定 $u$ 是 $x$，$y$ 的函数，其中 $f(u)$，$\varphi(u)$ 可微，$P(t)$，$\varphi'(u)$ 连续，且 $\varphi'(u)\neq 1$，则 $P(y)\dfrac{\partial z}{\partial x}+P(x)\dfrac{\partial z}{\partial y}=$(　　).

A. $-2$　　B. 2　　C. $-1$　　D. 1　　E. 0

21. 二元函数 $z=xy(3-x-y)$ 的极值点是(　　).

A. (0, 0)　　B. (0, 3)　　C. (3, 0)　　D. (1, 1)　　E. (1, 3)

22. 已知 3 阶矩阵 $\boldsymbol{A}=(\boldsymbol{\alpha}_1, \boldsymbol{\alpha}_2, \boldsymbol{\alpha}_3)$，且 $|\boldsymbol{A}|=a$，令 $\boldsymbol{B}=(2\boldsymbol{\alpha}_1, \boldsymbol{\alpha}_1+\boldsymbol{\alpha}_2, \boldsymbol{\alpha}_1+2\boldsymbol{\alpha}_2+3\boldsymbol{\alpha}_3)$，则 $|\boldsymbol{B}|=$(　　).

A. 0　　B. $a$　　C. $3a$　　D. $6a$　　E. $9a$

23. 设 $\boldsymbol{A}$ 是一个 $n$ 阶矩阵，则下列矩阵中一定是对称矩阵的有(　　)个.

(1)$\boldsymbol{A}^{\mathrm{T}}\boldsymbol{A}$；(2)$\boldsymbol{A}-\boldsymbol{A}^{\mathrm{T}}$；(3)$\boldsymbol{A}^2$；(4)$\boldsymbol{A}^{\mathrm{T}}-\boldsymbol{A}$.

A. 0　　B. 1　　C. 2　　D. 3　　E. 4

24. 设 $\boldsymbol{A}$ 与 $\boldsymbol{B}$ 均为 2 阶方阵，若存在可逆矩阵 $\boldsymbol{P}$，使得 $\boldsymbol{PA}=\boldsymbol{BP}$，且 $\boldsymbol{B}=\begin{pmatrix}1&0\\0&-1\end{pmatrix}$，则 $\boldsymbol{A}^{10}=$(　　).

A. $\begin{pmatrix}1&0\\0&-1\end{pmatrix}$　B. $\begin{pmatrix}-1&0\\0&1\end{pmatrix}$　C. $\begin{pmatrix}1&0\\0&1\end{pmatrix}$　D. $\begin{pmatrix}0&0\\0&0\end{pmatrix}$　E. $\begin{pmatrix}0&1\\-1&0\end{pmatrix}$

25. 方程组 $\begin{cases}x_1+x_2+x_3=1,\\3x_1+3x_2+4x_3=0,\\2x_1+ax_2+2x_3=b\end{cases}$ 无解，则(　　).

A. $a=2$，$b=2$　　B. $a=2$，$b\neq 2$

C. $a\neq 2$，$b=2$　　D. $a\neq 2$，$b\neq 2$

E. $a\neq 2$

26. 设 $\boldsymbol{\alpha}_1=(\lambda, 0, 1)^{\mathrm{T}}$，$\boldsymbol{\alpha}_2=(1, \lambda-1, 1)^{\mathrm{T}}$，$\boldsymbol{\alpha}_3=(1, 0, \lambda)^{\mathrm{T}}$，$\boldsymbol{\alpha}_4=(a, 1, 1)^{\mathrm{T}}$，若 $\boldsymbol{\alpha}_4$ 不能由 $\boldsymbol{\alpha}_1$，$\boldsymbol{\alpha}_2$，$\boldsymbol{\alpha}_3$ 线性表示，则(　　).

A. $\lambda\neq -1$ 且 $\lambda\neq 1$　　B. $\lambda=-1$，$a=-2$

C. $\lambda=-1$，$a\neq -2$　　D. $\lambda=1$

E. $\lambda=-1$ 且 $a\neq -2$，或 $\lambda=1$

27. 设向量组 $\boldsymbol{\alpha}_1$，$\boldsymbol{\alpha}_2$，$\boldsymbol{\alpha}_3$ 的秩为 2，则向量组 $\boldsymbol{\alpha}_1+\boldsymbol{\alpha}_2$，$\boldsymbol{\alpha}_2+\boldsymbol{\alpha}_3$，$\boldsymbol{\alpha}_1+\boldsymbol{\alpha}_2+\boldsymbol{\alpha}_3$，$\boldsymbol{\alpha}_1+2\boldsymbol{\alpha}_2+3\boldsymbol{\alpha}_3$ 的秩为(　　).

A. 0　　B. 1　　C. 2　　D. 3　　E. 4

28. 已知矩阵 $\boldsymbol{A}=\begin{pmatrix}a_{11}&a_{12}&a_{13}\\a_{21}&a_{22}&a_{23}\end{pmatrix}$，$\boldsymbol{A}\begin{pmatrix}1&-1\\1&0\\0&1\end{pmatrix}=\boldsymbol{O}$，则(　　).

A. $R(\boldsymbol{A})=1$

B. 齐次线性方程组 $\boldsymbol{Ax}=\boldsymbol{0}$ 的基础解系为 $(1, 1, 0)^{\mathrm{T}}$，$(-1, 0, 1)^{\mathrm{T}}$

C. $\boldsymbol{A}$ 的任意 2 个列向量线性相关

D. 非齐次线性方程组 $\boldsymbol{Ax}=\boldsymbol{b}$ 必有解

E. 以上均不成立

**29.** 设 $A$，$B$ 为随机事件，则 $P(A)=P(B)$的充分必要条件是(　　).

A. $P(A\cup B)=P(A)+P(B)$　　B. $P(AB)=P(A)P(B)$

C. $P(A\overline{B})=P(B\overline{A})$　　D. $P(AB)=P(\overline{A}\cap\overline{B})$

E. $P(AB)=P(A\overline{B})$

**30.** 若函数 $F(x)$在 $\mathbf{R}$ 上只有一个间断点，则以下结论正确的个数为(　　).

(1)$F(x)$是离散型随机变量的分布函数；　(2)$F(x)$不是连续型随机变量的分布函数；

(3)$F(x)$不是分布函数；　(4)$F(x)$不是概率密度函数.

A. 0　B. 1　C. 2　D. 3　E. 4

**31.** 随机变量 $X$ 服从正态分布 $N(3, 6^2)$，$P\{2<X<3\}=0.2$，则 $P\{X<2\}+P\{X>4\}=$(　　).

A. 0.1　B. 0.2　C. 0.4　D. 0.6　E. 0.8

**32.** 设随机变量 $X$ 服从参数为 2 的指数分布，则方程 $y^2+Xy+1=0$ 有实根的概率为(　　).

A. $e^{-1}$　B. $e^{-2}$　C. $e^{-3}$　D. $e^{-4}$　E. $e^{-5}$

**33.** 随机变量 $X$ 服从泊松分布 $P(2)$，则 $P\{E(X)-1<X<D(X)+1\}=$(　　).

A. $e^{-1}$　B. $2e^{-1}$　C. $e^{-2}$　D. $2e^{-2}$　E. $2e^{-3}$

**34.** 设随机变量 $X$ 的密度函数为 $f(x)=\begin{cases} xe^{-\frac{x^2}{2}}, & x>0, \\ 0, & x\leqslant 0, \end{cases}$ 则 $E(X^2)=$(　　).

A. 1　B. 2　C. 3　D. 4　E. 5

**35.** 设随机变量 $X$ 与 $Y$ 的概率分布分别为

| $X$ | 0 | 1 |
|---|---|---|
| $P$ | $\frac{1}{3}$ | $\frac{2}{3}$ |

| $Y$ | $-1$ | 0 | 1 |
|---|---|---|---|
| $P$ | $\frac{1}{3}$ | $\frac{1}{3}$ | $\frac{1}{3}$ |

且 $P\{X^2=Y^2\}=1$，则二维随机变量$(X, Y)$的概率分布为(　　).

A.

| $X$ \ $Y$ | $-1$ | 0 | 1 |
|---|---|---|---|
| 0 | 0 | $\frac{1}{3}$ | 0 |
| 1 | $\frac{1}{3}$ | 0 | $\frac{1}{3}$ |

B.

| $X$ \ $Y$ | $-1$ | 0 | 1 |
|---|---|---|---|
| 0 | $\frac{1}{3}$ | 0 | $\frac{1}{3}$ |
| 1 | 0 | $\frac{1}{3}$ | 0 |

C.

| $X$ \ $Y$ | $-1$ | 0 | 1 |
|---|---|---|---|
| 0 | 0 | 0 | 0 |
| 1 | $\frac{1}{3}$ | $\frac{1}{3}$ | $\frac{1}{3}$ |

D.

| $X$ \ $Y$ | $-1$ | 0 | 1 |
|---|---|---|---|
| 0 | $\frac{1}{3}$ | $\frac{1}{3}$ | $\frac{1}{3}$ |
| 1 | 0 | 0 | 0 |

E. 以上均不成立

# 答案速查

## 数学基础

| | | | | | | | |
|---|---|---|---|---|---|---|---|
| 1~5 | AECAE | 6~10 | CBCCD | 11~15 | DDCAA | 16~20 | BDBCE |
| 21~25 | DDBCB | 26~30 | ECCCB | 31~35 | DDDBA | | |

# 答案详解

## 数学基础

### 1. A

**【解析】主要考查幂指函数的转化和洛必达法则，是一道难度较低的计算题 .**

$\lim\limits_{x\to0^+}\left(\frac{1}{\sqrt{x}}\right)^{\tan x}=\lim\limits_{x\to0^+}e^{\ln\left(\frac{1}{\sqrt{x}}\right)^{\tan x}}=e^{\lim\limits_{x\to0^+}\tan x\ln\left(\frac{1}{\sqrt{x}}\right)}$，其中

$$\lim_{x\to0^+}\tan x\ln\left(\frac{1}{\sqrt{x}}\right)=-\frac{1}{2}\lim_{x\to0^+}x\cdot\ln x=-\frac{1}{2}\lim_{x\to0^+}\frac{\ln x}{\frac{1}{x}}=-\frac{1}{2}\lim_{x\to0^+}\frac{\frac{1}{x}}{-\frac{1}{x^2}}=0,$$

则 $\lim\limits_{x\to0^+}\left(\frac{1}{\sqrt{x}}\right)^{\tan x}=e^0=1.$

### 2. E

**【解析】考查等价无穷小的定义及常用公式，是一道难度较低的计算题 .**

由常用等价无穷小公式可知，当 $x\to0$ 时，$(1-ax^2)^{\frac{1}{4}}-1\sim\frac{1}{4}(-ax^2)$，$x\tan x\sim x^2$.

由 $(1-ax^2)^{\frac{1}{4}}-1$ 与 $x\tan x$ 是等价无穷小得 $-\frac{1}{4}a=1$，则 $a=-4$.

### 3. C

**【解析】主要考查数列极限的定义与性质，是一道难度中等的概念题 .**

(1)：当 $\lim\limits_{n\to\infty}a_n=a$，且 $a_n>0$ 时，由极限保号性得 $a\geqslant0$. 将 $a\geqslant0$ 写成 $a>0$ 是错误的，如令 $a_n=\frac{1}{n}$，不难验证满足已知条件，但由于 $\lim\limits_{n\to\infty}a_n=\lim\limits_{n\to\infty}\frac{1}{n}=0$，则 $a=0$.

(2)：当 $a>0$ 时，由 $\lim\limits_{n\to\infty}a_n=a>\frac{a}{2}$ 得，当 $n$ 充分大时，$a_n>\frac{a}{2}$. 将“$n$ 充分大”改为“对于任意的正整数 $n$”是错误的，如令 $a_n=1-\frac{1}{n}$，则有 $\lim\limits_{n\to\infty}a_n=\lim\limits_{n\to\infty}\left(1-\frac{1}{n}\right)=1$，$a=1>0$，但 $a_1=0<\frac{1}{2}$，故(2)错误 .

(3)：由数列极限的有界性可知，若数列的极限存在，则该数列有界，故(3)正确．

(4)：由$\lim\limits_{n\to\infty}a_n=a$及外层函数$|x|$连续得$\lim\limits_{n\to\infty}|a_n|=|\lim\limits_{n\to\infty}a_n|=|a|$，故(4)正确．

综上，正确结论的个数是 2.

**4. A**

**【解析】主要考查求极限函数的表达式和间断点的类型，是一道难度中等的计算题．**

当$x=0$时，$f(x)=\lim\limits_{n\to\infty}\dfrac{1+(n-1)x^2}{1+nx^2}=\lim\limits_{n\to\infty}\dfrac{1+(n-1)\times 0}{1+n\times 0}=1$；

当$x\neq 0$时，$f(x)=\lim\limits_{n\to\infty}\dfrac{1+(n-1)x^2}{1+nx^2}=\lim\limits_{n\to\infty}\dfrac{\dfrac{1}{n}+\dfrac{(n-1)x^2}{n}}{\dfrac{1}{n}+x^2}=1.$

故$f(x)=1$，$x\in\mathbf{R}$，则$f(x)$不存在间断点，即 A 项正确，其他选项错误．

【注意】在求极限函数的表达式时也可以先化简，再计算：

$$f(x)=\lim_{n\to\infty}\frac{1+(n-1)x^2}{1+nx^2}=\lim_{n\to\infty}\frac{1+nx^2-x^2}{1+nx^2}=\lim_{n\to\infty}\left(1-\frac{x^2}{1+nx^2}\right)=1,$$

故不存在间断点．

**5. E**

**【解析】考查连续导数定义及极值的必要条件，是一道难度较低的计算题．**

$\lim\limits_{x\to 0}f(x)=\lim\limits_{x\to 0}\dfrac{e^x-1}{x}=1=f(0)$，故$f(x)$在$x=0$处连续．

$f'(0)=\lim\limits_{x\to 0}\dfrac{f(x)-f(0)}{x-0}=\lim\limits_{x\to 0}\dfrac{\dfrac{e^x-1}{x}-1}{x}=\lim\limits_{x\to 0}\dfrac{e^x-1-x}{x^2}=\lim\limits_{x\to 0}\dfrac{e^x-1}{2x}=\dfrac{1}{2}$，故 E 项正确，C、D 项错误．再根据函数取极值的必要条件$f'(x)=0$可知，$f(x)$在$x=0$处不取极值，故 A、B 项错误．

**6. C**

**【解析】考查三角函数化简和高阶导数计算，是一道难度中等的计算题．**

$y=(\sin^2x+\cos^2x)(\sin^2x-\cos^2x)=-(\cos^2x-\sin^2x)=-\cos 2x$. 再由高阶导数公式$(\cos x)^{(n)}=\cos\left(x+\dfrac{n\pi}{2}\right)$得$y^{(n)}=-(\cos 2x)^{(n)}=-2^n\cos\left(2x+\dfrac{n\pi}{2}\right)$.

**7. B**

**【解析】考查隐函数求导，是一道难度较低的计算题．**

将$x=0$，$y(0)=0$代入原方程得$a+b=0$.

原方程两端对$x$求导得$ae^x+2yy'+y'-\dfrac{\cos y}{1+x}+y'\ln(1+x)\sin y=0$，将$x=0$，$y(0)=0$，$y'(0)=0$代入，解得$a=1$，再代入$a+b=0$得$b=-1$.

**8. C**

**【解析】考查公共切线和导数定义，是一道难度较低的计算题．**

$y=f(x)$与$y=\sin x$在点$(0,0)$处的切线相同$\Rightarrow\begin{cases}f(0)=0,\\ f'(0)=(\sin x)'|_{x=0}=1.\end{cases}$故

$$\lim_{n\to\infty} nf\left(\frac{2}{n}\right)=\lim_{n\to\infty}\frac{f\left(\frac{2}{n}\right)-f(0)}{\frac{1}{n}}=2\lim_{n\to\infty}\frac{f\left(0+\frac{2}{n}\right)-f(0)}{\frac{2}{n}}=2f'(0)=2.$$

**9. C**

**【解析】考查方程的实根个数，是一道难度较低的计算题．**

令 $f(x)=4\arctan x-x+\frac{4\pi}{3}-\sqrt{3}$，则 $f'(x)=\frac{(\sqrt{3}+x)(\sqrt{3}-x)}{1+x^2}$，令 $f'(x)=0$ 解得 $x=\pm\sqrt{3}$，

列表讨论如下：

| $x$ | $(-\infty,\ -\sqrt{3})$ | $-\sqrt{3}$ | $(-\sqrt{3},\ \sqrt{3})$ | $\sqrt{3}$ | $(\sqrt{3},\ +\infty)$ |
|---|---|---|---|---|---|
| $f'(x)$ | $-$ | 0 | $+$ | 0 | $-$ |
| $f(x)$ | 单调减少 | 极小值 $f(-\sqrt{3})=0$ | 单调增加 | 极大值 $f(\sqrt{3})=\frac{8\pi}{3}-2\sqrt{3}>0$ | 单调减少 |

由上表可知，$f(x)$在$(-\infty,\sqrt{3})$存在唯一零点 $x=-\sqrt{3}$；在区间$[\sqrt{3},+\infty)$内，$f(\sqrt{3})>0$，$\lim_{x\to+\infty} f(x)=-\infty$，且 $f(x)$单调减少又连续，由零点定理得 $f(x)$在$(\sqrt{3},+\infty)$存在唯一零点．综上，$f(x)$在$(-\infty,+\infty)$恰有 2 个零点，即原方程恰有 2 个实根．

**10. D**

**【解析】考查平均成本和最值，是一道难度较低的计算题．**

该产品的平均成本 $\overline{C}(Q)=\frac{C(Q)}{Q}$，由题意知 $Q_0$ 为 $\overline{C}(Q)$的最小值点，也为极小值点，又 $\overline{C}(Q)$可导，故 $Q_0$ 为 $\overline{C}(Q)$的驻点，即$\overline{C}'(Q_0)=0$，则$\overline{C}'(Q_0)=\frac{C'(Q_0)Q_0-C(Q_0)}{Q_0^2}=0$，故 $Q_0C'(Q_0)=C(Q_0)$．

**11. D**

**【解析】考查复合函数与不定积分计算，是一道难度较低的计算题．**

令 $\ln x=t$，则 $x=e^t$，$f'(t)=te^{-t}$，故

$$f(t)=\int te^{-t}\mathrm{d}t=-\int t\mathrm{d}(e^{-t})=-te^{-t}+\int e^{-t}\mathrm{d}t=-(t+1)e^{-t}+C,$$

由 $f(1)=-2e^{-1}$ 得 $C=0$，故 $f(t)=-(t+1)e^{-t}$，则 $f(2)=-3e^{-2}$．

**12. D**

**【思路】**由于$\int_0^1\frac{(x^2+2x+2)'}{x^2+2x+2}\mathrm{d}x=\int_0^1\frac{2x+2}{x^2+2x+2}\mathrm{d}x$ 和$\int_0^1\frac{1}{x^2+2x+2}\mathrm{d}x$ 容易求出，因此将所求积分$\int_0^1\frac{ax+b}{x^2+2x+2}\mathrm{d}x$ 通过恒等变形用$\int_0^1\frac{2x+2}{x^2+2x+2}\mathrm{d}x$ 和$\int_0^1\frac{1}{x^2+2x+2}\mathrm{d}x$ 表示，即 $\int_0^1\frac{ax+b}{x^2+2x+2}\mathrm{d}x=A\int_0^1\frac{2x+2}{x^2+2x+2}\mathrm{d}x+B\int_0^1\frac{1}{x^2+2x+2}\mathrm{d}x$，其中 $A$，$B$ 为待定常数．具体

的凑项过程可以是逐项凑：先提$\frac{a}{2}$，分子凑出 $2x$，再凑常数项，见方法一；也可以一步到位凑：先加 $a$ 减 $a$，拆项后提出$\frac{a}{2}$，分子直接凑出 $2x+2$，见方法二.

**【解析】考查有理函数积分计算，是一道难度中等的计算题.**

方法一：逐项凑.

$$\begin{aligned}
\int_0^1 \frac{ax+b}{x^2+2x+2}\mathrm{d}x &= \frac{a}{2}\int_0^1 \frac{2x+\frac{2b}{a}}{x^2+2x+2}\mathrm{d}x = \frac{a}{2}\int_0^1 \frac{2x+2-2+\frac{2b}{a}}{x^2+2x+2}\mathrm{d}x \\
&= \frac{a}{2}\left[\int_0^1 \frac{2x+2}{x^2+2x+2}\mathrm{d}x + \left(-2+\frac{2b}{a}\right)\int_0^1 \frac{1}{x^2+2x+2}\mathrm{d}x\right] \\
&= \frac{a}{2}\left[\int_0^1 \frac{1}{x^2+2x+2}\mathrm{d}(x^2+2x+2) + \left(-2+\frac{2b}{a}\right)\int_0^1 \frac{1}{(x+1)^2+1}\mathrm{d}x\right] \\
&= \frac{a}{2}\left[\ln(x^2+2x+2)\Big|_0^1 + \left(-2+\frac{2b}{a}\right)\arctan(x+1)\Big|_0^1\right] \\
&= \frac{a}{2}\ln\frac{5}{2} + (b-a)\left(\arctan 2-\frac{\pi}{4}\right).
\end{aligned}$$

方法二：一步到位凑.

$$\begin{aligned}
\int_0^1 \frac{ax+b}{x^2+2x+2}\mathrm{d}x &= \int_0^1 \frac{ax+a-a+b}{x^2+2x+2}\mathrm{d}x = \frac{a}{2}\int_0^1 \frac{2x+2}{x^2+2x+2}\mathrm{d}x + (b-a)\int_0^1 \frac{1}{x^2+2x+2}\mathrm{d}x \\
&= \frac{a}{2}\int_0^1 \frac{1}{x^2+2x+2}\mathrm{d}(x^2+2x+2) + (b-a)\int_0^1 \frac{1}{(x+1)^2+1}\mathrm{d}x \\
&= \frac{a}{2}\ln(x^2+2x+2)\Big|_0^1 + (b-a)\arctan(x+1)\Big|_0^1 \\
&= \frac{a}{2}\ln\frac{5}{2} + (b-a)\left(\arctan 2-\frac{\pi}{4}\right).
\end{aligned}$$

**13. C**

**【解析】考查对称区间上的奇偶函数的定积分和定积分的几何意义，是一道难度较低的计算题.**

$\int_{-\pi}^{\pi}(1+x)\sqrt{\pi^2-x^2}\,\mathrm{d}x = \int_{-\pi}^{\pi}\sqrt{\pi^2-x^2}\,\mathrm{d}x + \int_{-\pi}^{\pi}x\sqrt{\pi^2-x^2}\,\mathrm{d}x$，其中$[-\pi,\pi]$为对称区间，而$\sqrt{\pi^2-x^2}$为偶函数，$x\sqrt{\pi^2-x^2}$为奇函数，由对称区间上的奇偶函数的定积分结论得 $\int_{-\pi}^{\pi}\sqrt{\pi^2-x^2}\,\mathrm{d}x = 2\int_0^{\pi}\sqrt{\pi^2-x^2}\,\mathrm{d}x$，$\int_{-\pi}^{\pi}x\sqrt{\pi^2-x^2}\,\mathrm{d}x=0$. 又根据定积分的几何意义得 $\int_0^{\pi}\sqrt{\pi^2-x^2}\,\mathrm{d}x$ 表示由 $y=\sqrt{\pi^2-x^2}\,(0\leqslant x\leqslant\pi)$(以原点为圆心、$\pi$ 为半径的四分之一圆周)，$x$ 轴和 $y$ 轴所围成图形的面积，故$\int_0^{\pi}\sqrt{\pi^2-x^2}\,\mathrm{d}x=\frac{\pi^3}{4}$，则

$$\int_{-\pi}^{\pi}(1+x)\sqrt{\pi^2-x^2}\,\mathrm{d}x = 2\times\frac{\pi^3}{4}=\frac{\pi^3}{2}.$$

**14. A**

**【解析】考查循环积分和极限计算，是一道难度中等的计算题．**

令 $I_n=\int e^{-x}\sin nx\,dx$，则由分部积分公式，得

$$I_n=-\int \sin nx\,d(e^{-x})=-e^{-x}\sin nx+n\int e^{-x}\cos nx\,dx$$
$$=-e^{-x}\sin nx-n\int \cos nx\,d(e^{-x})$$
$$=-e^{-x}\sin nx-ne^{-x}\cos nx-n^2I_n,$$

故 $I_n=-\dfrac{(\sin nx+n\cos nx)e^{-x}}{1+n^2}+C$，则

$$\lim_{n\to\infty}\int_0^1 e^{-x}\sin nx\,dx=\lim_{n\to\infty}\left[-\frac{(\sin nx+n\cos nx)e^{-x}}{1+n^2}\Bigg|_0^1\right]$$
$$=\lim_{n\to\infty}\left[-\frac{(\sin n+n\cos n)e^{-1}}{1+n^2}+\frac{n}{1+n^2}\right]=0.$$

**15. A**

**【解析】考查切线、面积和函数最值，是一道难度中等的计算题．**

设该点坐标为$(x_0,-x_0^2+1)$，其中$0<x_0<1$，则该点切线斜率为$-2x_0$，切线方程为$y+x_0^2-1=-2x_0(x-x_0)$．令$y=0$，得该切线在$x$轴的截距为$\dfrac{x_0^2+1}{2x_0}$；令$x=0$，得该切线在$y$轴的截距为$x_0^2+1$．故切线与所给曲线及两坐标轴所围成的图形面积为

$$S(x_0)=\frac{1}{2}\cdot\frac{x_0^2+1}{2x_0}\cdot(x_0^2+1)-\int_0^1(-x^2+1)\,dx=\frac{1}{4}\left(x_0^3+2x_0+\frac{1}{x_0}\right)-\frac{2}{3}.$$

令 $S'(x_0)=\dfrac{1}{4}\left(3x_0^2+2-\dfrac{1}{x_0^2}\right)=0$，解得 $x_0=\dfrac{\sqrt{3}}{3}$，又 $S''\left(\dfrac{\sqrt{3}}{3}\right)=\dfrac{1}{2}\left(3x_0+\dfrac{1}{x_0^3}\right)\Bigg|_{x=\frac{\sqrt{3}}{3}}>0$，故由极值的第二充分条件知，$x_0=\dfrac{\sqrt{3}}{3}$为$S(x_0)$的唯一极小值点，又$S(x_0)$在$0<x_0<1$时连续，故$x_0=\dfrac{\sqrt{3}}{3}$为$S(x_0)$的最小值点．

**16. B**

**【解析】考查旋转体的体积，是一道难度较低的计算题．**

如图所示，由$\begin{cases}y=\ln x,\\ y=1\end{cases}$解得交点坐标为$(e,1)$．

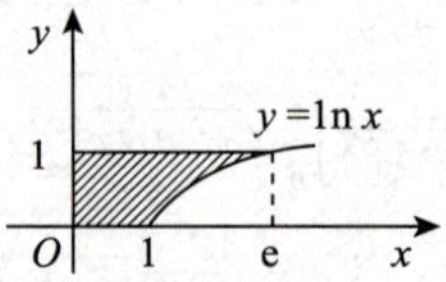


方法一：对$x$积分．

由旋转体的体积公式得，所求旋转体的体积为

$$V_x=\pi\cdot 1^2\cdot e-\pi\int_1^e \ln^2 x\,dx=\pi\left(e-x\cdot\ln^2 x\Big|_1^e+2\int_1^e x\cdot\frac{1}{x}\cdot\ln x\,dx\right)$$

$$=2\pi\left(x\ln x\Big|_1^e-\int_1^e x\,\frac{1}{x}dx\right)=2\pi.$$

方法二：对 $y$ 积分 .

由 $y=\ln x$ 得 $x=e^y$，$y\in[0,1]$，由旋转体的体积公式得，所求旋转体的体积为

$$V_x=2\pi\int_0^1 yx(y)dy=2\pi\int_0^1 ye^y dy=2\pi(y-1)e^y\Big|_0^1=2\pi.$$

**17. D**

**【解析】考查反常积分收敛、发散的定义，是一道难度较低的计算题 .**

(1)：由 $\int_0^{+\infty}\frac{1}{\sqrt{e^x}}dx=\int_0^{+\infty}e^{-\frac{x}{2}}dx=-2e^{-\frac{x}{2}}\Big|_0^{+\infty}=2$，得 $\int_0^{+\infty}\frac{1}{\sqrt{e^x}}dx$ 收敛 .

(2)：由 $\int_0^{+\infty}xe^{-x^2}dx=-\frac{1}{2}\int_0^{+\infty}e^{-x^2}d(-x^2)=-\frac{1}{2}e^{-x^2}\Big|_0^{+\infty}=\frac{1}{2}$，得 $\int_0^{+\infty}xe^{-x^2}dx$ 收敛 .

(3)：由 $\int_0^{+\infty}\frac{\arctan x}{1+x^2}dx=\int_0^{+\infty}\arctan x\,d(\arctan x)=\frac{1}{2}\arctan^2 x\Big|_0^{+\infty}=\frac{\pi^2}{8}$，得 $\int_0^{+\infty}\frac{\arctan x}{1+x^2}dx$ 收敛 .

(4)：由 $\int_0^{+\infty}\frac{x}{1+x^2}dx=\frac{1}{2}\int_0^{+\infty}\frac{1}{1+x^2}d(1+x^2)=\frac{1}{2}\ln(1+x^2)\Big|_0^{+\infty}=+\infty$，得 $\int_0^{+\infty}\frac{x}{1+x^2}dx$ 发散 .

综上，收敛的反常积分有 3 个 .

**18. B**

**【解析】考查二元函数各性质的关系和极值的必要条件，是一道难度较低的概念题 .**

(1)、(2)、(3)：由二元函数各性质之间的关系可知偏导存在推不出连续，也推不出可微，故(1)、(2)、(3)均错误 .

(4)：由 $f'_x(x_0,y_0)=0$，$f'_y(x_0,y_0)=a(a\neq 0)$ 可知 $(x_0,y_0)$ 不是驻点，根据二元函数取极值的必要条件得 $(x_0,y_0)$ 不是 $f(x,y)$ 的极值点，故(4)正确 .

综上，正确结论的个数为 1.

**19. C**

**【解析】考查二元复合函数和全微分，是一道难度较低的计算题 .**

令 $\begin{cases}x+y=u,\\x-y=v,\end{cases}$ 解得 $\begin{cases}x=\frac{u+v}{2},\\y=\frac{u-v}{2},\end{cases}$ 因此 $f(u,v)=\frac{u+v}{2}-\frac{u-v}{2}=v$，即 $f(x,y)=y$，故有

$$df(x,y)=f'_x dx+f'_y dy=0dx+1dy=dy.$$

**20. E**

**【解析】考查多元复合函数及隐函数求导法则，是一道难度中等的计算题 .**

由复合函数求导法则，可得 $\frac{\partial z}{\partial x}=f'(u)\frac{\partial u}{\partial x}$，$\frac{\partial z}{\partial y}=f'(u)\frac{\partial u}{\partial y}$.

方程 $u=\varphi(u)+\int_y^x P(t)\mathrm{d}t$ 两边对 $x$ 求偏导得 $\frac{\partial u}{\partial x}=\varphi'(u)\frac{\partial u}{\partial x}+P(x)$，解得 $\frac{\partial u}{\partial x}=\frac{P(x)}{1-\varphi'(u)}$；

方程 $u=\varphi(u)+\int_y^x P(t)\mathrm{d}t$ 两边对 $y$ 求偏导得 $\frac{\partial u}{\partial y}=\varphi'(u)\frac{\partial u}{\partial y}-P(y)$，解得 $\frac{\partial u}{\partial y}=\frac{-P(y)}{1-\varphi'(u)}$.

将上述计算结果代入 $P(y)\frac{\partial z}{\partial x}+P(x)\frac{\partial z}{\partial y}$ 中得

$$P(y)\frac{\partial z}{\partial x}+P(x)\frac{\partial z}{\partial y}=\frac{f'(u)P(x)P(y)}{1-\varphi'(u)}-\frac{f'(u)P(y)P(x)}{1-\varphi'(u)}=0.$$

**21. D**

**【解析】考查多元函数取极值的必要条件和充分条件，是一道难度较低的计算题.**

$\begin{cases}z'_x=y(3-x-y)-xy=0,\\ z'_y=x(3-x-y)-xy=0,\end{cases}$ 两式相减得 $(y-x)(3-x-y)=0$，则 $y=x$ 或 $y=3-x$，将 $y=x$ 代入 $y(3-x-y)-xy=0$，解得 $x=0$ 或 1，因此 $(0,0)$，$(1,1)$ 为驻点；将 $y=3-x$ 代入 $y(3-x-y)-xy=0$，解得 $x=3$ 或 0，因此 $(3,0)$，$(0,3)$ 为驻点.

$z''_{xx}=-2y$，$z''_{xy}=3-2x-2y$，$z''_{yy}=-2x$.

在 $(0,0)$ 处，$A=0$，$B=3$，$C=0$，则 $AC-B^2<0$，故 $(0,0)$ 不是极值点；

在 $(1,1)$ 处，$A=-2$，$B=-1$，$C=-2$，则 $AC-B^2>0$，$A<0$，故 $(1,1)$ 是极大值点；

在 $(3,0)$ 处，$A=0$，$B=-3$，$C=-6$，则 $AC-B^2<0$，故 $(3,0)$ 不是极值点；

在 $(0,3)$ 处，$A=-6$，$B=-3$，$C=0$，则 $AC-B^2<0$，故 $(0,3)$ 不是极值点.

综上，二元函数 $z=xy(3-x-y)$ 的极值点是 $(1,1)$.

**22. D**

**【解析】考查分块矩阵、行列式的性质和方阵的行列式，是一道难度较低的计算题.**

方法一：利用分块矩阵计算.

由于 $\boldsymbol{B}=(2\boldsymbol{\alpha}_1,\boldsymbol{\alpha}_1+\boldsymbol{\alpha}_2,\boldsymbol{\alpha}_1+2\boldsymbol{\alpha}_2+3\boldsymbol{\alpha}_3)=(\boldsymbol{\alpha}_1,\boldsymbol{\alpha}_2,\boldsymbol{\alpha}_3)\begin{pmatrix}2&1&1\\0&1&2\\0&0&3\end{pmatrix}$，因此

$$|\boldsymbol{B}|=\left|(\boldsymbol{\alpha}_1,\boldsymbol{\alpha}_2,\boldsymbol{\alpha}_3)\begin{pmatrix}2&1&1\\0&1&2\\0&0&3\end{pmatrix}\right|=|\boldsymbol{\alpha}_1,\boldsymbol{\alpha}_2,\boldsymbol{\alpha}_3|\begin{vmatrix}2&1&1\\0&1&2\\0&0&3\end{vmatrix}=6|\boldsymbol{A}|=6a.$$

方法二：利用行列式的性质计算.

$$\begin{aligned}|\boldsymbol{B}|&=|2\boldsymbol{\alpha}_1,\boldsymbol{\alpha}_1+\boldsymbol{\alpha}_2,\boldsymbol{\alpha}_1+2\boldsymbol{\alpha}_2+3\boldsymbol{\alpha}_3|=2|\boldsymbol{\alpha}_1,\boldsymbol{\alpha}_1+\boldsymbol{\alpha}_2,\boldsymbol{\alpha}_1+2\boldsymbol{\alpha}_2+3\boldsymbol{\alpha}_3|\\&=2|\boldsymbol{\alpha}_1,\boldsymbol{\alpha}_2,2\boldsymbol{\alpha}_2+3\boldsymbol{\alpha}_3|=2|\boldsymbol{\alpha}_1,\boldsymbol{\alpha}_2,3\boldsymbol{\alpha}_3|=6|\boldsymbol{\alpha}_1,\boldsymbol{\alpha}_2,\boldsymbol{\alpha}_3|=6a.\end{aligned}$$

**23. B**

**【解析】考查矩阵的转置和对称矩阵，是一道难度较低的计算题.**

(1)：$(\boldsymbol{A}^{\mathrm{T}}\boldsymbol{A})^{\mathrm{T}}=\boldsymbol{A}^{\mathrm{T}}\boldsymbol{A}$，故 $\boldsymbol{A}^{\mathrm{T}}\boldsymbol{A}$ 是对称矩阵；

(2)：$(\boldsymbol{A}-\boldsymbol{A}^{\mathrm{T}})^{\mathrm{T}}=\boldsymbol{A}^{\mathrm{T}}-\boldsymbol{A}=-(\boldsymbol{A}-\boldsymbol{A}^{\mathrm{T}})$，故 $\boldsymbol{A}-\boldsymbol{A}^{\mathrm{T}}$ 不一定是对称矩阵；

(3)：$(\boldsymbol{A}^{2})^{\mathrm{T}}=(\boldsymbol{A}\boldsymbol{A})^{\mathrm{T}}=\boldsymbol{A}^{\mathrm{T}}\boldsymbol{A}^{\mathrm{T}}=(\boldsymbol{A}^{\mathrm{T}})^{2}$，故 $\boldsymbol{A}^{2}$ 不一定是对称矩阵；

(4)：$(\boldsymbol{A}^{\mathrm{T}}-\boldsymbol{A})^{\mathrm{T}}=\boldsymbol{A}-\boldsymbol{A}^{\mathrm{T}}=-(\boldsymbol{A}^{\mathrm{T}}-\boldsymbol{A})$，故 $\boldsymbol{A}^{\mathrm{T}}-\boldsymbol{A}$ 不一定是对称矩阵.

综上，一定是对称矩阵的有 1 个.

**24. C**

**【解析】考查矩阵和逆矩阵的运算，是一道难度较低的计算题.**

由 $\boldsymbol{PA}=\boldsymbol{BP}$ 且 $\boldsymbol{P}$ 可逆得 $\boldsymbol{A}=\boldsymbol{P}^{-1}\boldsymbol{BP}$，故 $\boldsymbol{A}^{2}=\boldsymbol{P}^{-1}\boldsymbol{BPP}^{-1}\boldsymbol{BP}=\boldsymbol{P}^{-1}\boldsymbol{B}^{2}\boldsymbol{P}$，…，$\boldsymbol{A}^{10}=\boldsymbol{P}^{-1}\boldsymbol{B}^{10}\boldsymbol{P}$，又 $\boldsymbol{B}^{10}=\begin{pmatrix}1^{10} & 0\\ 0 & (-1)^{10}\end{pmatrix}=\boldsymbol{E}$，代入得 $\boldsymbol{A}^{10}=\boldsymbol{P}^{-1}\boldsymbol{EP}=\boldsymbol{E}$.

**25. B**

**【解析】主要考查线性方程组解的判定定理，是一道难度较低的计算题.**

方法一：用行列式求解.

方程组无解，根据线性方程组解的判定定理得其系数行列式 $|\boldsymbol{A}|=0$，且 $R(\boldsymbol{A})\neq R(\boldsymbol{A},\boldsymbol{b})$，

故有 $\begin{vmatrix}1&1&1\\3&3&4\\2&a&2\end{vmatrix}=\begin{vmatrix}1&1&1\\0&0&1\\0&a-2&0\end{vmatrix}=2-a=0$，则 $a=2$.

当 $a=2$ 时，$(\boldsymbol{A},\boldsymbol{b})=\begin{pmatrix}1&1&1&1\\3&3&4&0\\2&2&2&b\end{pmatrix}\sim\begin{pmatrix}1&1&1&1\\0&0&1&-3\\0&0&0&b-2\end{pmatrix}$，要使 $R(\boldsymbol{A})\neq R(\boldsymbol{A},\boldsymbol{b})$，则 $b-2\neq0$，即 $b\neq2$.

综上，要使原方程无解，须 $a=2$，$b\neq2$.

方法二：用秩求解.

由方程组无解，可知 $R(\boldsymbol{A})\neq R(\boldsymbol{A},\boldsymbol{b})$，$(\boldsymbol{A},\boldsymbol{b})=\begin{pmatrix}1&1&1&1\\3&3&4&0\\2&a&2&b\end{pmatrix}\sim\begin{pmatrix}1&1&1&1\\0&a-2&0&b-2\\0&0&1&-3\end{pmatrix}$.

当 $a\neq2$ 时，$R(\boldsymbol{A})=R(\boldsymbol{A},\boldsymbol{b})=3$；

当 $a=2$ 时，$(\boldsymbol{A},\boldsymbol{b})\sim\begin{pmatrix}1&1&1&1\\0&0&0&b-2\\0&0&1&-3\end{pmatrix}\sim\begin{pmatrix}1&1&1&1\\0&0&1&-3\\0&0&0&b-2\end{pmatrix}$，若 $b=2$，则 $R(\boldsymbol{A})=R(\boldsymbol{A},\boldsymbol{b})=2$；

若 $b\neq2$，则 $R(\boldsymbol{A})=2$，$R(\boldsymbol{A},\boldsymbol{b})=3$.

综上，要使原方程无解，须满足 $a=2$，$b\neq2$.

**26. E**

**【解析】考查向量组的线性表示，是一道难度较低的计算题.**

$\boldsymbol{\alpha}_4$ 不能由 $\boldsymbol{\alpha}_1$，$\boldsymbol{\alpha}_2$，$\boldsymbol{\alpha}_3$ 线性表示 $\Leftrightarrow(\boldsymbol{\alpha}_1,\boldsymbol{\alpha}_2,\boldsymbol{\alpha}_3)\boldsymbol{x}=\boldsymbol{\alpha}_4$ 无解 $\Leftrightarrow|\boldsymbol{\alpha}_1,\boldsymbol{\alpha}_2,\boldsymbol{\alpha}_3|=0$ 且 $R(\boldsymbol{\alpha}_1,\boldsymbol{\alpha}_2,\boldsymbol{\alpha}_3)\neq R(\boldsymbol{\alpha}_1,\boldsymbol{\alpha}_2,\boldsymbol{\alpha}_3,\boldsymbol{\alpha}_4)$，则 $|\boldsymbol{\alpha}_1,\boldsymbol{\alpha}_2,\boldsymbol{\alpha}_3|=\begin{vmatrix}\lambda&1&1\\0&\lambda-1&0\\1&1&\lambda\end{vmatrix}=(\lambda-1)^2(\lambda+1)=0$，

解得 $\lambda=\pm 1$.

当 $\lambda=-1$ 时，$(\boldsymbol{\alpha}_1,\boldsymbol{\alpha}_2,\boldsymbol{\alpha}_3,\boldsymbol{\alpha}_4)=\begin{pmatrix}-1 & 1 & 1 & a\\ 0 & -2 & 0 & 1\\ 1 & 1 & -1 & 1\end{pmatrix}\sim\begin{pmatrix}-1 & 1 & 1 & a\\ 0 & -2 & 0 & 1\\ 0 & 0 & 0 & a+2\end{pmatrix}$，要使

$R(\boldsymbol{\alpha}_1,\boldsymbol{\alpha}_2,\boldsymbol{\alpha}_3)\neq R(\boldsymbol{\alpha}_1,\boldsymbol{\alpha}_2,\boldsymbol{\alpha}_3,\boldsymbol{\alpha}_4)$，则 $a\neq -2$；

当 $\lambda=1$ 时，$(\boldsymbol{\alpha}_1,\boldsymbol{\alpha}_2,\boldsymbol{\alpha}_3,\boldsymbol{\alpha}_4)=\begin{pmatrix}1 & 1 & 1 & a\\ 0 & 0 & 0 & 1\\ 1 & 1 & 1 & 1\end{pmatrix}\sim\begin{pmatrix}1 & 1 & 1 & a\\ 0 & 0 & 0 & 1\\ 0 & 0 & 0 & 0\end{pmatrix}$，此时 $R(\boldsymbol{\alpha}_1,\boldsymbol{\alpha}_2,\boldsymbol{\alpha}_3)\neq$

$R(\boldsymbol{\alpha}_1,\boldsymbol{\alpha}_2,\boldsymbol{\alpha}_3,\boldsymbol{\alpha}_4)$.

综上，若 $\boldsymbol{\alpha}_4$ 不能由 $\boldsymbol{\alpha}_1,\boldsymbol{\alpha}_2,\boldsymbol{\alpha}_3$ 线性表示，则 $\lambda=-1$ 且 $a\neq-2$，或 $\lambda=1$.

**27. C**

**【解析】主要考查分块矩阵运算和秩的性质，是一道难度较低的计算题.**

为了简化书写过程，不妨设 $\boldsymbol{\alpha}_1,\boldsymbol{\alpha}_2,\boldsymbol{\alpha}_3$ 为列向量组.

由于 $(\boldsymbol{\alpha}_1+\boldsymbol{\alpha}_2,\boldsymbol{\alpha}_2+\boldsymbol{\alpha}_3,\boldsymbol{\alpha}_1+\boldsymbol{\alpha}_2+\boldsymbol{\alpha}_3,\boldsymbol{\alpha}_1+2\boldsymbol{\alpha}_2+3\boldsymbol{\alpha}_3)=(\boldsymbol{\alpha}_1,\boldsymbol{\alpha}_2,\boldsymbol{\alpha}_3)\begin{pmatrix}1 & 0 & 1 & 1\\ 1 & 1 & 1 & 2\\ 0 & 1 & 1 & 3\end{pmatrix}$，因此

$$R(\boldsymbol{\alpha}_1+\boldsymbol{\alpha}_2,\boldsymbol{\alpha}_2+\boldsymbol{\alpha}_3,\boldsymbol{\alpha}_1+\boldsymbol{\alpha}_2+\boldsymbol{\alpha}_3,\boldsymbol{\alpha}_1+2\boldsymbol{\alpha}_2+3\boldsymbol{\alpha}_3)=R\left[(\boldsymbol{\alpha}_1,\boldsymbol{\alpha}_2,\boldsymbol{\alpha}_3)\begin{pmatrix}1 & 0 & 1 & 1\\ 1 & 1 & 1 & 2\\ 0 & 1 & 1 & 3\end{pmatrix}\right].$$

又 $\begin{pmatrix}1 & 0 & 1 & 1\\ 1 & 1 & 1 & 2\\ 0 & 1 & 1 & 3\end{pmatrix}\sim\begin{pmatrix}1 & 0 & 1 & 1\\ 0 & 1 & 0 & 1\\ 0 & 0 & 1 & 2\end{pmatrix}$，故 $R\begin{pmatrix}1 & 0 & 1 & 1\\ 1 & 1 & 1 & 2\\ 0 & 1 & 1 & 3\end{pmatrix}=3$. 利用性质：若 $R(\boldsymbol{B}_{n\times k})=n$，则

$R(\boldsymbol{AB})=R(\boldsymbol{A})$，得 $R\left[(\boldsymbol{\alpha}_1,\boldsymbol{\alpha}_2,\boldsymbol{\alpha}_3)\begin{pmatrix}1 & 0 & 1 & 1\\ 1 & 1 & 1 & 2\\ 0 & 1 & 1 & 3\end{pmatrix}\right]=R(\boldsymbol{\alpha}_1,\boldsymbol{\alpha}_2,\boldsymbol{\alpha}_3)=2$.

**28. C**

**【解析】考查线性方程组解的判定、解的结构和秩，是一道难度中等的概念题.**

A项：由 $\boldsymbol{A}\begin{pmatrix}1 & -1\\ 1 & 0\\ 0 & 1\end{pmatrix}=\boldsymbol{O}$ 得 $\begin{pmatrix}1 & -1\\ 1 & 0\\ 0 & 1\end{pmatrix}$ 的列向量 $\begin{pmatrix}1\\1\\0\end{pmatrix}$，$\begin{pmatrix}-1\\0\\1\end{pmatrix}$ 为 $\boldsymbol{Ax}=\boldsymbol{0}$ 的解，又 $\begin{pmatrix}1\\1\\0\end{pmatrix}$，$\begin{pmatrix}-1\\0\\1\end{pmatrix}$ 线性无关，可知 $\boldsymbol{Ax}=\boldsymbol{0}$ 存在两个线性无关的解，故 $3-R(\boldsymbol{A})\geqslant 2$，则 $R(\boldsymbol{A})\leqslant 1$，即 $R(\boldsymbol{A})=0$ 或 1，故A项错误.

B项：令 $\boldsymbol{A}=\boldsymbol{O}$，则 $R(\boldsymbol{A})=0$，$\boldsymbol{Ax}=\boldsymbol{0}$ 的基础解系含 $3-R(\boldsymbol{A})=3$ 个向量，故B项错误.

C项：由A项推理结果 $R(\boldsymbol{A})=0$ 或 1，结合三秩相等定理，得 $\boldsymbol{A}$ 的列向量组的秩为 0 或 1，因此 $\boldsymbol{A}$ 的任意 2 个列向量线性相关，故C项正确.

D项：令 $\boldsymbol{A}=\boldsymbol{O}$，$\boldsymbol{b}=\begin{pmatrix}1\\0\end{pmatrix}$，则 $R(\boldsymbol{A})=0$，而 $R(\boldsymbol{A},\boldsymbol{b})=1$，因此 $\boldsymbol{Ax}=\boldsymbol{b}$ 无解，故D项错误.

**29. C**

**【解析】考查概率的性质，是一道难度较低的计算题.**

A、B、D、E项：令 $A=\varnothing$，$B=\Omega$，则满足 A、B、D、E 项，但 $P(A)=0$，$P(B)=1$，故 A、B、D、E 项错误.

C 项：由减法公式得

$$P(A\overline{B})=P(B\overline{A})\Leftrightarrow P(A)-P(AB)=P(B)-P(BA)\Leftrightarrow P(A)=P(B),$$

故 C 项正确.

**30. B**

**【解析】主要考查分布函数的性质，是一道难度中等的概念题.**

(1)：令 $F(x)=\begin{cases}1, & x\neq 0,\\ 0, & x=0,\end{cases}$ 则 $F(x)$ 在 $\mathbf{R}$ 上只有一个间断点 $x=0$，由于 $F(-\infty)=1\neq 0$，因此 $F(x)$ 不是分布函数，故(1)错误.

(2)：由于连续型随机变量的分布函数必连续，因此只有一个间断点的 $F(x)$ 不是连续型随机变量的分布函数，(2)正确.

(3)：令 $F(x)=\begin{cases}1, & x\geqslant 0,\\ 0, & x<0,\end{cases}$ 则 $F(x)$ 满足分布函数的充要条件，故为分布函数，则(3)错误.

(4)：令 $F(x)=\begin{cases}\lambda \mathrm{e}^{-\lambda x}, & x>0,\\ 0, & x\leqslant 0,\end{cases}$ 其中 $\lambda>0$，则 $F(x)$ 在 $\mathbf{R}$ 上只有一个间断点 $x=0$，且为概率密度函数(指数分布)，故(4)错误.

综上，正确结论的个数为 1.

**31. D**

**【解析】考查正态分布的标准化与对称性，是一道难度较低的计算题.**

由 $X\sim N(3,6^2)$，标准化得 $\dfrac{X-3}{6}\sim N(0,1)$，因此

$$0.2=P\{2<X<3\}=P\left\{\frac{2-3}{6}<\frac{X-3}{6}<\frac{3-3}{6}\right\}=P\left\{-\frac{1}{6}<\frac{X-3}{6}<0\right\}$$

$$=\Phi(0)-\Phi\left(-\frac{1}{6}\right)=0.5-\Phi\left(-\frac{1}{6}\right),$$

故 $\Phi\left(-\dfrac{1}{6}\right)=0.3$. 再由 $X$ 的概率密度关于 $x=3$ 对称得

$$P\{X<2\}+P\{X>4\}=2P\{X<2\}=2P\left\{\frac{X-3}{6}<\frac{2-3}{6}\right\}=2\Phi\left(-\frac{1}{6}\right)=2\times 0.3=0.6.$$

**32. D**

**【解析】考查用指数分布计算概率，是一道难度较低的计算题.**

由 $X$ 服从参数为 2 的指数分布，得其概率密度为 $f(x)=\begin{cases}2\mathrm{e}^{-2x}, & x>0,\\ 0, & x\leqslant 0,\end{cases}$ 则方程 $y^2+Xy+1=0$

有实根的概率为

$$P\{X^2-4\geqslant 0\}=P\{X\leqslant -2\}+P\{X\geqslant 2\}=\int_2^{+\infty}2e^{-2x}dx=-e^{-2x}\Big|_2^{+\infty}=e^{-4}.$$

**33. D**

**【解析】考查泊松分布的分布律和期望、方差，是一道难度较低的计算题．**

$X\sim P(2)$，则 $X$ 的分布律为 $P\{X=k\}=\dfrac{2^k}{k!}e^{-2}$，$k=0,1,2,\cdots$，且 $E(X)=D(X)=\lambda=2$，故

$$P\{E(X)-1<X<D(X)+1\}=P\{2-1<X<2+1\}$$
$$=P\{1<X<3\}=P\{X=2\}=\frac{2^2}{2!}e^{-2}=2e^{-2}.$$

**34. B**

**【解析】考查随机变量函数的数学期望，是一道难度较低的计算题．**

由随机变量函数的期望公式得

$$E(X^2)=\int_{-\infty}^{+\infty}x^2f(x)dx=\int_0^{+\infty}x^3e^{-\frac{x^2}{2}}dx=-\int_0^{+\infty}x^2e^{-\frac{x^2}{2}}d\left(-\frac{x^2}{2}\right)=-\int_0^{+\infty}x^2d(e^{-\frac{x^2}{2}})$$
$$=-x^2e^{-\frac{x^2}{2}}\Big|_0^{+\infty}+\int_0^{+\infty}e^{-\frac{x^2}{2}}d(x^2)=-2\int_0^{+\infty}e^{-\frac{x^2}{2}}d\left(-\frac{x^2}{2}\right)=-2e^{-\frac{x^2}{2}}\Big|_0^{+\infty}=2.$$

**35. A**

**【解析】主要考查求联合分布律，是一道难度较低的计算题．**

因为 $P\{X^2=Y^2\}=1$，所以 $P\{X^2\neq Y^2\}=1-P\{X^2=Y^2\}=0$，故 $P\{X=0,Y=-1\}=P\{X=0,Y=1\}=P\{X=1,Y=0\}=0$.

将已知信息填入表格得

| $X$ \ $Y$ | $-1$ | $0$ | $1$ | $P\{X=i\}$ |
|---|---|---|---|---|
| $0$ | $0$ | | $0$ | $\frac{1}{3}$ |
| $1$ | | $0$ | | $\frac{2}{3}$ |
| $P\{Y=j\}$ | $\frac{1}{3}$ | $\frac{1}{3}$ | $\frac{1}{3}$ | $1$ |

再利用边缘分布律和联合分布律的关系，将表格填完得

| $X$ \ $Y$ | $-1$ | $0$ | $1$ | $P\{X=i\}$ |
|---|---|---|---|---|
| $0$ | $0$ | $\frac{1}{3}$ | $0$ | $\frac{1}{3}$ |
| $1$ | $\frac{1}{3}$ | $0$ | $\frac{1}{3}$ | $\frac{2}{3}$ |
| $P\{Y=j\}$ | $\frac{1}{3}$ | $\frac{1}{3}$ | $\frac{1}{3}$ | $1$ |

**绝密★启用前**

# 全国硕士研究生招生考试
# 经济类综合能力试题
# 数学·模拟卷3

（科目代码：396）

考试时间：8：30—11：30

（数学建议用时84分钟内）

## 考生注意事项

1. 答题前，考生须在试题册指定位置上填写考生姓名和考生编号；在答题卡指定位置上填写报考单位、考生姓名和考生编号，并涂写考生编号信息点。
2. 选择题的答案必须涂写在答题卡相应题号的选项上，非选择题的答案必须书写在答题卡指定位置的边框区域内。超出答题区域书写的答案无效；在草稿纸、试题册上答题无效。
3. 填（书）写部分必须使用黑色字迹签字笔或者钢笔书写，字迹工整、笔迹清楚；涂写部分必须使用2B铅笔填涂。
4. 考试结束，将答题卡和试题册按规定交回。

| 考生编号 | | | | | | | | | | | | | | |
|---|---|---|---|---|---|---|---|---|---|---|---|---|---|---|
| 考生姓名 | | | | | | | | | | | | | | |

**数学基础**：第 1～35 小题，每小题 2 分，共 70 分．下列每题给出的五个选项中，只有一个选项是最符合试题要求的．

1. 若函数 $y=\frac{ax+b}{x+1}(a\neq b)$ 的反函数为其自身，则（　　）.

A. $a=1$　　B. $b=1$　　C. $a=b=1$　　D. $a=-1$　　E. $b=-1$

2. 若 $\lim\limits_{x\to 0}\left(\frac{1-\tan x}{1+\tan x}\right)^{\frac{1}{\sin kx}}=\mathrm{e}$，则 $k=$（　　）.

A. 0　　B. 1　　C. 2　　D. $-1$　　E. $-2$

3. 设函数 $f(x)=\begin{cases}x^2+1, & |x|\leqslant c,\\ \frac{2}{|x|}, & |x|>c\end{cases}$ 在 $(-\infty,+\infty)$ 内连续，则常数 $c=$（　　）.

A. $\frac{1}{2}$　　B. $\frac{2}{3}$　　C. 1　　D. $\frac{3}{2}$　　E. 2

4. 设 $f(x)=\begin{cases}\sqrt{|x|}\sin\frac{1}{x^2}, & x\neq 0,\\ 0, & x=0,\end{cases}$ 则 $f(x)$ 在点 $x=0$ 处（　　）.

A. 极限不存在　　B. 极限存在但不连续　　C. 连续但不可导

D. 可导且导数不为 0　　E. 可导且导数为 0

5. 已知函数 $y=y(x)$ 由方程 $x^2+xy+y^3=3$ 确定，则 $y''(1)=$（　　）.

A. 1　　B. $-\frac{3}{4}$　　C. $\frac{3}{4}$　　D. $-\frac{31}{32}$　　E. $\frac{31}{32}$

6. 已知函数 $f(x)$ 在 $(-\infty,+\infty)$ 上连续，且 $f(x)=(x+1)^2+2\int_0^x f(t)\mathrm{d}t$，则当 $n\geqslant 3$ 时，$f^{(n)}(0)=$（　　）.

A. $2^{n-1}$　　B. $2^n$　　C. $5\cdot 2^{n-1}$　　D. $5\cdot 2^n$　　E. $5\cdot 2^{n+1}$

7. 设 $(x_0,y_0)$ 是抛物线 $y=ax^2+bx+c$ 上的一点，若在该点的切线过原点，则系数应满足的关系是（　　）.

A. $ax_0=b$　　B. $ax_0^2=b$　　C. $ax_0=c$　　D. $ax_0^2=c$　　E. $bx_0^2=c$

8. 设函数 $f(x)$ 在闭区间 $[a,b]$ 上连续，且 $f(x)>0$，则方程 $\int_a^x f(t)\mathrm{d}t+\int_b^x\frac{1}{f(t)}\mathrm{d}t=0$ 在开区间 $(a,b)$ 内的根有（　　）个.

A. 0　　B. 1　　C. 2　　D. 3　　E. 4

9. 设函数 $f(x)=a\ln x+b\arctan x+x$ 在点 $x_1=1$，$x_2=2$ 处都取得极值，则（　　）.

A. $a=6$　　B. $b=-10$　　C. 点 $x_1$，$x_2$ 均为极大值点

D. 点 $x_1$，$x_2$ 均为极小值点　　E. 点 $x_1$ 为极小值点，点 $x_2$ 为极大值点

10. 下列曲线有渐近线的是（　　）.

A. $y=\sin x$　　B. $y=x+\sin x$　　C. $y=x^2+\sin x$

D. $y=x+\sin\frac{1}{x}$　　E. $y=x^2+\sin\frac{1}{x}$

**11.** 已知 $f'(\mathrm{e}^x)=\dfrac{2x+4}{3\mathrm{e}^x}$，且 $f(1)=0$，则 $f(\mathrm{e})=$(　　).

A. $\dfrac{1}{3}$　　B. $\dfrac{2}{3}$　　C. 1　　D. $\dfrac{4}{3}$　　E. $\dfrac{5}{3}$

**12.** $\int(2-x)\sqrt{1-x}\,\mathrm{d}x=$(　　)，其中 $C$ 为任意常数.

A. $-\dfrac{2}{3}(1-x)^{\frac{3}{2}}+C$　　B. $-\dfrac{2}{5}(1-x)^{\frac{5}{2}}+C$

C. $-\dfrac{2}{3}(1-x)^{\frac{3}{2}}-\dfrac{2}{5}(1-x)^{\frac{5}{2}}+C$　　D. $-\dfrac{2}{3}(1-x)^{\frac{3}{2}}+\dfrac{2}{5}(1-x)^{\frac{5}{2}}+C$

E. $\dfrac{2}{3}(1-x)^{\frac{3}{2}}-\dfrac{2}{5}(1-x)^{\frac{5}{2}}+C$

**13.** 设 $M=\int_{-1}^{1}\dfrac{(1+x)^2}{1+x^2}\mathrm{d}x$，$N=\int_{-1}^{1}(1+\sqrt{\cos x})\,\mathrm{d}x$，则(　　).

A. $M<2$　　B. $N<2$　　C. $N=2$　　D. $M=N$　　E. $M<N$

**14.** 设 $f(x)=\sin x-x\int_0^{\pi}f(x)\mathrm{d}x$，则$\int_0^{2\pi}f(x)\mathrm{d}x=$(　　).

A. $\dfrac{4}{2+\pi^2}$　　B. $\dfrac{4\pi^2}{2+\pi^2}$　　C. $-\dfrac{4\pi^2}{2+\pi^2}$　　D. $\dfrac{8\pi^2}{2+\pi^2}$　　E. $-\dfrac{8\pi^2}{2+\pi^2}$

**15.** 设函数 $f(x)$ 在区间$[0,1]$上连续，则下列极限中等于$\int_0^1 f(x)\mathrm{d}x$ 的有(　　)个.

(1) $\lim\limits_{n\to\infty}\sum\limits_{k=1}^{n}f\left(\dfrac{k-1}{n}\right)\dfrac{1}{n}$；　　(2) $\lim\limits_{n\to\infty}\sum\limits_{k=1}^{n}f\left(\dfrac{2k-1}{2n}\right)\dfrac{1}{2n}$；

(3) $\lim\limits_{n\to\infty}\sum\limits_{k=1}^{2n}f\left(\dfrac{k-1}{2n}\right)\dfrac{1}{2n}$；　　(4) $\lim\limits_{n\to\infty}\sum\limits_{k=1}^{2n}f\left(\dfrac{k}{2n}\right)\dfrac{1}{2n}$.

A. 0　　B. 1　　C. 2　　D. 3　　E. 4

**16.** 由 $y=\sin x$ 与 $y=\dfrac{2}{\pi}x$ 围成的平面区域记为 $D$，则 $D$ 绕 $x$ 轴旋转一周所得旋转体的体积为(　　).

A. $\pi^2$　　B. $\dfrac{\pi^2}{2}$　　C. $\dfrac{\pi^2}{4}$　　D. $\dfrac{\pi^2}{6}$　　E. $\dfrac{\pi^2}{12}$

**17.** 曲线 $y=\sqrt{x}$ 的各条切线中，使该曲线与切线及直线 $x=0$，$x=2$ 所围成图形面积最小的切线方程为(　　).

A. $y=-\dfrac{x}{2}-\dfrac{1}{2}$　　B. $y=-\dfrac{x}{2}+\dfrac{1}{2}$　　C. $y=\dfrac{x}{2}-\dfrac{1}{2}$

D. $y=\dfrac{x}{2}+\dfrac{1}{2}$　　E. $y=\dfrac{x}{2}+1$

**18.** 设函数 $z=f(x,y)=\sqrt{|xy|}$，则在点$(0,0)$处，关于 $f(x,y)$的下列结论中，正确的个数为(　　).

(1)连续；(2)$f_x'(0,0)$，$f_y'(0,0)$均存在；(3)可微；(4)$\mathrm{d}z\big|_{(0,0)}=0$.

A. 0　　B. 1　　C. 2　　D. 3　　E. 4

**19.** 设函数 $z=z(x,y)$由方程$(z+y)^x=xy$ 确定，则$\dfrac{\partial z}{\partial x}\bigg|_{(1,2)}=$(　　).

A. $1-\ln 2$　　B. $1+\ln 2$　　C. $2-2\ln 2$　　D. $2+2\ln 2$　　E. $\ln 2$

**20.** 设函数 $f(u)$在$(0, +\infty)$内具有二阶连续导数，且 $z=f(\sqrt{x^2+y^2})$满足$\frac{\partial^2 z}{\partial x^2}+\frac{\partial^2 z}{\partial y^2}=0$，则 $f''(u)+\frac{f'(u)}{u}=$(　　).

A. $-u$　　B. $u$　　C. $-f(u)$　　D. $f(u)$　　E. 0

**21.** 设 $f(x)$在闭区间$[a, b]$上连续，在开区间$(a, b)$内可导，$g(x, y)$在有界闭区域 $D$ 上连续，则以下结论正确的个数为(　　).

(1)$f(x)$在$[a, b]$上存在最大值；

(2)$g(x, y)$在 $D$ 上存在最大值；

(3)若点 $x_0\in(a, b)$，$f'(x_0)\neq 0$，则 $x_0$ 不是 $f(x)$的最大值点；

(4)$g(x, y)$在 $D$ 上的最大值必为极大值.

A. 0　　B. 1　　C. 2　　D. 3　　E. 4

**22.** 已知矩阵$\boldsymbol{A}=\begin{pmatrix}1 & -1 & 2 & 3\\ -2 & 1 & -1 & 1\\ 3 & -2 & 2 & -1\\ 0 & 0 & 3 & 4\end{pmatrix}$，$A_{ij}$ 表示$|\boldsymbol{A}|$中元素 $a_{ij}$ 的代数余子式，则 $A_{11}-A_{12}=$(　　).

A. $-4$　　B. $-2$　　C. 0　　D. 2　　E. 4

**23.** 已知 $\boldsymbol{A}$，$\boldsymbol{B}$ 均为 $n(n\geqslant 2)$阶可逆矩阵，则下列结论正确的个数是(　　).

(1)$\begin{pmatrix}\boldsymbol{O} & \boldsymbol{A}\\ \boldsymbol{B} & \boldsymbol{O}\end{pmatrix}^{\mathrm{T}}=\begin{pmatrix}\boldsymbol{O} & \boldsymbol{B}^{\mathrm{T}}\\ \boldsymbol{A}^{\mathrm{T}} & \boldsymbol{O}\end{pmatrix}$；

(2)$\begin{pmatrix}\boldsymbol{O} & \boldsymbol{A}\\ \boldsymbol{B} & \boldsymbol{O}\end{pmatrix}^{2}=\begin{pmatrix}\boldsymbol{O} & \boldsymbol{A}^{2}\\ \boldsymbol{B}^{2} & \boldsymbol{O}\end{pmatrix}$；

(3)$\begin{pmatrix}\boldsymbol{O} & \boldsymbol{A}\\ \boldsymbol{B} & \boldsymbol{O}\end{pmatrix}^{-1}=\begin{pmatrix}\boldsymbol{O} & \boldsymbol{B}^{-1}\\ \boldsymbol{A}^{-1} & \boldsymbol{O}\end{pmatrix}$；

(4)$\begin{vmatrix}\boldsymbol{O} & \boldsymbol{A}\\ \boldsymbol{B} & \boldsymbol{O}\end{vmatrix}=|\boldsymbol{A}||\boldsymbol{B}|$.

A. 0　　B. 1　　C. 2　　D. 3　　E. 4

**24.** 设 4 阶方阵 $\boldsymbol{A}$ 的逆矩阵$\boldsymbol{A}^{-1}=\begin{pmatrix}0 & 1 & 0 & 0\\ 0 & 0 & 2 & 0\\ 0 & 0 & 0 & 3\\ 4 & 0 & 0 & 0\end{pmatrix}$，则$(\boldsymbol{A}^*)^{-1}$的所有元素之和为(　　).

A. $-50$　　B. $-25$　　C. 0　　D. 25　　E. 50

**25.** 设 4 阶方阵 $\boldsymbol{A}$ 满足 $\boldsymbol{A}\boldsymbol{A}^{\mathrm{T}}=2\boldsymbol{E}$，$|\boldsymbol{A}|>0$，则(　　).

A. $|\boldsymbol{A}^*|=16$　　B. $|\boldsymbol{A}^{-1}|=-4$　　C. $\boldsymbol{A}^{-1}=\frac{1}{2}\boldsymbol{A}^{\mathrm{T}}$

D. $\boldsymbol{A}^{-1}=\frac{1}{2}\boldsymbol{A}^*$　　E. $\boldsymbol{A}^*\boldsymbol{x}=\boldsymbol{0}$ 有非零解

**26.** 设 $\boldsymbol{\alpha}_1$，$\boldsymbol{\alpha}_2$，$\boldsymbol{\alpha}_3$ 均为 3 维列向量，则对任意的常数 $k$，$l$，下列结论正确的是(　　).

(1)若 $\boldsymbol{\alpha}_1$，$\boldsymbol{\alpha}_2$，$\boldsymbol{\alpha}_3$ 线性相关，则 $\boldsymbol{\alpha}_1+k\boldsymbol{\alpha}_3$，$\boldsymbol{\alpha}_2+l\boldsymbol{\alpha}_3$ 线性相关；

(2)若 $\boldsymbol{\alpha}_1$，$\boldsymbol{\alpha}_2$，$\boldsymbol{\alpha}_3$ 线性相关，则 $\boldsymbol{\alpha}_1+k\boldsymbol{\alpha}_3$，$\boldsymbol{\alpha}_2+l\boldsymbol{\alpha}_3$ 线性无关；

(3)若 $\boldsymbol{\alpha}_1$，$\boldsymbol{\alpha}_2$，$\boldsymbol{\alpha}_3$ 线性无关，则 $\boldsymbol{\alpha}_1+k\boldsymbol{\alpha}_3$，$\boldsymbol{\alpha}_2+l\boldsymbol{\alpha}_3$ 线性相关；

(4)若 $\boldsymbol{\alpha}_1$，$\boldsymbol{\alpha}_2$，$\boldsymbol{\alpha}_3$ 线性无关，则 $\boldsymbol{\alpha}_1+k\boldsymbol{\alpha}_3$，$\boldsymbol{\alpha}_2+l\boldsymbol{\alpha}_3$ 线性无关.

A. (1)(3)　　B. (1)(4)　　C. (2)(3)　　D. (2)(4)　　E. 仅(4)

**27.** 设 $\boldsymbol{A}$，$\boldsymbol{B}$ 均为 $m\times n$ 矩阵，则以下条件中，矩阵方程 $\boldsymbol{AX}=\boldsymbol{B}$ 有解的必要条件的个数为(　　).

(1)$\boldsymbol{B}$ 的列向量组能由 $\boldsymbol{A}$ 的列向量组线性表示；

(2)有矩阵 $\boldsymbol{K}$，使 $\boldsymbol{B}=\boldsymbol{AK}$；

(3)$R(\boldsymbol{A})\geqslant R(\boldsymbol{B})$；

(4)$R(\boldsymbol{A})=R(\boldsymbol{A}, \boldsymbol{B})$.

A. 0　　B. 1　　C. 2　　D. 3　　E. 4

**28.** 设 $\boldsymbol{A}=(\boldsymbol{\alpha}_1, \boldsymbol{\alpha}_2, \boldsymbol{\alpha}_3)$为 3 阶矩阵．若 $\boldsymbol{\alpha}_1$，$\boldsymbol{\alpha}_2$ 线性无关，且 $\boldsymbol{\alpha}_3=-\boldsymbol{\alpha}_1+2\boldsymbol{\alpha}_2$，则线性方程组 $\boldsymbol{Ax}=\boldsymbol{0}$ 的通解为(　　)．($k_1$，$k_2$ 为任意实数)

A. $k_1\begin{pmatrix}1\\1\\0\end{pmatrix}$　　B. $k_1\begin{pmatrix}1\\-1\\2\end{pmatrix}$　　C. $k_1\begin{pmatrix}-1\\2\\-1\end{pmatrix}$

D. $k_1\begin{pmatrix}-1\\2\\-1\end{pmatrix}+k_2\begin{pmatrix}1\\1\\0\end{pmatrix}$　　E. $k_1\begin{pmatrix}-1\\1\\0\end{pmatrix}+k_2\begin{pmatrix}1\\0\\1\end{pmatrix}$

**29.** 设随机事件 $A$ 与 $B$ 独立，$A$ 与 $C$ 相互独立，$BC=\varnothing$，$P(A)=P(B)=\dfrac{1}{2}$，$P(AC\mid AB\cup C)=\dfrac{1}{4}$，则 $P(C)=$(　　)．

A. 0　　B. 1　　C. $\dfrac{1}{2}$　　D. $\dfrac{1}{3}$　　E. $\dfrac{1}{4}$

**30.** 设 $F(x)$为分布函数，则下列函数也可作为分布函数的是(　　)．

A. $\dfrac{1}{2(1+x^2)}$　　B. $\begin{cases}2-e^{-x}, & x>0,\\ 0, & x\leqslant 0\end{cases}$　　C. $F(2x)$

D. $F(|x|)$　　E. $1-F(-x)$

**31.** 设随机变量 $X$ 与 $Y$ 独立，且 $X\sim B\left(1, \dfrac{1}{2}\right)$，$Y\sim E(2)$，则 $P\{X+Y\leqslant 2\}=$(　　)．

A. $\dfrac{1}{e^4}+\dfrac{1}{e^2}$　　B. $1-\dfrac{1}{e^4}-\dfrac{1}{e^2}$　　C. $\dfrac{1}{2e^4}+\dfrac{1}{2e^2}$　　D. $1-\dfrac{1}{2e^4}-\dfrac{1}{2e^2}$　　E. $\dfrac{1}{2e^2}-\dfrac{1}{2e^4}$

**32.** 设随机变量 $X$ 的概率密度为 $f_X(x)=\begin{cases}e^{-x}, & x\geqslant 0,\\ 0, & x<0,\end{cases}$ 则随机变量 $Y=X^2$ 的概率密度 $f_Y(y)=$(　　)．

A. $\begin{cases}0, & y<0,\\ 1-e^{-\sqrt{y}}, & y\geqslant 0\end{cases}$　　B. $\begin{cases}0, & y<0,\\ 1-e^{\sqrt{y}}, & y\geqslant 0\end{cases}$　　C. $\begin{cases}0, & y\leqslant 0,\\ \dfrac{e^{-\sqrt{y}}}{2\sqrt{y}}, & y>0\end{cases}$

D. $\begin{cases}0, & y\leqslant 0,\\ \dfrac{e^{\sqrt{y}}}{2\sqrt{y}}, & y>0\end{cases}$　　E. $\begin{cases}0, & y\leqslant 1,\\ \dfrac{e^{-\sqrt{y}}}{2\sqrt{y}}, & y>1\end{cases}$

**33.** 设相互独立的随机变量 $X$，$Y$ 具有相同的分布律，且 $P\{X=-1\}=\dfrac{1}{4}$，$P\{X=0\}=\dfrac{1}{2}$，$P\{X=1\}=\dfrac{1}{4}$，则 $P\{X+Y=0\}=$(　　)．

A. $\dfrac{1}{8}$　　B. $\dfrac{1}{4}$　　C. $\dfrac{3}{8}$　　D. $\dfrac{1}{2}$　　E. $\dfrac{5}{8}$

**34.** 设随机变量 $X$ 在区间(0，6)上服从均匀分布，对 $X$ 独立地重复观察 4 次，用 $Y$ 表示观察值小于 2 的次数，则 $Y^2$ 的数学期望 $E(Y^2)=$(　　)．

A. $\dfrac{2}{3}$　　B. $\dfrac{4}{3}$　　C. $\dfrac{8}{3}$　　D. $\dfrac{8}{9}$　　E. $\dfrac{16}{9}$

**35.** 设随机变量 $X$ 与 $Y$ 相互独立，$X$ 服从区间$\left(-\dfrac{\pi}{2}, \dfrac{\pi}{2}\right)$上的均匀分布，$Y$ 服从参数为 1 的指数分布，则 $D(Y\sin X)=$(　　)．

A. 0　　B. 1　　C. 2　　D. 3　　E. 4

# 答案速查

## 数学基础

| | | | | | | | |
|---|---|---|---|---|---|---|---|
| 1～5 | DECCD | 6～10 | CDBED | 11～15 | ECEED | 16～20 | DDCCE |
| 21～25 | DACAC | 26～30 | EECEC | 31～35 | DCCCB | | |

# 答案详解

## 数学基础

**1. D**

**【解析】考查函数的定义与反函数，是一道难度较低的计算题．**

由 $y=\dfrac{ax+b}{x+1}(x\neq -1)$ 解得 $x=\dfrac{b-y}{y-a}(y\neq a)$，$x$ 和 $y$ 互换得反函数为 $y=\dfrac{b-x}{x-a}(x\neq a)$，再由已知条件可知函数 $y=\dfrac{ax+b}{x+1}(x\neq -1)$ 与其反函数 $y=\dfrac{b-x}{x-a}(x\neq a)$ 的定义域和对应法则均相同，得 $a=-1$.

**2. E**

**【解析】主要考查幂指函数、等价无穷小替换，是一道难度较低的计算题．**

原极限 $=\mathrm{e}^{\lim\limits_{x\to 0}\frac{1}{\sin kx}\ln\frac{1-\tan x}{1+\tan x}}$，其中

$$\lim_{x\to 0}\frac{1}{\sin kx}\ln\frac{1-\tan x}{1+\tan x}=\lim_{x\to 0}\frac{1}{\sin kx}\left(\frac{1-\tan x}{1+\tan x}-1\right)$$

$$=\lim_{x\to 0}\frac{-2\tan x}{\sin kx(1+\tan x)}=\lim_{x\to 0}\frac{-2x}{kx}=-\frac{2}{k},$$

故原极限 $=\mathrm{e}^{-\frac{2}{k}}=\mathrm{e}$，则 $k=-2$.

**3. C**

**【解析】考查连续的定义，是一道难度较低的计算题．**

由已知条件可知 $c>0$（若 $c\leqslant 0$，则 $\lim\limits_{x\to 0}f(x)=\lim\limits_{x\to 0}\dfrac{2}{|x|}=\infty$，与 $f(x)$ 在 $(-\infty,+\infty)$ 内连续矛盾）.

由 $f(x)$ 在 $(-\infty,+\infty)$ 内连续得 $f(x)$ 在 $x=c$ 处连续，故 $\lim\limits_{x\to c^+}f(x)=f(c)$，又

$$\lim_{x\to c^+}f(x)=\lim_{x\to c^+}\frac{2}{|x|}=\lim_{x\to c^+}\frac{2}{x}=\frac{2}{c},\quad f(c)=c^2+1,$$

则有 $\dfrac{2}{c}=c^2+1$，可得 $(c-1)(c^2+c+2)=0$，故 $c=1$.

【注意】①本题 $f(x)$ 有两个分段点 $\pm c$，仅用 $f(x)$ 在一个分段点处的连续性便可解出常数 $c$ 的值，上述解析选用的是 $f(x)$ 在 $x=c$ 处连续，也可选 $x=-c$.

②$f(x)$ 在 $x=c$ 处连续 $\Leftrightarrow \lim\limits_{x\to c^+}f(x)=\lim\limits_{x\to c^-}f(x)=f(c)$，因为 $\lim\limits_{x\to c^-}f(x)$ 和 $f(c)$ 选择的是相同的 $f(x)$ 的表达式，故可简化为 $\lim\limits_{x\to c^+}f(x)=f(c)$.

**4. C**

【解析】考查极限计算、连续和导数定义，是一道难度较低的计算题.

A、B 项：由 $\lim\limits_{x\to 0}f(x)=\lim\limits_{x\to 0}\sqrt{|x|}\sin\dfrac{1}{x^2}=0=f(0)$，得 $f(x)$ 在点 $x=0$ 处极限存在，且连续，故 A、B 项错误.

C、D、E 项：由 $\lim\limits_{x\to 0^+}\dfrac{f(x)-f(0)}{x-0}=\lim\limits_{x\to 0^+}\dfrac{\sqrt{|x|}\sin\dfrac{1}{x^2}-0}{x}=\lim\limits_{x\to 0^+}\dfrac{1}{\sqrt{x}}\sin\dfrac{1}{x^2}$ 不存在，得 $f(x)$ 在 $x=0$ 处不可导，故 C 项正确，D、E 项错误.

**5. D**

【解析】考查隐函数求导，是一道难度较低的计算题.

将 $x=1$ 代入原方程得 $(y-1)(y^2+y+2)=0$，解得 $y(1)=1$.

原方程两端对 $x$ 求导得 $2x+y+xy'+3y^2y'=0$，将 $x=1$，$y=1$ 代入，解得 $y'(1)=-\dfrac{3}{4}$.

一阶导方程两端对 $x$ 求导得 $2+y'+y'+xy''+6y(y')^2+3y^2y''=0$，将 $x=1$，$y=1$，$y'=-\dfrac{3}{4}$ 代入，解得 $y''(1)=-\dfrac{31}{32}$.

**6. C**

【解析】考查高阶导数计算，是一道难度较低的计算题.

将 $x=0$ 代入原方程得 $f(0)=1$. 原方程两端对 $x$ 求各阶导得

$$f'(x)=2(x+1)+2f(x),\ f'(0)=2+2f(0)=4,$$
$$f''(x)=2+2f'(x),\ f''(0)=2+2f'(0)=10,$$
$$f'''(x)=2f''(x),\ f^{(4)}(x)=2f'''(x)=2^2f''(x),$$
$$\cdots\cdots$$
$$f^{(n)}(x)=2f^{(n-1)}(x)=2^{n-2}f''(x).$$

故 $f^{(n)}(0)=2^{n-2}f''(0)=5\cdot 2^{n-1}$.

【注意】$f^{(n)}(x)$ 存在性的证明：由于 $f(x)$ 连续，可知原方程等号右侧的函数可导，可得等号左侧的 $f(x)$ 可导，同理可由一阶导方程 $f'(x)=2(x+1)+2f(x)$ 推出 $f'(x)$ 可导，…，由 $n-1$ 阶导方程推出 $f^{(n-1)}(x)$ 可导，即 $f^{(n)}(x)$ 存在.

**7. D**

【解析】考查切线方程，是一道难度较低的计算题.

由 $(x_0, y_0)$ 是该抛物线上的点得 $y_0=ax_0^2+bx_0+c$ ①. 抛物线在 $(x_0, y_0)$ 处的切线斜率为 $y'|_{x=x_0}=(2ax+b)|_{x=x_0}=2ax_0+b$，故切线方程为 $y-y_0=(2ax_0+b)(x-x_0)$. 切线过原点，将 $x=y=0$ 代入上式得 $y_0=(2ax_0+b)x_0$ ②. 式①、②联立消去 $y_0$ 得 $ax_0^2=c$.

**8. B**

**【解析】考查零点定理和单调性定理，是一道难度中等的计算题．**

令 $F(x)=\int_a^x f(t)\mathrm{d}t+\int_b^x \frac{1}{f(t)}\mathrm{d}t$，由已知条件可知 $F(x)$ 在 $[a，b]$ 上连续，又

$$F(a)=\int_a^a f(t)\mathrm{d}t+\int_b^a \frac{1}{f(t)}\mathrm{d}t=-\int_a^b \frac{1}{f(t)}\mathrm{d}t<0,$$

$$F(b)=\int_a^b f(t)\mathrm{d}t+\int_b^b \frac{1}{f(t)}\mathrm{d}t=\int_a^b f(t)\mathrm{d}t>0,$$

由零点定理得 $F(x)$在$(a，b)$内存在零点．

又由 $F'(x)=f(x)+\frac{1}{f(x)}>0$ 得 $F(x)$单调增加，故零点唯一，即原方程在$(a，b)$内的根有1个．

**9. E**

**【解析】考查极值的必要条件和充分条件，是一道难度较低的计算题．**

由已知条件可知 $f(x)$在点 $x_1=1$，$x_2=2$ 处可导且取得极值，根据函数取极值的必要条件得

$\begin{cases}f'(1)=0,\\ f'(2)=0.\end{cases}$ 又 $f'(x)=\frac{a}{x}+\frac{b}{1+x^2}+1$，故 $\begin{cases}a+\frac{b}{2}+1=0,\\ \frac{a}{2}+\frac{b}{5}+1=0,\end{cases}$ 解得 $a=-6$，$b=10$，故 A、B 项错误.

又 $f''(x)=\frac{6}{x^2}-\frac{20x}{(1+x^2)^2}$，则 $f''(1)=1>0$，$f''(2)=-\frac{1}{10}<0$，故点 $x_1$ 为极小值点，点 $x_2$ 为极大值点，因此 C、D 项错误，E 项正确．

**10. D**

**【解析】考查渐近线和极限计算，是一道难度较低的计算题．**

A 项：不存在 $x=x_0$，使得 $\lim\limits_{\substack{x\to x_0\\(x\to x_0^+)\\(x\to x_0^-)}} f(x)=\infty$，故 $y=\sin x$ 无铅直渐近线(同理可得 B、C、D、E 项均无铅直渐近线)；由$\lim\limits_{x\to\infty}\sin x$ 不存在，且不为$\infty$，故 $y=\sin x$ 无水平或斜渐近线，则 A 项错误．

B 项：由$\lim\limits_{x\to\infty}(x+\sin x)=\infty$，$\lim\limits_{x\to\infty}\frac{x+\sin x}{x}=1$，但$\lim\limits_{x\to\infty}(x+\sin x-x)$不存在，可知 $y=x+\sin x$ 无水平或斜渐近线，故 B 项错误．

C 项：由$\lim\limits_{x\to\infty}(x^2+\sin x)=\infty$，$\lim\limits_{x\to\infty}\frac{x^2+\sin x}{x}=\infty$，可知 $y=x^2+\sin x$ 无水平或斜渐近线，故 C 项错误．

D 项：由 $\lim\limits_{x\to\infty}\left(x+\sin\frac{1}{x}\right)=\infty$，$\lim\limits_{x\to\infty}\frac{x+\sin\frac{1}{x}}{x}=1$，且$\lim\limits_{x\to\infty}\left(x+\sin\frac{1}{x}-x\right)=0$，可知 $y=x+\sin\frac{1}{x}$有斜渐近线 $y=x$，故 D 项正确．

E 项：由$\lim\limits_{x\to\infty}\left(x^2+\sin\frac{1}{x}\right)=\infty$，$\lim\limits_{x\to\infty}\frac{x^2+\sin\frac{1}{x}}{x}=\infty$，可知 $y=x^2+\sin\frac{1}{x}$ 无水平或斜渐近线，故 E 项错误．

**11. E**

【解析】主要考查复合函数和不定积分计算，是一道难度较低的计算题．

令 $e^x=t$，则 $x=\ln t(t>0)$，故 $f'(t)=\dfrac{2\ln t+4}{3t}$，则

$$f(t)=\int\frac{2\ln t+4}{3t}\mathrm{d}t=\frac{2}{3}\int(\ln t+2)\,\mathrm{d}(\ln t+2)=\frac{1}{3}(\ln t+2)^2+C,$$

由 $f(1)=0$ 得 $C=-\dfrac{4}{3}$，故 $f(t)=\dfrac{1}{3}(\ln t+2)^2-\dfrac{4}{3}$，则 $f(\mathrm{e})=\dfrac{5}{3}$.

**12. C**

【解析】考查不定积分的线性性质和凑微分法，是一道难度较低的计算题．

$$\begin{aligned}\int(2-x)\sqrt{1-x}\,\mathrm{d}x&=\int(1+1-x)\sqrt{1-x}\,\mathrm{d}x=\int\sqrt{1-x}\,\mathrm{d}x+\int(1-x)\sqrt{1-x}\,\mathrm{d}x\\&=-\int(1-x)^{\frac{1}{2}}\mathrm{d}(1-x)-\int(1-x)^{\frac{3}{2}}\mathrm{d}(1-x)\\&=-\frac{2}{3}(1-x)^{\frac{3}{2}}-\frac{2}{5}(1-x)^{\frac{5}{2}}+C.\end{aligned}$$

**13. E**

【解析】主要考查对称区间的定积分和比较定理，是一道难度较低的计算题．

根据对称区间上奇函数的定积分值为 0，可得

$$M=\int_{-1}^{1}\frac{(1+x)^2}{1+x^2}\mathrm{d}x=\int_{-1}^{1}\frac{1+x^2+2x}{1+x^2}\mathrm{d}x=\int_{-1}^{1}1\mathrm{d}x+\int_{-1}^{1}\frac{2x}{1+x^2}\mathrm{d}x=2+0=2,$$

根据比较定理得 $N=\int_{-1}^{1}(1+\sqrt{\cos x})\,\mathrm{d}x>\int_{-1}^{1}1\mathrm{d}x=2=M$，故 E 项正确，其他选项错误．

**14. E**

【解析】考查定积分计算，是一道难度较低的计算题．

记 $\int_0^{\pi}f(x)\mathrm{d}x=A$，则有 $f(x)=\sin x-Ax$，在该等式两边从 0 到 π 积分得

$$\int_0^{\pi}f(x)\mathrm{d}x=\int_0^{\pi}(\sin x-Ax)\,\mathrm{d}x\Rightarrow A=-\cos x\Big|_0^{\pi}-A\frac{x^2}{2}\Big|_0^{\pi}=2-\frac{\pi^2}{2}A,$$

解得 $A=\dfrac{4}{2+\pi^2}$，故 $f(x)=\sin x-\dfrac{4}{2+\pi^2}x$，则 $\int_0^{2\pi}f(x)\mathrm{d}x=-\dfrac{8\pi^2}{2+\pi^2}$.

**15. D**

【解析】考查定积分的定义，是一道难度中等的概念题．

根据定积分的定义：设 $f(x)$ 在区间 $[a,b]$ 上连续，将 $[a,b]$ 分成 $n$ 个小区间，在第 $k$ 个小区间中任取一点 $\xi_k$，该区间长度为 $\Delta x_k$，记 $\lambda=\max\limits_{1\leqslant k\leqslant n}\{\Delta x_k\}$，则 $\lim\limits_{\lambda\to 0}\sum\limits_{k=1}^{n}f(\xi_k)\Delta x_k=\int_a^b f(x)\,\mathrm{d}x$，下面对给出的 4 个极限进行检验．

(1)：将区间 $[0,1]$ $n$ 等分，则 $\Delta x_k=\dfrac{1}{n}$，$\xi_k$ 取第 $k$ 个小区间 $\left[\dfrac{k-1}{n},\dfrac{k}{n}\right]$ 的左端点 $\dfrac{k-1}{n}$，则 $\lim\limits_{n\to\infty}\sum\limits_{k=1}^{n}f\left(\dfrac{k-1}{n}\right)\dfrac{1}{n}=\int_0^1 f(x)\mathrm{d}x$，故(1)正确．

(2)：将区间$[0,1]$ $n$等分，$\xi_k$ 取第$k$个小区间$\left[\frac{k-1}{n},\frac{k}{n}\right]$的中点$\frac{2k-1}{2n}$，则$\lim\limits_{n\to\infty}\sum\limits_{k=1}^{n}f\left(\frac{2k-1}{2n}\right)\frac{1}{n}=$ $\int_0^1 f(x)\mathrm{d}x$，故$\lim\limits_{n\to\infty}\sum\limits_{k=1}^{n}f\left(\frac{2k-1}{2n}\right)\frac{1}{2n}=\frac{1}{2}\lim\limits_{n\to\infty}\sum\limits_{k=1}^{n}f\left(\frac{2k-1}{2n}\right)\frac{1}{n}=\frac{1}{2}\int_0^1 f(x)\mathrm{d}x$，则(2)错误.

(3)、(4)：将区间$[0,1]$ $2n$等分，则$\Delta x_k=\frac{1}{2n}$，$\xi_k$ 分别取第$k$个小区间$\left[\frac{k-1}{2n},\frac{k}{2n}\right]$的左、右端点，得$\lim\limits_{n\to\infty}\sum\limits_{k=1}^{2n}f\left(\frac{k-1}{2n}\right)\frac{1}{2n}=\lim\limits_{n\to\infty}\sum\limits_{k=1}^{2n}f\left(\frac{k}{2n}\right)\frac{1}{2n}=\int_0^1 f(x)\mathrm{d}x$，故(3)、(4)正确.

综上，等于$\int_0^1 f(x)\mathrm{d}x$ 的极限有3个.

**16. D**

**【解析】考查旋转体的体积公式，是一道难度中等的计算题.**

如图所示，由对称性可知仅需计算$D$在第一象限的部分绕$x$轴旋转一周所得旋转体的体积$V_1$，再乘2即可得$V$.

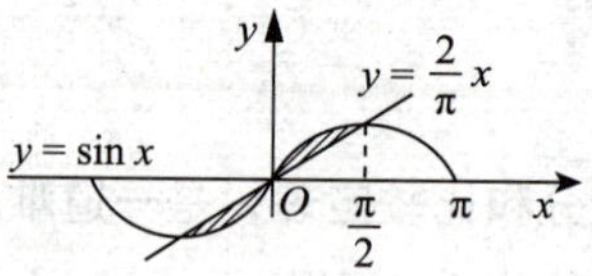


①先求交点坐标：当$x\in\left[0,\frac{\pi}{2}\right]$时，根据$\sin x=\frac{2}{\pi}x$观察得$x=0$，$\frac{\pi}{2}$，由$y=\sin x$图形是凸的可知无其他交点；当$x\in\left(\frac{\pi}{2},+\infty\right)$时，$\sin x\leqslant 1<\frac{2}{\pi}x$，可知$y=\sin x$与$y=\frac{2}{\pi}x$无交点.

②再用“大减小”的方法计算$V_1$($y=\frac{2}{\pi}x$、$x=\frac{\pi}{2}$和$x$轴所围图形绕$x$轴旋转一周所得的旋转体为圆锥)，可得所求体积

$$V=2V_1=2\times\left(\pi\int_0^{\frac{\pi}{2}}\sin^2 x\,\mathrm{d}x-\frac{1}{3}\times\pi\times1^2\times\frac{\pi}{2}\right),$$

由华里士公式得$\int_0^{\frac{\pi}{2}}\sin^2 x\,\mathrm{d}x=\frac{1}{2}\times\frac{\pi}{2}=\frac{\pi}{4}$，代入上式计算得$V=2\times\left(\pi\times\frac{\pi}{4}-\frac{\pi^2}{6}\right)=\frac{\pi^2}{6}$.

**【注意】**华里士公式：

$$\int_0^{\frac{\pi}{2}}\sin^n x\,\mathrm{d}x=\int_0^{\frac{\pi}{2}}\cos^n x\,\mathrm{d}x=\begin{cases}\frac{n-1}{n}\cdot\frac{n-3}{n-2}\cdot\cdots\cdot\frac{2}{3}, & n\text{为大于1的正奇数},\\ \frac{n-1}{n}\cdot\frac{n-3}{n-2}\cdot\cdots\cdot\frac{1}{2}\cdot\frac{\pi}{2}, & n\text{为正偶数}.\end{cases}$$

**17. D**

**【解析】考查切线、面积和最值，是一道难度中等的计算题.**

如图所示，设切点坐标为$(x_0,\sqrt{x_0})$ $(x_0>0)$，则切线斜率为$\frac{1}{2\sqrt{x_0}}$，曲线在该点处的切线方程为$y-\sqrt{x_0}=\frac{1}{2\sqrt{x_0}}(x-x_0)$，即$y=\frac{x}{2\sqrt{x_0}}+\frac{\sqrt{x_0}}{2}$. 故该曲线与切线及直线$x=0$，$x=2$

所围成的图形面积为 $S(x_0)=\int_0^2\left(\frac{x}{2\sqrt{x_0}}+\frac{\sqrt{x_0}}{2}-\sqrt{x}\right)\mathrm{d}x=\frac{1}{\sqrt{x_0}}+\sqrt{x_0}-\frac{4\sqrt{2}}{3}$. 由 $S'(x_0)=-\frac{1}{2x_0\sqrt{x_0}}+\frac{1}{2\sqrt{x_0}}=\frac{x_0-1}{2x_0\sqrt{x_0}}=0$，解得 $x_0=1$. 当 $0<x_0<1$ 时，$S'(x_0)<0$；当 $x_0>1$ 时，$S'(x_0)>0$. 故 $x_0=1$ 为 $S(x_0)$ 的极小值点. 又 $S(x_0)$ 在 $x_0>0$ 时连续，故 $x_0=1$ 为 $S(x_0)$ 的最小值点，则所求切线方程为 $y=\frac{x}{2}+\frac{1}{2}$.

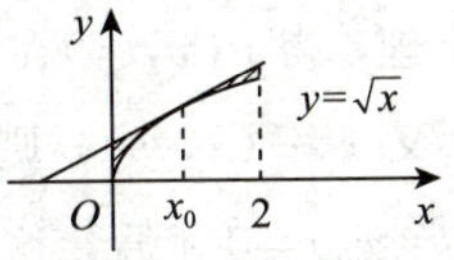


**18. C**

**【解析】考查二元函数的连续性、偏导数、可微与全微分，是一道难度中等的概念题.**

(1)：由 $\lim\limits_{(x,y)\to(0,0)}f(x,y)=\lim\limits_{(x,y)\to(0,0)}\sqrt{|xy|}=0=f(0,0)$，得 $f(x,y)$ 在点 $(0,0)$ 处连续，故(1)正确.

(2)：由 $\lim\limits_{x\to0}\frac{f(x,0)-f(0,0)}{x}=\lim\limits_{x\to0}\frac{0}{x}=0$，得 $f_x'(0,0)=0$，由 $z=f(x,y)=\sqrt{|xy|}$ 关于变量 $x$，$y$ 对称可知 $f_y'(0,0)=0$，故(2)正确.

(3)、(4)：由于

$$\lim_{(\Delta x,\Delta y)\to(0,0)}\frac{f(\Delta x,\Delta y)-f(0,0)-f_x'(0,0)\Delta x-f_y'(0,0)\Delta y}{\sqrt{(\Delta x)^2+(\Delta y)^2}}=\lim_{(\Delta x,\Delta y)\to(0,0)}\frac{\sqrt{|\Delta x\Delta y|}}{\sqrt{(\Delta x)^2+(\Delta y)^2}},$$

令 $\Delta y=k\Delta x$，则 $\lim\limits_{\substack{(\Delta x,\Delta y)\to(0,0)\\ \Delta y=k\Delta x}}\frac{\sqrt{|\Delta x\Delta y|}}{\sqrt{(\Delta x)^2+(\Delta y)^2}}=\lim\limits_{\Delta x\to0}\frac{\sqrt{|k|}\,|\Delta x|}{\sqrt{1+k^2}\,|\Delta x|}=\frac{\sqrt{|k|}}{\sqrt{1+k^2}}$，故 $f(x,y)$ 在点 $(0,0)$ 处不可微，故(3)、(4)错误.

综上，正确结论的个数为 2.

**19. C**

**【解析】考查隐函数求偏导，是一道难度较低的计算题.**

将 $x=1$，$y=2$ 代入方程中得 $z=0$. 方程两边同时对 $x$ 求偏导得

$$\frac{\partial}{\partial x}\left[\mathrm{e}^{x\ln(z+y)}\right]=\frac{\partial}{\partial x}(xy)\Rightarrow \mathrm{e}^{x\ln(z+y)}\left[\ln(z+y)+x\frac{z_x'}{z+y}\right]=y,$$

将 $x=1$，$y=2$，$z=0$ 代入上式得 $\mathrm{e}^{\ln2}\left(\ln2+\frac{z_x'}{2}\right)=2$，则 $\left.\frac{\partial z}{\partial x}\right|_{(1,2)}=2-2\ln2$.

**20. E**

**【解析】考查复合函数求导法则，是一道难度中等的计算题.**

记 $u=\sqrt{x^2+y^2}$，则

$$\frac{\partial z}{\partial x}=f'(u)\frac{x}{u},\quad \frac{\partial^2 z}{\partial x^2}=f''(u)\frac{x^2}{u^2}+f'(u)\frac{u-\frac{x^2}{u}}{u^2}=f''(u)\frac{x^2}{u^2}+f'(u)\frac{y^2}{u^3}.$$

由于$z=f(\sqrt{x^2+y^2})$关于$x$，$y$是对称的，因此$\frac{\partial^2 z}{\partial y^2}=f''(u)\frac{y^2}{u^2}+f'(u)\frac{x^2}{u^3}$，则$\frac{\partial^2 z}{\partial x^2}+\frac{\partial^2 z}{\partial y^2}=f''(u)+\frac{f'(u)}{u}$，又$\frac{\partial^2 z}{\partial x^2}+\frac{\partial^2 z}{\partial y^2}=0$，故$f''(u)+\frac{f'(u)}{u}=0$.

**21. D**

**【解析】考查连续函数的最值定理、最值与极值的关系，是一道难度较低的概念题.**

(1)、(2)：由已知条件，根据闭区间上连续函数的最值定理，得$f(x)$在$[a,b]$上存在最大值，根据有界闭区域上连续函数的最值定理，得$g(x,y)$在$D$上存在最大值，故(1)、(2)正确.

(3)：设点$x_0$是$f(x)$的最大值点，又$x_0\in(a,b)$，则点$x_0$是$f(x)$的极大值点．又$f(x)$在$(a,b)$内可导，故$f'(x_0)=0$，与$f'(x_0)\neq 0$矛盾，这说明假设错误，因此点$x_0$不是$f(x)$的最大值点，故(3)正确.

(4)：若$g(x,y)$在$D$上的最大值在边界上取得，则该最大值不是极大值(因为不满足函数在该点某邻域有定义)，故(4)错误.

综上，正确结论的个数为3.

**22. A**

**【解析】考查行列式的性质和展开定理，是一道难度较低的计算题.**

逆用展开定理得

$$A_{11}-A_{12}=1\cdot A_{11}+(-1)A_{12}+0\cdot A_{13}+0\cdot A_{14}=\begin{vmatrix}1&-1&0&0\\-2&1&-1&1\\3&-2&2&-1\\0&0&3&4\end{vmatrix}=\begin{vmatrix}1&0&0&0\\-2&-1&-1&1\\3&1&2&-1\\0&0&3&4\end{vmatrix}$$

$$=1\times\begin{vmatrix}-1&-1&1\\1&2&-1\\0&3&4\end{vmatrix}=\begin{vmatrix}0&1&0\\1&2&-1\\0&3&4\end{vmatrix}=-4.$$

**23. C**

**【解析】考查分块矩阵的运算，是一道难度较低的计算题.**

(1)：根据分块矩阵取转置的公式得$\begin{pmatrix}\boldsymbol{O}&\boldsymbol{A}\\\boldsymbol{B}&\boldsymbol{O}\end{pmatrix}^{\mathrm{T}}=\begin{pmatrix}\boldsymbol{O}&\boldsymbol{B}^{\mathrm{T}}\\\boldsymbol{A}^{\mathrm{T}}&\boldsymbol{O}\end{pmatrix}$，故(1)正确.

(2)：根据矩阵方幂定义得$\begin{pmatrix}\boldsymbol{O}&\boldsymbol{A}\\\boldsymbol{B}&\boldsymbol{O}\end{pmatrix}^2=\begin{pmatrix}\boldsymbol{O}&\boldsymbol{A}\\\boldsymbol{B}&\boldsymbol{O}\end{pmatrix}\begin{pmatrix}\boldsymbol{O}&\boldsymbol{A}\\\boldsymbol{B}&\boldsymbol{O}\end{pmatrix}=\begin{pmatrix}\boldsymbol{AB}&\boldsymbol{O}\\\boldsymbol{O}&\boldsymbol{BA}\end{pmatrix}$，故(2)错误.

(3)：根据逆矩阵的性质得$\begin{pmatrix}\boldsymbol{O}&\boldsymbol{A}\\\boldsymbol{B}&\boldsymbol{O}\end{pmatrix}^{-1}=\begin{pmatrix}\boldsymbol{O}&\boldsymbol{B}^{-1}\\\boldsymbol{A}^{-1}&\boldsymbol{O}\end{pmatrix}$，故(3)正确(或者验证如下：$\begin{pmatrix}\boldsymbol{O}&\boldsymbol{A}\\\boldsymbol{B}&\boldsymbol{O}\end{pmatrix}\begin{pmatrix}\boldsymbol{O}&\boldsymbol{B}^{-1}\\\boldsymbol{A}^{-1}&\boldsymbol{O}\end{pmatrix}=\begin{pmatrix}\boldsymbol{AA}^{-1}&\boldsymbol{O}\\\boldsymbol{O}&\boldsymbol{BB}^{-1}\end{pmatrix}=\boldsymbol{E}$).

(4)：根据拉普拉斯展开公式得$\begin{vmatrix}\boldsymbol{O}&\boldsymbol{A}\\\boldsymbol{B}&\boldsymbol{O}\end{vmatrix}=(-1)^{n\times n}|\boldsymbol{A}||\boldsymbol{B}|$，由于$(-1)^{n\times n}$未必等于1(如当$n=3$时，$(-1)^{n\times n}=-1\neq 1$)，故(4)错误.

综上，正确结论的个数是2.

**24. A**

**【解析】主要考查伴随矩阵与逆矩阵，是一道难度中等的计算题．**

由 $\boldsymbol{A}^{-1}=\begin{pmatrix}0&1&0&0\\0&0&2&0\\0&0&0&3\\4&0&0&0\end{pmatrix}$ 得 $|\boldsymbol{A}^{-1}|=\begin{vmatrix}0&1&0&0\\0&0&2&0\\0&0&0&3\\4&0&0&0\end{vmatrix}=-24$，又 $|\boldsymbol{A}^{-1}|=|\boldsymbol{A}|^{-1}$ 得 $|\boldsymbol{A}|=-\frac{1}{24}\neq0$，

故 $\boldsymbol{A}^*=|\boldsymbol{A}|\boldsymbol{A}^{-1}=-\frac{1}{24}\boldsymbol{A}^{-1}$，则 $(\boldsymbol{A}^*)^{-1}=\left(-\frac{1}{24}\boldsymbol{A}^{-1}\right)^{-1}=-24\boldsymbol{A}$. 利用分块矩阵求逆的公式

$\begin{pmatrix}\boldsymbol{O}&\boldsymbol{A}_1\\\boldsymbol{A}_2&\boldsymbol{O}\end{pmatrix}^{-1}=\begin{pmatrix}\boldsymbol{O}&\boldsymbol{A}_2^{-1}\\\boldsymbol{A}_1^{-1}&\boldsymbol{O}\end{pmatrix}$，其中 $\boldsymbol{A}_1$，$\boldsymbol{A}_2$ 均可逆，得

$$\boldsymbol{A}=(\boldsymbol{A}^{-1})^{-1}=\begin{pmatrix}0&1&0&0\\0&0&2&0\\0&0&0&3\\4&0&0&0\end{pmatrix}^{-1}=\begin{pmatrix}0&0&0&\frac{1}{4}\\1&0&0&0\\0&\frac{1}{2}&0&0\\0&0&\frac{1}{3}&0\end{pmatrix},$$

代入得 $(\boldsymbol{A}^*)^{-1}=-24\begin{pmatrix}0&0&0&\frac{1}{4}\\1&0&0&0\\0&\frac{1}{2}&0&0\\0&0&\frac{1}{3}&0\end{pmatrix}$，故 $(\boldsymbol{A}^*)^{-1}$ 的所有元素之和为

$$-24\times\left(1+\frac{1}{2}+\frac{1}{3}+\frac{1}{4}\right)=-50.$$

**25. C**

**【解析】主要考查方阵的行列式、伴随矩阵和逆矩阵，是一道难度较低的计算题．**

由 $\boldsymbol{A}\boldsymbol{A}^{\mathrm{T}}=2\boldsymbol{E}$ 得 $|\boldsymbol{A}\boldsymbol{A}^{\mathrm{T}}|=|\boldsymbol{A}||\boldsymbol{A}^{\mathrm{T}}|=|\boldsymbol{A}|^2=|2\boldsymbol{E}|=2^4$，故 $|\boldsymbol{A}|=4(|\boldsymbol{A}|>0)$，则 $|\boldsymbol{A}^*|=|\boldsymbol{A}|^3=64$，$|\boldsymbol{A}^{-1}|=|\boldsymbol{A}|^{-1}=\frac{1}{4}$，$\boldsymbol{A}^{-1}=\frac{\boldsymbol{A}^*}{|\boldsymbol{A}|}=\frac{1}{4}\boldsymbol{A}^*$，故 A、B、D 项错误．

C 项：由 $\boldsymbol{A}\boldsymbol{A}^{\mathrm{T}}=2\boldsymbol{E}$ 得 $\boldsymbol{A}\left(\frac{1}{2}\boldsymbol{A}^{\mathrm{T}}\right)=\boldsymbol{E}$，又 $\boldsymbol{A}$ 为方阵，根据简化的逆矩阵定义得 $\boldsymbol{A}^{-1}=\frac{1}{2}\boldsymbol{A}^{\mathrm{T}}$，故 C 项正确．

E 项：由上述推理知 $|\boldsymbol{A}^*|\neq0$，根据线性方程组解的判定定理得 $\boldsymbol{A}^*\boldsymbol{x}=\boldsymbol{0}$ 没有非零解，故 E 项错误．

**26. E**

**【解析】考查向量组的线性相关性，是一道难度中等的概念题．**

(1)：令 $\boldsymbol{\alpha}_1=(1,0,0)^{\mathrm{T}}$，$\boldsymbol{\alpha}_2=(0,1,0)^{\mathrm{T}}$，$\boldsymbol{\alpha}_3=(0,0,0)^{\mathrm{T}}$，则 $\boldsymbol{\alpha}_1$，$\boldsymbol{\alpha}_2$，$\boldsymbol{\alpha}_3$ 线性相关，但 $\boldsymbol{\alpha}_1+k\boldsymbol{\alpha}_3=(1,0,0)^{\mathrm{T}}$，$\boldsymbol{\alpha}_2+l\boldsymbol{\alpha}_3=(0,1,0)^{\mathrm{T}}$ 线性无关，故(1)错误．

(2)：令 $\boldsymbol{\alpha}_1=(1,0,0)^{\mathrm{T}}$，$\boldsymbol{\alpha}_2=(2,0,0)^{\mathrm{T}}$，$\boldsymbol{\alpha}_3=(0,0,0)^{\mathrm{T}}$，则 $\boldsymbol{\alpha}_1$，$\boldsymbol{\alpha}_2$，$\boldsymbol{\alpha}_3$ 线性相关，但

$\boldsymbol{\alpha}_1+k\boldsymbol{\alpha}_3=(1,\ 0,\ 0)^{\mathrm{T}}$，$\boldsymbol{\alpha}_2+l\boldsymbol{\alpha}_3=(2,\ 0,\ 0)^{\mathrm{T}}$ 线性相关，故(2)错误．

(3)、(4)：由 $\boldsymbol{\alpha}_1$，$\boldsymbol{\alpha}_2$，$\boldsymbol{\alpha}_3$ 线性无关得 $R(\boldsymbol{\alpha}_1,\ \boldsymbol{\alpha}_2,\ \boldsymbol{\alpha}_3)=3$，则

$$R(\boldsymbol{\alpha}_1+k\boldsymbol{\alpha}_3,\ \boldsymbol{\alpha}_2+l\boldsymbol{\alpha}_3)=R\left[(\boldsymbol{\alpha}_1,\ \boldsymbol{\alpha}_2,\ \boldsymbol{\alpha}_3)\begin{pmatrix}1&0\\0&1\\k&l\end{pmatrix}\right]=R\begin{pmatrix}1&0\\0&1\\k&l\end{pmatrix}=2,$$

故 $\boldsymbol{\alpha}_1+k\boldsymbol{\alpha}_3$，$\boldsymbol{\alpha}_2+l\boldsymbol{\alpha}_3$ 线性无关，则(3)错误，(4)正确．

综上，结论正确的仅有(4).

**27. E**

**【解析】考查矩阵方程解的判定，是一道难度较低的概念题．**

由于 $\boldsymbol{AX}=\boldsymbol{B}$ 有解⇔有矩阵 $\boldsymbol{K}$，使 $\boldsymbol{AK}=\boldsymbol{B}$⇔$\boldsymbol{B}$ 的列向量组能由 $\boldsymbol{A}$ 的列向量组线性表示⇔$R(\boldsymbol{A})=R(\boldsymbol{A},\ \boldsymbol{B})$，又 $R(\boldsymbol{A},\ \boldsymbol{B})\geqslant R(\boldsymbol{B})$ 恒成立⇒$R(\boldsymbol{A})\geqslant R(\boldsymbol{B})$，因此(1)、(2)、(3)、(4)均为 $\boldsymbol{AX}=\boldsymbol{B}$ 有解的必要条件．

**【注意】**$\boldsymbol{AX}=\boldsymbol{B}$ 有解的充要条件可按如下方式理解：

①有矩阵 $\boldsymbol{K}$，使 $\boldsymbol{AK}=\boldsymbol{B}$ 是方程组 $\boldsymbol{AX}=\boldsymbol{B}$ 有解的定义．

②设 $\boldsymbol{A}=(\boldsymbol{\alpha}_1,\ \boldsymbol{\alpha}_2,\ \cdots,\ \boldsymbol{\alpha}_n)$，$\boldsymbol{B}=(\boldsymbol{\beta}_1,\ \boldsymbol{\beta}_2,\ \cdots,\ \boldsymbol{\beta}_n)$，$\boldsymbol{K}=\begin{pmatrix}k_{11}&k_{12}&\cdots&k_{1n}\\k_{21}&k_{22}&\cdots&k_{2n}\\\vdots&\vdots&&\vdots\\k_{n1}&k_{n2}&\cdots&k_{nn}\end{pmatrix}$，其中 $\boldsymbol{\alpha}_i$，$\boldsymbol{\beta}_i(i=1,\ 2,\ \cdots,\ n)$分别为 $\boldsymbol{A}$，$\boldsymbol{B}$ 的列向量，$k_{ij}(i,\ j=1,\ 2,\ \cdots,\ n)$为 $\boldsymbol{K}$ 的元素，则

$$\boldsymbol{AK}=\boldsymbol{B}\Leftrightarrow(\boldsymbol{\alpha}_1,\ \boldsymbol{\alpha}_2,\ \cdots,\ \boldsymbol{\alpha}_n)\begin{pmatrix}k_{11}&k_{12}&\cdots&k_{1n}\\k_{21}&k_{22}&\cdots&k_{2n}\\\vdots&\vdots&&\vdots\\k_{n1}&k_{n2}&\cdots&k_{nn}\end{pmatrix}=(\boldsymbol{\beta}_1,\ \boldsymbol{\beta}_2,\ \cdots,\ \boldsymbol{\beta}_n)$$

$$\Leftrightarrow(k_{11}\boldsymbol{\alpha}_1+k_{21}\boldsymbol{\alpha}_2+\cdots+k_{n1}\boldsymbol{\alpha}_n,\cdots,\ k_{1n}\boldsymbol{\alpha}_1+k_{2n}\boldsymbol{\alpha}_2+\cdots+k_{nn}\boldsymbol{\alpha}_n)=(\boldsymbol{\beta}_1,\ \cdots,\ \boldsymbol{\beta}_n),$$

即 $\boldsymbol{B}$ 的列向量组能由 $\boldsymbol{A}$ 的列向量组线性表示.

③列向量组 $\boldsymbol{\beta}_1$，$\boldsymbol{\beta}_2$，$\cdots$，$\boldsymbol{\beta}_n$ 能由 $\boldsymbol{\alpha}_1$，$\boldsymbol{\alpha}_2$，$\cdots$，$\boldsymbol{\alpha}_n$ 线性表示⇔$R(\boldsymbol{\alpha}_1,\ \boldsymbol{\alpha}_2,\ \cdots,\ \boldsymbol{\alpha}_n)=R(\boldsymbol{\alpha}_1,\ \boldsymbol{\alpha}_2,\ \cdots,\ \boldsymbol{\alpha}_n,\ \boldsymbol{\beta}_1,\ \boldsymbol{\beta}_2,\ \cdots,\ \boldsymbol{\beta}_n)$，且由矩阵的秩与其向量组秩的关系(三秩相等定理)得 $R(\boldsymbol{\alpha}_1,\ \boldsymbol{\alpha}_2,\ \cdots,\ \boldsymbol{\alpha}_n)=R(\boldsymbol{A})$，$R(\boldsymbol{\alpha}_1,\ \boldsymbol{\alpha}_2,\ \cdots,\ \boldsymbol{\alpha}_n,\ \boldsymbol{\beta}_1,\ \boldsymbol{\beta}_2,\ \cdots,\ \boldsymbol{\beta}_n)=R(\boldsymbol{A},\ \boldsymbol{B})$，综上得 $\boldsymbol{AX}=\boldsymbol{B}$ 有解⇔$R(\boldsymbol{A})=R(\boldsymbol{A},\ \boldsymbol{B})$.

**28. C**

**【解析】考查线性方程组的通解，是一道难度较低的概念题．**

由于 $\boldsymbol{\alpha}_1$，$\boldsymbol{\alpha}_2$ 线性无关，且 $\boldsymbol{\alpha}_3=-\boldsymbol{\alpha}_1+2\boldsymbol{\alpha}_2$，则 $R(\boldsymbol{A})=R(\boldsymbol{\alpha}_1,\ \boldsymbol{\alpha}_2,\ \boldsymbol{\alpha}_3)=2$，故 $\boldsymbol{Ax}=\boldsymbol{0}$ 的基础解系含 $n-R(\boldsymbol{A})=3-2=1$ 个线性无关的解向量．再由 $\boldsymbol{\alpha}_3=-\boldsymbol{\alpha}_1+2\boldsymbol{\alpha}_2$ 得 $-\boldsymbol{\alpha}_1+2\boldsymbol{\alpha}_2-\boldsymbol{\alpha}_3=\boldsymbol{0}$，即 $(\boldsymbol{\alpha}_1,\ \boldsymbol{\alpha}_2,\ \boldsymbol{\alpha}_3)\begin{pmatrix}-1\\2\\-1\end{pmatrix}=\boldsymbol{0}$. 故 $\begin{pmatrix}-1\\2\\-1\end{pmatrix}$ 为 $\boldsymbol{Ax}=\boldsymbol{0}$ 的基础解系，则通解为 $k_1\begin{pmatrix}-1\\2\\-1\end{pmatrix}$，$k_1$ 为任意实数．

**29. E**

**【解析】主要考查概率的性质和条件概率公式，是一道难度较低的计算题．**

由条件概率公式和加法公式得

$$P(AC \mid AB\cup C)=\frac{P[AC(AB\cup C)]}{P(AB\cup C)}=\frac{P(ABC\cup AC)}{P(AB)+P(C)-P(ABC)}=\frac{P(AC)}{P(AB)+P(C)-P(ABC)}\text{①}.$$

其中由已知条件得 $P(AC)=P(A)P(C)=\frac{1}{2}P(C)$，$P(AB)=P(A)P(B)=\frac{1}{2}\times\frac{1}{2}=\frac{1}{4}$，

$P(ABC)=P(\varnothing)=0$，代入式①得 $P(AC \mid AB\cup C)=\dfrac{\frac{1}{2}P(C)}{\frac{1}{4}+P(C)}=\frac{1}{4}$，解得 $P(C)=\frac{1}{4}$.

**30. C**

**【解析】考查分布函数的性质，是一道难度较低的计算题．**

检验函数作为分布函数的充要条件（“单调不减”“0～1 之间”“右连续”）即可．

A 项：$F(+\infty)=\lim\limits_{x\to+\infty}\frac{1}{2(1+x^2)}=0\neq1$，故 A 项错误．

B 项：$F(+\infty)=\lim\limits_{x\to+\infty}(2-\mathrm{e}^{-x})=2\neq1$，故 B 项错误．

C 项：当 $x_1<x_2$ 时，$2x_1<2x_2$，由 $F(x)$ 单调不减得 $F(2x_1)\leqslant F(2x_2)$，故 $F(2x)$ 单调不减；由 $0\leqslant F(x)\leqslant1$，$x\in\mathbf{R}$ 得 $0\leqslant F(2x)\leqslant1$，由 $x\in\mathbf{R}$，又 $\lim\limits_{x\to-\infty}F(2x)=F(-\infty)=0$，$\lim\limits_{x\to+\infty}F(2x)=F(+\infty)=1$，故 $F(2x)$ 满足“0～1 之间”；$\lim\limits_{x\to x_0^+}F(2x)\xlongequal{2x=t}\lim\limits_{t\to(2x_0)^+}F(t)=F(2x_0)$，$\forall x_0\in\mathbf{R}$，故 $F(2x)$ 满足“右连续”．综上，C 项可作为分布函数，故正确．

D 项：$F(|-\infty|)=F(+\infty)=1\neq0$，故 D 项错误．

E 项：令 $F(x)=\begin{cases}0, & x<0,\\ 1, & x\geqslant0,\end{cases}$ 则不难验证 $F(x)$ 为分布函数，但 $1-F(-x)=\begin{cases}0, & x\leqslant0,\\ 1, & x>0\end{cases}$ 在 $x=0$ 非右连续，故 E 项错误．

**31. D**

**【解析】考查随机变量的独立性、常见分布和全概率公式，是一道难度中等的计算题．**

由题意知 $\{X=0\}$ 和 $\{X=1\}$ 构成完备事件组，由全概率公式得

$$\begin{aligned}P\{X+Y\leqslant2\}&=P\{X+Y\leqslant2 \mid X=0\}P\{X=0\}+P\{X+Y\leqslant2 \mid X=1\}P\{X=1\}\\&=P\{Y\leqslant2 \mid X=0\}P\{X=0\}+P\{Y\leqslant1 \mid X=1\}P\{X=1\}\text{①},\end{aligned}$$

其中由 $X$ 与 $Y$ 独立及 $Y\sim E(2)$，得

$$P\{Y\leqslant2 \mid X=0\}=P\{Y\leqslant2\}=\int_0^2 2\mathrm{e}^{-2x}\,\mathrm{d}x=-\mathrm{e}^{-2x}\Big|_0^2=1-\mathrm{e}^{-4},$$

$$P\{Y\leqslant1 \mid X=1\}=P\{Y\leqslant1\}=\int_0^1 2\mathrm{e}^{-2x}\,\mathrm{d}x=-\mathrm{e}^{-2x}\Big|_0^1=1-\mathrm{e}^{-2}.$$

又由 $X\sim B\left(1,\frac{1}{2}\right)$ 得 $P\{X=0\}=P\{X=1\}=\frac{1}{2}$. 代入式①计算得

$$P\{X+Y\leqslant2\}=\frac{1}{2}\times(1-\mathrm{e}^{-4})+\frac{1}{2}\times(1-\mathrm{e}^{-2})=1-\frac{1}{2\mathrm{e}^4}-\frac{1}{2\mathrm{e}^2}.$$

**32. C**

**【解析】考查随机变量函数的分布，是一道难度中等的计算题．**

$Y$ 的分布函数 $F_Y(y)=P\{Y\leqslant y\}=P\{X^2\leqslant y\}$.

当 $y<0$ 时，$P\{X^2\leqslant y\}=P(\varnothing)=0$；

当 $y\geqslant 0$ 时，有

$$P\{X^2\leqslant y\}=P\{-\sqrt{y}\leqslant X\leqslant \sqrt{y}\}=\int_{-\sqrt{y}}^{\sqrt{y}} f_X(x)\mathrm{d}x=\int_0^{\sqrt{y}} \mathrm{e}^{-x}\mathrm{d}x=-\mathrm{e}^{-x}\Big|_0^{\sqrt{y}}=1-\mathrm{e}^{-\sqrt{y}}.$$

故 $F_Y(y)=\begin{cases}0, & y<0,\\ 1-\mathrm{e}^{-\sqrt{y}}, & y\geqslant 0,\end{cases}$ 则 $f_Y(y)=F_Y'(y)=\begin{cases}0, & y\leqslant 0,\\ \dfrac{\mathrm{e}^{-\sqrt{y}}}{2\sqrt{y}}, & y>0.\end{cases}$

**33. C**

**【解析】考查随机变量的独立性和概率计算，是一道难度较低的计算题.**

$$\begin{aligned}P\{X+Y=0\}&=P\{X=-1, Y=1\}+P\{X=0, Y=0\}+P\{X=1, Y=-1\}\\&=P\{X=-1\}P\{Y=1\}+P\{X=0\}P\{Y=0\}+P\{X=1\}P\{Y=-1\}\\&=\frac{1}{16}+\frac{1}{4}+\frac{1}{16}=\frac{3}{8}.\end{aligned}$$

**34. C**

**【解析】考查均匀分布、二项分布和期望方差，是一道难度较低的计算题.**

由 $X$ 在区间 $(0, 6)$ 上服从均匀分布，得 $P\{X<2\}=\frac{2-0}{6-0}=\frac{1}{3}$，再结合题意知 $Y\sim B\left(4, \frac{1}{3}\right)$，

故 $E(Y)=4\times\frac{1}{3}=\frac{4}{3}$，$D(Y)=4\times\frac{1}{3}\times\frac{2}{3}=\frac{8}{9}$，则

$$E(Y^2)=D(Y)+[E(Y)]^2=\frac{8}{9}+\left(\frac{4}{3}\right)^2=\frac{8}{3}.$$

**35. B**

**【解析】考查均匀分布、指数分布和期望方差，是一道难度中等的计算题.**

由方差的计算公式及 $X$ 与 $Y$ 的独立性，得

$$\begin{aligned}D(Y\sin X)&=E(Y^2\sin^2 X)-[E(Y\sin X)]^2\\&=E(Y^2)E(\sin^2 X)-[E(Y)]^2[E(\sin X)]^2 \text{①}.\end{aligned}$$

其中由 $Y$ 服从参数为 $1(\lambda=1)$ 的指数分布得 $E(Y)=\frac{1}{\lambda}=1$，$D(Y)=\frac{1}{\lambda^2}=1$，则 $E(Y^2)=D(Y)+[E(Y)]^2=2$.

$X$ 服从区间 $\left(-\frac{\pi}{2}, \frac{\pi}{2}\right)$ 上的均匀分布，则 $f(x)=\begin{cases}\dfrac{1}{\pi}, & -\dfrac{\pi}{2}<x<\dfrac{\pi}{2},\\ 0, & \text{其他},\end{cases}$ 故有

$$E(\sin X)=\int_{-\frac{\pi}{2}}^{\frac{\pi}{2}}\frac{1}{\pi}\sin x\,\mathrm{d}x=0,$$

$$E(\sin^2 X)=\int_{-\frac{\pi}{2}}^{\frac{\pi}{2}}\frac{1}{\pi}\sin^2 x\,\mathrm{d}x=\frac{1}{\pi}\int_0^{\frac{\pi}{2}}(1-\cos 2x)\,\mathrm{d}x=\frac{1}{\pi}\left(\frac{\pi}{2}-\frac{1}{2}\sin 2x\Big|_0^{\frac{\pi}{2}}\right)=\frac{1}{2}.$$

代入式①计算得 $D(Y\sin X)=2\times\frac{1}{2}=1$.

绝密★启用前

# 全国硕士研究生招生考试
# 经济类综合能力试题
# 数学·模拟卷 4

（科目代码：396）

考试时间：8：30—11：30

（数学建议用时 84 分钟内）

## 考生注意事项

1. 答题前，考生须在试题册指定位置上填写考生姓名和考生编号；在答题卡指定位置上填写报考单位、考生姓名和考生编号，并涂写考生编号信息点。
2. 选择题的答案必须涂写在答题卡相应题号的选项上，非选择题的答案必须书写在答题卡指定位置的边框区域内。超出答题区域书写的答案无效；在草稿纸、试题册上答题无效。
3. 填（书）写部分必须使用黑色字迹签字笔或者钢笔书写，字迹工整、笔迹清楚；涂写部分必须使用 2B 铅笔填涂。
4. 考试结束，将答题卡和试题册按规定交回。

| 考生编号 | | | | | | | | | | | | | | | |
|---|---|---|---|---|---|---|---|---|---|---|---|---|---|---|---|
| 考生姓名 | | | | | | | | | | | | | | | |

**数学基础**：第 1～35 小题，每小题 2 分，共 70 分．下列每题给出的五个选项中，只有一个选项是最符合试题要求的．

1. 设函数 $f(x)=\begin{cases}2x, & x<0,\\ x^2, & x\geqslant 0,\end{cases}$ 则 $f\{f[f(x)]\}=$（　　）．

A. $\begin{cases}2x, & x<0,\\ x^2, & x\geqslant 0\end{cases}$　B. $\begin{cases}x^4, & x<0,\\ 4x, & x\geqslant 0\end{cases}$　C. $\begin{cases}4x, & x<0,\\ x^4, & x\geqslant 0\end{cases}$

D. $\begin{cases}x^8, & x<0,\\ 8x, & x\geqslant 0\end{cases}$　E. $\begin{cases}8x, & x<0,\\ x^8, & x\geqslant 0\end{cases}$

2. $\lim\limits_{x\to\infty} x\sin\left[\ln\left(1+\dfrac{3}{x}\right)\right]=$（　　）．

A. 0　B. 1　C. 2　D. 3　E. 4

3. 设函数 $f(x)=[|\sin x|]$，其中$[x]$表示不超过 $x$ 的最大整数，则 $f(x)$（　　）．

A. 只有 1 个跳跃间断点　B. 有无穷多个跳跃间断点　C. 没有可去间断点

D. 只有 1 个可去间断点　E. 有无穷多个可去间断点

4. 设 $\lim\limits_{x\to a}\dfrac{f(x)-a}{x-a}=b$，则 $\lim\limits_{x\to a}\dfrac{\sin f(x)-\sin a}{x-a}$（　　）．

A. 等于 $b\sin a$　B. 等于 $b\cos a$　C. 等于 $b\sin f(a)$

D. 等于 $b\cos f(a)$　E. 不存在

5. 已知函数 $f(u)$具有二阶导数，且 $f'(0)=1$，函数 $y=y(x)$由方程 $y-xe^{y-1}=1$ 所确定，设 $z=f(\ln y-\sin x)$，则 $\left.\dfrac{dz}{dx}\right|_{x=0}=$（　　）．

A. $-2$　B. $-1$　C. 0　D. 1　E. 2

6. 设函数 $f(x)=\int_{-1}^{x}\sqrt{1-e^t}\,dt$，则 $y=f(x)$ 的反函数 $x=f^{-1}(y)$ 在 $y=0$ 处的导数 $\left.\dfrac{dx}{dy}\right|_{y=0}=$（　　）．

A. $\sqrt{e-1}$　B. $\dfrac{1}{\sqrt{e-1}}$　C. $\sqrt{1-e^{-1}}$　D. $\dfrac{1}{\sqrt{1-e^{-1}}}$　E. $\dfrac{e}{\sqrt{e-1}}$

7. 有一圆柱体底面半径与高随时间变化的速率分别为 2 cm/s，$-3$ cm/s．当底面半径为 10 cm，高为 5 cm 时，圆柱体的体积随时间变化的速率为（　　）$cm^3$/s．

A. $-100$　B. 100　C. $-100\pi$　D. $100\pi$　E. $-\pi$

8. 设函数 $f(x)=x-a\ln x$ 只有 2 个零点，则 $a$ 的取值范围是（　　）．

A. $(0, e)$　B. $(e, +\infty)$　C. $\left(0, \dfrac{1}{e}\right)$　D. $\left(\dfrac{1}{e}, +\infty\right)$　E. $(1, +\infty)$

9. 函数 $f(x)=\int_{0}^{x^2}(2-t)e^{-t}dt$ 的最大值（　　）．

A. 等于 $1-e^{-1}$　B. 等于 $1+e^{-1}$　C. 等于 $1-e^{-2}$　D. 等于 $1+e^{-2}$　E. 不存在

**10.** 已知 $f(x)$在$(-\infty, +\infty)$内可导，且$\lim\limits_{x\to\infty}f'(x)=\mathrm{e}$，$\lim\limits_{x\to\infty}\left(\dfrac{x+c}{x-c}\right)^x=\lim\limits_{x\to\infty}[f(x)-f(x-1)]$，则 $c=$(　　).

A. 0　　B. 1　　C. $-1$　　D. 2　　E. $\dfrac{1}{2}$

**11.** $\displaystyle\int\frac{1}{a^2\sin^2x+b^2\cos^2x}\mathrm{d}x=$(　　)，其中 $a\neq0$，$b\neq0$，$C$ 为任意常数.

A. $\dfrac{1}{b^2}\arctan(a\tan x)+C$　　B. $\dfrac{1}{ab}\arctan\dfrac{b\tan x}{a}+C$　　C. $\dfrac{1}{b^2}\arctan(b\tan x)+C$

D. $\dfrac{1}{ab}\arctan\dfrac{a\tan x}{b}+C$　　E. $\dfrac{1}{b^2}\arctan\dfrac{a\tan x}{b}+C$

**12.** $\displaystyle\int\arctan\sqrt{2x+1}\,\mathrm{d}x=$(　　)，其中 $C$ 为任意常数.

A. $(x+1)\arctan\sqrt{2x+1}+\sqrt{2x+1}+C$　　B. $(x+1)\arctan\sqrt{2x+1}-\sqrt{2x+1}+C$

C. $(x+1)\arctan\sqrt{2x+1}+\dfrac{\sqrt{2x+1}}{2}+C$　　D. $(x+1)\arctan\sqrt{2x+1}-\dfrac{\sqrt{2x+1}}{2}+C$

E. $\dfrac{x+1}{2}\arctan\sqrt{2x+1}-\dfrac{\sqrt{2x+1}}{2}+C$

**13.** 设 $I=\displaystyle\int_0^{\pi}\mathrm{e}^{x^2}\sin x\,\mathrm{d}x$，$J=\displaystyle\int_0^{2\pi}\mathrm{e}^{x^2}\sin x\,\mathrm{d}x$，则(　　).

A. $0<I<J$　　B. $0<J<I$　　C. $I<0<J$　　D. $J<0<I$　　E. $I<J<0$

**14.** 设函数 $f(x)$具有三阶连续导数，且 $f(0)=0$，$f(3)=2$，$f'(0)=2$，$f'(3)=-2$，$f''(3)=0$，则$\displaystyle\int_0^3(x^2+x)f'''(x)\mathrm{d}x=$(　　).

A. $-20$　　B. $-10$　　C. 0　　D. 10　　E. 20

**15.** $\displaystyle\int\frac{1}{\sqrt{x-x^2}}\mathrm{d}x=$(　　)，其中 $C$ 为任意常数.

A. $\arcsin(2x-1)+C$　　B. $\arcsin(2x+1)+C$　　C. $2\arcsin(2x-1)+C$

D. $2\arcsin(2x+1)+C$　　E. $\dfrac{1}{2}\arcsin(2x-1)+C$

**16.** 曲线段 $y=\dfrac{\sqrt{x}}{\mathrm{e}}(0\leqslant x\leqslant\mathrm{e}^2)$，$y=\ln\sqrt{x}(1\leqslant x\leqslant\mathrm{e}^2)$和 $x$ 轴所围成的平面图形绕 $x$ 轴旋转所得旋转体的体积 $V_x=$(　　).

A. $\dfrac{\pi}{2}$　　B. $\pi$　　C. $\dfrac{\pi\mathrm{e}^2}{2}$　　D. $\pi\mathrm{e}^2$　　E. $2\pi\mathrm{e}^2$

**17.** 设曲线段 $L$ 的方程为 $y=\dfrac{1}{4}x^2-\dfrac{1}{2}\ln x(1\leqslant x\leqslant\mathrm{e})$，则 $L$ 的长度为(　　).

A. $\dfrac{\mathrm{e}^2+1}{2}$　　B. $\dfrac{\mathrm{e}^2-1}{2}$　　C. $\dfrac{\mathrm{e}^2+1}{4}$　　D. $\dfrac{\mathrm{e}^2-1}{4}$　　E. $\dfrac{\mathrm{e}^2+1}{8}$

18. 设连续函数 $z=f(x, y)$ 满足 $f(x, y)-2x+y-2=o(\sqrt{x^2+(y-1)^2})$，$(x, y)\to(0, 1)$，则(　　).

A. $f(0, 1)=2$　　B. $f'_x(0, 1)=-2$

C. $f'_y(0, 1)=1$　　D. $f(x, y)$ 在点 $(0, 1)$ 处不可微

E. $dz|_{(0,1)}=2dx-dy$

19. 设 $z=f(e^x\sin y)$，其中 $f(u)$ 具有二阶连续导数，则 $\dfrac{\partial^2 z}{\partial x^2}+\dfrac{\partial^2 z}{\partial y^2}=$(　　).

A. $e^x f'(u)$　　B. $e^x f''(u)$　　C. $e^{2x} f'(u)$

D. $e^{2x} f''(u)$　　E. $e^{3x} f''(u)$

20. 已知函数 $f(x, y)=(x+y)^3-x^2y^2$，则 $f(x, y)$ 的极值点个数为(　　).

A. 0　　B. 1　　C. 2　　D. 3　　E. 4

21. 设 $f(x, y)$ 与 $\varphi(x, y)$ 均为可微函数，且 $\varphi'_y(x, y)\neq 0$. 已知 $(x_0, y_0)$ 是 $f(x, y)$ 在约束条件 $\varphi(x, y)=0$ 下的一个极值点，则下列选项正确的是(　　).

A. 若 $f'_x(x_0, y_0)=0$，则 $f'_y(x_0, y_0)=0$　　B. 若 $f'_x(x_0, y_0)=0$，则 $f'_y(x_0, y_0)\neq 0$

C. 若 $f'_x(x_0, y_0)\neq 0$，则 $f'_y(x_0, y_0)=0$　　D. 若 $f'_x(x_0, y_0)\neq 0$，则 $f'_y(x_0, y_0)\neq 0$

E. $f'_x(x_0, y_0)f'_y(x_0, y_0)=0$

22. 若 $\boldsymbol{\alpha}_1, \boldsymbol{\alpha}_2, \boldsymbol{\alpha}_3, \boldsymbol{\beta}_1, \boldsymbol{\beta}_2$ 都是 4 维列向量，且 4 阶行列式 $|\boldsymbol{\alpha}_1, \boldsymbol{\alpha}_2, \boldsymbol{\alpha}_3, \boldsymbol{\beta}_1|=m$，$|\boldsymbol{\alpha}_1, \boldsymbol{\alpha}_2, \boldsymbol{\beta}_2, \boldsymbol{\alpha}_3|=n$，则 4 阶行列式 $|\boldsymbol{\alpha}_3, \boldsymbol{\alpha}_2, \boldsymbol{\alpha}_1, \boldsymbol{\beta}_1+\boldsymbol{\beta}_2|=$(　　).

A. $m+n$　　B. $-(m+n)$　　C. $n-m$　　D. $m-n$　　E. 0

23. 已知 $\boldsymbol{A}=\begin{pmatrix}1 & 1 & -1\\ -1 & 1 & 1\\ 1 & -1 & 1\end{pmatrix}$，矩阵 $\boldsymbol{X}$ 满足 $\boldsymbol{A}^*\boldsymbol{X}=\boldsymbol{A}^{-1}+2\boldsymbol{X}$，其中 $\boldsymbol{A}^*$ 是 $\boldsymbol{A}$ 的伴随矩阵，则 $\boldsymbol{X}=$(　　).

A. $\begin{pmatrix}1 & 1 & -1\\ -1 & 1 & 1\\ 1 & -1 & 1\end{pmatrix}$　　B. $\dfrac{1}{2}\begin{pmatrix}1 & 1 & 0\\ 0 & 1 & 1\\ 1 & 1 & 1\end{pmatrix}$　　C. $\dfrac{1}{2}\begin{pmatrix}1 & 1 & 0\\ 0 & 1 & 1\\ 1 & 0 & 1\end{pmatrix}$

D. $\dfrac{1}{4}\begin{pmatrix}1 & 1 & 0\\ 0 & 1 & 1\\ 1 & 1 & 1\end{pmatrix}$　　E. $\dfrac{1}{4}\begin{pmatrix}1 & 1 & 0\\ 0 & 1 & 1\\ 1 & 0 & 1\end{pmatrix}$

24. 设 $\boldsymbol{A}$ 为 $n$ 阶矩阵，$n\geqslant 2$，$\boldsymbol{\alpha}$ 为 $n$ 维列向量，则以下结论正确的个数为(　　).

(1) $R(\boldsymbol{A})\leqslant R(\boldsymbol{A}, \boldsymbol{\alpha})$；　　(2) $R(\boldsymbol{A})+1\geqslant R(\boldsymbol{A}, \boldsymbol{\alpha})$；

(3) $R(\boldsymbol{A})\leqslant R\begin{pmatrix}\boldsymbol{A}^{\mathrm{T}}\\ \boldsymbol{\alpha}^{\mathrm{T}}\end{pmatrix}$；　　(4) $R(\boldsymbol{A})+1\geqslant R\begin{pmatrix}\boldsymbol{A}^{\mathrm{T}}\\ \boldsymbol{\alpha}^{\mathrm{T}}\end{pmatrix}$.

A. 0　　B. 1　　C. 2　　D. 3　　E. 4

25. 设$\boldsymbol{A}=\begin{pmatrix}a_1 & 1 & a_1^2\\ a_2 & 1 & a_2^2\\ a_3 & 1 & a_3^2\end{pmatrix}$，$\boldsymbol{x}=\begin{pmatrix}x_1\\ x_2\\ x_3\end{pmatrix}$，$\boldsymbol{b}=\begin{pmatrix}1\\ 1\\ 1\end{pmatrix}$，其中$a_i\neq a_j$（$i\neq j$；$i$，$j=1$，2，3），则线性方程组$\boldsymbol{Ax}=\boldsymbol{b}$的解是(　　).

A. $\begin{pmatrix}1\\ 0\\ 0\end{pmatrix}$　B. $\begin{pmatrix}0\\ 1\\ 0\end{pmatrix}$　C. $\begin{pmatrix}0\\ 0\\ 1\end{pmatrix}$　D. $\begin{pmatrix}1\\ 1\\ 0\end{pmatrix}$　E. $\begin{pmatrix}1\\ 1\\ 1\end{pmatrix}$

26. 已知任意3维列向量均能由向量组$\boldsymbol{\alpha}_1=(0, 2, 1)^{\mathrm{T}}$，$\boldsymbol{\alpha}_2=(2, t, 0)^{\mathrm{T}}$，$\boldsymbol{\alpha}_3=(1, -1, t)^{\mathrm{T}}$线性表示，则(　　).

A. $t\neq-\frac{1}{5}$　B. $t=-\frac{1}{5}$　C. $t\neq-\frac{2}{5}$

D. $t=-\frac{2}{5}$　E. $t\neq0$

27. 设向量组$\boldsymbol{\alpha}_1$，$\boldsymbol{\alpha}_2$，$\boldsymbol{\alpha}_3$线性无关，向量$\boldsymbol{\beta}_1$能由$\boldsymbol{\alpha}_1$，$\boldsymbol{\alpha}_2$，$\boldsymbol{\alpha}_3$线性表示，而向量$\boldsymbol{\beta}_2$不能由$\boldsymbol{\alpha}_1$，$\boldsymbol{\alpha}_2$，$\boldsymbol{\alpha}_3$线性表示，则对于任意常数$k$必有(　　).

A. $\boldsymbol{\alpha}_1$，$\boldsymbol{\alpha}_2$，$\boldsymbol{\alpha}_3$，$k\boldsymbol{\beta}_1+\boldsymbol{\beta}_2$线性无关　B. $\boldsymbol{\alpha}_1$，$\boldsymbol{\alpha}_2$，$\boldsymbol{\alpha}_3$，$k\boldsymbol{\beta}_1+\boldsymbol{\beta}_2$线性相关

C. $\boldsymbol{\alpha}_1$，$\boldsymbol{\alpha}_2$，$\boldsymbol{\alpha}_3$，$\boldsymbol{\beta}_1+k\boldsymbol{\beta}_2$线性无关　D. $\boldsymbol{\alpha}_1$，$\boldsymbol{\alpha}_2$，$\boldsymbol{\alpha}_3$，$\boldsymbol{\beta}_1+k\boldsymbol{\beta}_2$线性相关

E. $\boldsymbol{\alpha}_1$，$\boldsymbol{\alpha}_2$，$\boldsymbol{\alpha}_3$，$k\boldsymbol{\beta}_1+k\boldsymbol{\beta}_2$线性无关

28. 对于线性方程组$\boldsymbol{Ax}=\boldsymbol{0}$和$\boldsymbol{Bx}=\boldsymbol{0}$，下列描述错误的是(　　).

A. 若$\boldsymbol{Ax}=\boldsymbol{0}$和$\boldsymbol{Bx}=\boldsymbol{0}$有非零公共解，则$\begin{cases}\boldsymbol{Ax}=\boldsymbol{0},\\ \boldsymbol{Bx}=\boldsymbol{0}\end{cases}$有非零解

B. 若$\boldsymbol{Ax}=\boldsymbol{0}$和$\boldsymbol{Bx}=\boldsymbol{0}$的基础解系相同，则二者同解

C. 若$\boldsymbol{Ax}=\boldsymbol{0}$和$\boldsymbol{Bx}=\boldsymbol{0}$的未知量个数和系数矩阵的秩均相同，则二者同解

D. 若$\boldsymbol{Ax}=\boldsymbol{0}$的解全为$\boldsymbol{Bx}=\boldsymbol{0}$的解，且$R(\boldsymbol{A})=R(\boldsymbol{B})$，则二者同解

E. 若$\boldsymbol{Ax}=\boldsymbol{0}$的解全为$\boldsymbol{Bx}=\boldsymbol{0}$的解，则二者可能不同解

29. 一批产品中一、二、三等品各占50%、30%、20%，从中任意取出一件，结果不是一等品，则取到的是二等品的概率为(　　).

A. $\frac{1}{2}$　B. $\frac{1}{3}$　C. $\frac{2}{3}$　D. $\frac{2}{5}$　E. $\frac{3}{5}$

30. 设$X$，$Y$为随机变量，则以下结论正确的个数为(　　).

(1)若$X$，$Y$不相互独立，则$P\{X=0, Y=0\}\neq P\{X=0\}P\{Y=0\}$；

(2)若$X$，$Y$相互独立，则$\{X=0\}$，$\{Y=0\}$互斥；

(3)若$P\{X=0, Y=0\}\neq P\{X=0\}P\{Y=0\}$，则$X$，$Y$不相互独立；

(4)若$\{X=0\}$，$\{Y=0\}$互斥，则$X$，$Y$相互独立.

A. 0　B. 1　C. 2　D. 3　E. 4

**31.** 设随机变量 $X$ 的概率密度为 $f(x)=\begin{cases}2^{-x}\ln 2, & x>0,\\ 0, & x\leqslant 0,\end{cases}$ 对 $X$ 进行独立重复的观测，直到第 2 个大于 3 的观测值出现为止，记 $Y$ 为观测次数，则当 $n\geqslant 2$ 时，$P\{Y=n\}=($　　$)$.

A. $\dfrac{7^{n-2}(n-1)}{8^{n-1}}$　　B. $\dfrac{7^{n-2}n}{8^{n-1}}$　　C. $\dfrac{7^{n-2}(n-1)}{8^{n}}$

D. $\dfrac{7^{n-2}n}{8^{n}}$　　E. $\dfrac{7^{n-1}(n-1)}{8^{n}}$

**32.** 假设测量误差 $X\sim N(0,10^2)$，则测量误差的绝对值大于 19.6 的概率约为($\Phi(1.96)\approx 0.975$，其中 $\Phi(x)$ 为标准正态分布的分布函数)(　　).

A. 0.025　　B. 0.05　　C. 0.075　　D. 0.1　　E. 0.125

**33.** 设相互独立的随机变量 $X$，$Y$ 具有同一分布律，且 $X$ 的分布律为 $P\{X=-1\}=P\{X=0\}=P\{X=1\}=\dfrac{1}{3}$，$Z=\min\{X,Y\}$，则 $P\{|Z|=1\}=($　　$)$.

A. $\dfrac{1}{9}$　　B. $\dfrac{5}{9}$　　C. $\dfrac{8}{9}$　　D. $\dfrac{1}{3}$　　E. $\dfrac{2}{3}$

**34.** 已知随机变量 $X$ 的概率密度为 $f(x)=\begin{cases}\dfrac{x}{a^2}e^{-\frac{x^2}{2a^2}}, & x>0,\\ 0, & x\leqslant 0\end{cases}$ $(a>0)$，则随机变量 $Y=\dfrac{1}{X}$ 的数学期望 $E(Y)=($　　$)$.

A. $\dfrac{\sqrt{2\pi}a}{2}$　　B. $\sqrt{2\pi}a$　　C. $\dfrac{\sqrt{2\pi}}{2a}$　　D. $\sqrt{2\pi}$　　E. $\dfrac{\sqrt{2\pi}}{a}$

**35.** 设随机变量 $X$ 服从均匀分布 $U(2,3)$，$Y$ 服从泊松分布 $P(1)$，且 $X$ 与 $Y$ 独立，则 $E(2X-Y+3)$ 和 $D(2X-Y+3)$ 分别为(　　).

A. 6，$\dfrac{2}{3}$　　B. 6，$\dfrac{4}{3}$　　C. 7，$\dfrac{2}{3}$　　D. 7，$\dfrac{4}{3}$　　E. 7，1

# 答案速查

## 数学基础

| | | | | | | | |
|---|---|---|---|---|---|---|---|
| 1～5 | EDEBC | 6～10 | DCBDE | 11～15 | DDDEA | 16～20 | ACEDA |
| 21～25 | DCEEB | 26～30 | CACEB | 31～35 | CBECD | | |

# 答案详解

## 数学基础

**1. E**

**【解析】考查复合函数，是一道难度较低的计算题．**

当 $x<0$ 时，$f(x)=2x<0\Rightarrow f[f(x)]=2(2x)=4x<0\Rightarrow f\{f[f(x)]\}=2(4x)=8x$；

当 $x\geqslant 0$ 时，$f(x)=x^2\geqslant 0\Rightarrow f[f(x)]=(x^2)^2=x^4\geqslant 0\Rightarrow f\{f[f(x)]\}=(x^4)^2=x^8$．

综上，$f\{f[f(x)]\}=\begin{cases}8x, & x<0,\\ x^8, & x\geqslant 0.\end{cases}$

**2. D**

**【解析】考查等价无穷小替换，是一道难度较低的计算题．**

当 $x\to\infty$ 时，$\dfrac{3}{x}\to 0$，$\sin\left[\ln\left(1+\dfrac{3}{x}\right)\right]\sim\ln\left(1+\dfrac{3}{x}\right)\sim\dfrac{3}{x}$，结合等价无穷小替换得

$$\lim_{x\to\infty}x\sin\left[\ln\left(1+\frac{3}{x}\right)\right]=\lim_{x\to\infty}x\cdot\frac{3}{x}=3.$$

**3. E**

**【解析】考查取整函数和间断点类型，是一道难度中等的计算题．**

$f(x)=[|\sin x|]=\begin{cases}1, & |\sin x|=1,\\ 0, & 0\leqslant|\sin x|<1\end{cases}=\begin{cases}1, & x=k\pi+\dfrac{\pi}{2}(k\in\mathbf{Z}),\\ 0, & 其他,\end{cases}$ 故 $f(x)$ 所有可能的间断点为分段点：$k\pi+\dfrac{\pi}{2}(k\in\mathbf{Z})$．又 $\lim\limits_{x\to k\pi+\frac{\pi}{2}}f(x)=0$，而 $f\left(k\pi+\dfrac{\pi}{2}\right)=1$，故 $k\pi+\dfrac{\pi}{2}(k\in\mathbf{Z})$ 为 $f(x)$ 的可去间断点，有无穷多个．

**4. B**

**【解析】考查导数定义，是一道难度中等的计算题．**

方法一：补充定义后，凑导数定义．

令 $F(x)=\begin{cases}f(x), & x\neq a,\\ a, & x=a,\end{cases}$ 则 $\lim\limits_{x\to a}\dfrac{f(x)-a}{x-a}=\lim\limits_{x\to a}\dfrac{F(x)-F(a)}{x-a}=F'(a)=b$，故

$$\lim_{x\to a}\frac{\sin f(x)-\sin a}{x-a}=\lim_{x\to a}\frac{\sin F(x)-\sin F(a)}{x-a}=[\sin F(x)]'\big|_{x=a}=F'(a)\cos F(a)=b\cos a.$$

方法二：排除法．

由已知条件仅给出极限，而该极限与函数值 $f(a)$无关，可排除 C、D 项．下面通过加强条件排除剩余干扰项．设 $f(x)$在点 $a$ 的某邻域内有连续导数，则由$\lim\limits_{x\to a}\dfrac{f(x)-a}{x-a}=b$ 得$\lim\limits_{x\to a}[f(x)-a]=f(a)-a=0$，故 $f(a)=a$，由洛必达法则得

$$\lim_{x\to a}\frac{f(x)-a}{x-a}=\lim_{x\to a}f'(x)=f'(a)=b.$$

故$\lim\limits_{x\to a}\dfrac{\sin f(x)-\sin a}{x-a}=\lim\limits_{x\to a}[f'(x)\cos f(x)]=f'(a)\cos f(a)=b\cos a$，据此排除 A、E 项．

**5. C**

**【解析】考查隐函数求导法与复合函数求导法则，是一道难度较低的计算题．**

将 $x=0$ 代入方程 $y-xe^{y-1}=1$，得 $y=1$，该方程两端对 $x$ 求导得 $y'-e^{y-1}-xe^{y-1}y'=0$，再将 $x=0$，$y=1$ 代入得 $y'(0)=1$. $\dfrac{dz}{dx}=f'(\ln y-\sin x)\cdot\left(\dfrac{y'}{y}-\cos x\right)$，故$\left.\dfrac{dz}{dx}\right|_{x=0}=0$.

**6. D**

**【解析】考查反函数求导法则与变限积分求导公式，是一道难度中等的计算题．**

由已知条件得 $y=f(x)=\int_{-1}^{x}\sqrt{1-e^t}\,dt$，当 $y=0$ 时，即$\int_{-1}^{x}\sqrt{1-e^t}\,dt=0$，可得 $x=-1$. 故 $\left.\dfrac{dy}{dx}\right|_{x=-1}=\left.\left(\int_{-1}^{x}\sqrt{1-e^t}\,dt\right)'\right|_{x=-1}=\left.\sqrt{1-e^x}\right|_{x=-1}=\sqrt{1-e^{-1}}$，根据反函数的求导法则得

$$\left.\frac{dx}{dy}\right|_{y=0}=\frac{1}{\left.\dfrac{dy}{dx}\right|_{x=-1}}=\frac{1}{\sqrt{1-e^{-1}}}.$$

**7. C**

**【解析】考查导数的意义与求导法则，是一道难度中等的计算题．**

记圆柱体底面半径为 $r$ cm，高为 $h$ cm，体积为 $V$ $cm^3$，时间为 $t$ s，则 $V=\pi r^2h$. 又由已知条件得$\dfrac{dr}{dt}=2$，$\dfrac{dh}{dt}=-3$，故由函数乘积的求导法则得$\dfrac{dV}{dt}=\pi\left(2r\dfrac{dr}{dt}h+r^2\dfrac{dh}{dt}\right)$，将$\dfrac{dr}{dt}=2$，$\dfrac{dh}{dt}=-3$，$r=10$，$h=5$ 代入得$\dfrac{dV}{dt}=-100\pi\ cm^3/s$.

**8. B**

**【思路】**本题 $f'(x)=\dfrac{x-a}{x}$，$x\in(0,+\infty)$，$f(x)$是否有驻点取决于 $a>0$ 是否成立，因此需分 $a\leqslant0$ 和 $a>0$ 这两种情况讨论．

**【解析】考查单调性定理和零点定理，是一道难度中等的计算题．**

当 $a\leqslant0$ 时，$f(x)=x-a\ln x$ 在$(0,+\infty)$单调增加，最多只有 1 个零点，与已知条件 $f(x)$只有 2 个零点不符合．

当 $a>0$ 时，$f'(x)=\dfrac{x-a}{x}(x>0)$，令 $f'(x)=0$，解得 $x=a$，当 $0<x<a$ 时，$f'(x)<0$；当 $x>a$ 时，$f'(x)>0$，又$\lim\limits_{x\to0^+}f(x)=+\infty$，$f(a)=a(1-\ln a)$，$\lim\limits_{x\to+\infty}f(x)=+\infty$，根据单调性及零点定理，要使$f(x)$只有 2 个零点，则 $f(a)=a(1-\ln a)<0(a>0)$，故 $a\in(e,+\infty)$.

**9. D**

**【解析】考查变限积分求导与最值，是一道难度中等的计算题.**

由于 $f(x)$ 为偶函数，因此仅需求其在 $[0,+\infty)$ 上的最大值 . $f'(x)=2x(2-x^2)e^{-x^2}$，令 $f'(x)=0$，解得 $f(x)$ 在 $(0,+\infty)$ 内的唯一驻点为 $x=\sqrt{2}$. 又当 $0<x<\sqrt{2}$ 时，$f'(x)>0$；当 $x>\sqrt{2}$ 时，$f'(x)<0$，可知 $x=\sqrt{2}$ 为 $(0,+\infty)$ 内的唯一极大值点，再结合 $f(x)$ 在 $[0,+\infty)$ 上连续，得 $f(x)$ 在 $[0,+\infty)$ 上的最大值为

$$f(\sqrt{2})=\int_0^2(2-t)e^{-t}dt=-\int_0^2(2-t)d(e^{-t})=-(2-t)e^{-t}\Big|_0^2-\int_0^2 e^{-t}dt=1+e^{-2}.$$

**10. E**

**【解析】考查幂指函数与拉格朗日中值定理，是一道难度中等的计算题.**

$\lim\limits_{x\to\infty}\left(\dfrac{x+c}{x-c}\right)^x=e^{\lim\limits_{x\to\infty}x\ln\frac{x+c}{x-c}}$，其中

$$\lim_{x\to\infty}x\ln\frac{x+c}{x-c}=\lim_{x\to\infty}x\left(\frac{x+c}{x-c}-1\right)=\lim_{x\to\infty}\frac{2cx}{x-c}=2c,$$

故 $\lim\limits_{x\to\infty}\left(\dfrac{x+c}{x-c}\right)^x=e^{2c}$. 对 $f(x)$ 在区间 $[x-1,x]$ 上用拉格朗日中值定理得 $f(x)-f(x-1)=f'(\xi)$，其中 $x-1<\xi<x$（当 $x\to\infty$ 时，$\xi\to\infty$），故 $\lim\limits_{x\to\infty}[f(x)-f(x-1)]=\lim\limits_{\xi\to\infty}f'(\xi)=e$.

则有 $e^{2c}=e$，故 $c=\dfrac{1}{2}$.

**【注意】**形如 $f(b)-f(a)$ 的表达式要用 $f'(x)$ 表示，常用拉格朗日中值定理.

**11. D**

**【解析】考查三角函数公式和不定积分计算，是一道难度中等的计算题.**

被积函数的分子和分母同时除以 $b^2\cos^2x$，可得

$$\int\frac{1}{a^2\sin^2x+b^2\cos^2x}dx=\frac{1}{b^2}\int\frac{\sec^2x\,dx}{\left(\frac{a\tan x}{b}\right)^2+1}=\frac{1}{b^2}\int\frac{\frac{b}{a}d\left(\frac{a\tan x}{b}\right)}{\left(\frac{a\tan x}{b}\right)^2+1}$$

$$=\frac{1}{ab}\int\frac{d\left(\frac{a\tan x}{b}\right)}{\left(\frac{a\tan x}{b}\right)^2+1}=\frac{1}{ab}\arctan\frac{a\tan x}{b}+C.$$

**12. D**

**【解析】主要考查不定积分的换元法与分部积分法，是一道难度较低的计算题.**

令 $\sqrt{2x+1}=t$，则 $x=\dfrac{1}{2}(t^2-1)$，故

$$\int\arctan\sqrt{2x+1}\,dx=\frac{1}{2}\int\arctan t\,d(t^2)=\frac{t^2}{2}\arctan t-\frac{1}{2}\int\frac{t^2}{1+t^2}dt$$

$$=\frac{t^2}{2}\arctan t-\frac{1}{2}\int\frac{t^2+1-1}{1+t^2}dt=\frac{t^2}{2}\arctan t-\frac{1}{2}\left(\int 1dt-\int\frac{1}{1+t^2}dt\right)$$

$$=\frac{t^2+1}{2}\arctan t-\frac{t}{2}+C,$$

将 $\sqrt{2x+1}=t$ 代入上式得原积分 $=(x+1)\arctan\sqrt{2x+1}-\dfrac{\sqrt{2x+1}}{2}+C$.

**13. D**

【解析】考查比较定理与定积分的换元法，是一道难度中等的计算题．

当 $x\in[0,\pi]$ 时，$e^{x^2}\sin x\geqslant 0$(且不恒等于 0)，由比较定理得 $I=\int_0^{\pi}e^{x^2}\sin x\,dx>0$；

$J=\int_0^{2\pi}e^{x^2}\sin x\,dx=\int_0^{\pi}e^{x^2}\sin x\,dx+\int_{\pi}^{2\pi}e^{x^2}\sin x\,dx$，其中令 $x=\pi+t$，则

$$\int_{\pi}^{2\pi}e^{x^2}\sin x\,dx=-\int_0^{\pi}e^{(\pi+t)^2}\sin t\,dt,\ J=\int_0^{\pi}[e^{x^2}-e^{(\pi+x)^2}]\sin x\,dx,$$

当 $x\in[0,\pi]$ 时，$[e^{x^2}-e^{(\pi+x)^2}]\sin x\leqslant 0$(且不恒等于 0)，由比较定理得

$$J=\int_0^{\pi}[e^{x^2}-e^{(\pi+x)^2}]\sin x\,dx<0.$$

综上，$J<0<I$.

【注意】本题也可以由定积分的几何意义得出 $J<0$：将 $e^{x^2}$ 视为“振幅”，在$[0,2\pi]$上，由 $e^{x^2}$ 单调增加可知 $y=e^{x^2}\sin x$ 与 $x$ 轴所围图形在 $x$ 轴上方部分的面积小于其在 $x$ 轴下方部分的面积，故 $J<0$.

**14. E**

【解析】主要考查定积分的分部积分法，是一道难度较低的计算题．

$$\begin{aligned}\int_0^3(x^2+x)f'''(x)dx&=\int_0^3(x^2+x)d[f''(x)]=(x^2+x)f''(x)\Big|_0^3-\int_0^3 f''(x)(2x+1)dx\\&=12f''(3)-\int_0^3(2x+1)d[f'(x)]=-(2x+1)f'(x)\Big|_0^3+2\int_0^3 f'(x)dx\\&=-7f'(3)+f'(0)+2[f(3)-f(0)]=20.\end{aligned}$$

**15. A**

【解析】考查不定积分计算，是一道难度较低的计算题．

$$\begin{aligned}\int\frac{1}{\sqrt{x-x^2}}dx&=\int\frac{1}{\sqrt{\frac{1}{4}-\left(x-\frac{1}{2}\right)^2}}dx=\int\frac{2}{\sqrt{1-(2x-1)^2}}dx\\&=\int\frac{1}{\sqrt{1-(2x-1)^2}}d(2x-1)=\arcsin(2x-1)+C.\end{aligned}$$

**16. A**

【解析】考查旋转体体积公式，是一道难度中等的计算题．

如图所示，所求体积

$$\begin{aligned}V_x&=\int_0^{e^2}\pi\left(\frac{\sqrt{x}}{e}\right)^2dx-\int_1^{e^2}\pi(\ln\sqrt{x})^2dx=\frac{\pi}{e^2}\int_0^{e^2}x\,dx-\frac{\pi}{4}\int_1^{e^2}\ln^2x\,dx\\&=\frac{\pi}{e^2}\times\frac{e^4}{2}-\frac{\pi}{4}\left(x\ln^2x\Big|_1^{e^2}-2\int_1^{e^2}\ln x\,dx\right)\\&=\frac{\pi e^2}{2}-\frac{\pi}{4}\times\left(4e^2-2x\ln x\Big|_1^{e^2}+2\int_1^{e^2}1dx\right)=\frac{\pi}{2}.\end{aligned}$$

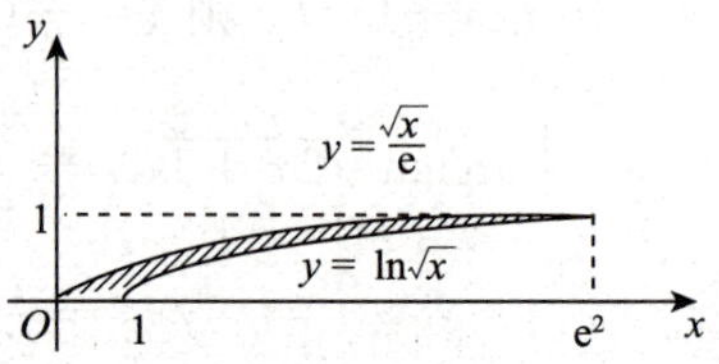


**17. C**

【解析】主要考查弧长公式，是一道难度较低的计算题．

由弧长公式得 $L$ 的长度为

$$s=\int_a^b\sqrt{1+y'^2(x)}\,dx=\int_1^e\sqrt{1+\left(\frac{x}{2}-\frac{1}{2x}\right)^2}\,dx$$

$$=\frac{1}{2}\int_1^e\left(x+\frac{1}{x}\right)dx=\frac{1}{2}\left(\frac{x^2}{2}\Big|_1^e+\ln x\Big|_1^e\right)=\frac{e^2+1}{4}.$$

**18. E**

**【解析】主要考查多元函数可微与全微分的定义，是一道难度中等的概念题.**

A 项：已知等式两边求极限得

$$\lim_{(x,y)\to(0,1)}[f(x,y)-2x+y-2]=\lim_{(x,y)\to(0,1)}o(\sqrt{x^2+(y-1)^2}),$$

则 $\lim\limits_{(x,y)\to(0,1)}f(x,y)-2\times0+1-2=0$，又 $f(x,y)$连续得 $f(0,1)=1$，故 A 项错误.

B、C、D、E 项：由上述推理知 $f(0,1)=1$，则已知等式可变形为 $f(x,y)-f(0,1)=2x-(y-1)+o(\sqrt{x^2+(y-1)^2})$，记 $\Delta x=x-0$，$\Delta y=y-1$，则上式变形为 $\Delta z=2\Delta x-\Delta y+o(\sqrt{(\Delta x)^2+(\Delta y)^2})$，$(\Delta x,\Delta y)\to(0,0)$，故 $f(x,y)$在点$(0,1)$处可微，且$dz|_{(0,1)}=2dx-dy$，$f_x'(0,1)=2$，$f_y'(0,1)=-1$，故 B、C、D 项错误，E 项正确.

**19. D**

**【解析】考查多元复合函数的求导法则，是一道难度较低的计算题.**

由复合函数求导法则得$\frac{\partial z}{\partial x}=e^x\sin y\cdot f'$，$\frac{\partial z}{\partial y}=e^x\cos y\cdot f'$，其中 $f'=f'(u)=f'(e^x\sin y)$，故

$$\frac{\partial^2 z}{\partial x^2}=e^x\sin y\cdot f'+e^{2x}\sin^2 y\cdot f'',\quad \frac{\partial^2 z}{\partial y^2}=-e^x\sin y\cdot f'+e^{2x}\cos^2 y\cdot f'',$$

则$\frac{\partial^2 z}{\partial x^2}+\frac{\partial^2 z}{\partial y^2}=e^x\sin y\cdot f'+e^{2x}\sin^2 y\cdot f''-e^x\sin y\cdot f'+e^{2x}\cos^2 y\cdot f''=e^{2x}f''$.

**20. A**

**【解析】考查多元函数极值的必要条件、充分条件和定义，是一道难度中等的计算题.**

$\begin{cases}f_x'=3(x+y)^2-2xy^2=0,\\ f_y'=3(x+y)^2-2x^2y=0,\end{cases}$ 两式作差得 $2xy(x-y)=0$，则 $x=0$ 或 $y=0$ 或 $y=x$，代回一阶导数方程解得 $f(x,y)$的驻点为$(0,0)$，$(6,6)$.

又 $f_{xx}''=6(x+y)-2y^2$，$f_{xy}''=6(x+y)-4xy$，$f_{yy}''=6(x+y)-2x^2$.

在点$(0,0)$处，$A=f_{xx}''(0,0)=0$，$B=f_{xy}''(0,0)=0$，$C=f_{yy}''(0,0)=0$，则 $AC-B^2=0$.

此时充分条件失效，用定义判断如下：$f(0,0)=0$，在点$(0,0)$的去心邻域内，$f(x,0)=x^3$ 既能取得正值又能取得负值，故点$(0,0)$不是 $f(x,y)$的极值点.

在点$(6,6)$处，$A=f_{xx}''(6,6)=0$，$B=f_{xy}''(6,6)=-72$，$C=f_{yy}''(6,6)=0$，则 $AC-B^2<0$，故点$(6,6)$不是 $f(x,y)$的极值点.

综上，$f(x,y)$的极值点个数为 0.

**21. D**

**【解析】考查条件极值的拉格朗日乘数法，是一道难度较高的概念题.**

引入拉格朗日函数 $F(x, y, \lambda)=f(x, y)+\lambda\varphi(x, y)$，由于$(x_0, y_0)$是 $f(x, y)$在约束条件 $\varphi(x, y)=0$ 下的一个极值点，则有$\begin{cases}F'_x|_{(x_0,y_0)}=f'_x(x_0, y_0)+\lambda\varphi'_x(x_0, y_0)=0①,\\F'_y|_{(x_0,y_0)}=f'_y(x_0, y_0)+\lambda\varphi'_y(x_0, y_0)=0②,\\F'_\lambda|_{(x_0,y_0)}=\varphi(x_0, y_0)=0,\end{cases}$

由已知条件 $\varphi'_y(x, y)\neq 0$ 和式②解得 $\lambda=-\dfrac{f'_y(x_0, y_0)}{\varphi'_y(x_0, y_0)}$，代入式①得

$$f'_x(x_0, y_0)=\frac{f'_y(x_0, y_0)\varphi'_x(x_0, y_0)}{\varphi'_y(x_0, y_0)}.$$

A、B项：若 $f'_x(x_0, y_0)=0$，则 $f'_y(x_0, y_0)\varphi'_x(x_0, y_0)=0$，由于 $\varphi'_x(x_0, y_0)$是否为 0 未知，因此 $f'_y(x_0, y_0)=0$ 和 $f'_y(x_0, y_0)\neq 0$ 均有可能，故 A、B 项错误.

C、D、E 项：若 $f'_x(x_0, y_0)\neq 0$，则 $f'_y(x_0, y_0)\neq 0$，此时 $f'_x(x_0, y_0)f'_y(x_0, y_0)\neq 0$，故 D 项正确，C、E 项错误.

**22. C**

**【解析】考查行列式的性质，是一道难度较低的计算题.**

由行列式的性质得

$$\begin{aligned}|\boldsymbol{\alpha}_3, \boldsymbol{\alpha}_2, \boldsymbol{\alpha}_1, \boldsymbol{\beta}_1+\boldsymbol{\beta}_2|&=|\boldsymbol{\alpha}_3, \boldsymbol{\alpha}_2, \boldsymbol{\alpha}_1, \boldsymbol{\beta}_1|+|\boldsymbol{\alpha}_3, \boldsymbol{\alpha}_2, \boldsymbol{\alpha}_1, \boldsymbol{\beta}_2|\\&=-|\boldsymbol{\alpha}_1, \boldsymbol{\alpha}_2, \boldsymbol{\alpha}_3, \boldsymbol{\beta}_1|-|\boldsymbol{\alpha}_1, \boldsymbol{\alpha}_2, \boldsymbol{\alpha}_3, \boldsymbol{\beta}_2|\\&=-|\boldsymbol{\alpha}_1, \boldsymbol{\alpha}_2, \boldsymbol{\alpha}_3, \boldsymbol{\beta}_1|+|\boldsymbol{\alpha}_1, \boldsymbol{\alpha}_2, \boldsymbol{\beta}_2, \boldsymbol{\alpha}_3|=n-m.\end{aligned}$$

**23. E**

**【解析】主要考查伴随矩阵和逆矩阵，是一道难度中等的计算题.**

由 $|\boldsymbol{A}|=\begin{vmatrix}1 & 1 & -1\\-1 & 1 & 1\\1 & -1 & 1\end{vmatrix}=\begin{vmatrix}1 & 1 & -1\\0 & 2 & 0\\0 & -2 & 2\end{vmatrix}=4\neq 0$ 得 $\boldsymbol{A}^*=|\boldsymbol{A}|\boldsymbol{A}^{-1}=4\boldsymbol{A}^{-1}$，故 $\boldsymbol{A}^*\boldsymbol{X}=\boldsymbol{A}^{-1}+2\boldsymbol{X}$ 可化为 $4\boldsymbol{A}^{-1}\boldsymbol{X}=\boldsymbol{A}^{-1}+2\boldsymbol{X}$，则$(4\boldsymbol{A}^{-1}-2\boldsymbol{E})\boldsymbol{X}=\boldsymbol{A}^{-1}$.

$$\boldsymbol{X}=(4\boldsymbol{A}^{-1}-2\boldsymbol{E})^{-1}\boldsymbol{A}^{-1}=[\boldsymbol{A}(4\boldsymbol{A}^{-1}-2\boldsymbol{E})]^{-1}=(4\boldsymbol{E}-2\boldsymbol{A})^{-1}=\frac{1}{2}(2\boldsymbol{E}-\boldsymbol{A})^{-1},$$

其中 $(2\boldsymbol{E}-\boldsymbol{A} \;\vdots\; \boldsymbol{E})=\left(\begin{array}{ccc:ccc}1 & -1 & 1 & 1 & 0 & 0\\1 & 1 & -1 & 0 & 1 & 0\\-1 & 1 & 1 & 0 & 0 & 1\end{array}\right)\sim\left(\begin{array}{ccc:ccc}1 & 0 & 0 & \frac{1}{2} & \frac{1}{2} & 0\\0 & 1 & 0 & 0 & \frac{1}{2} & \frac{1}{2}\\0 & 0 & 1 & \frac{1}{2} & 0 & \frac{1}{2}\end{array}\right)$，则

$(2\boldsymbol{E}-\boldsymbol{A})^{-1}=\dfrac{1}{2}\begin{pmatrix}1 & 1 & 0\\0 & 1 & 1\\1 & 0 & 1\end{pmatrix}$，故 $\boldsymbol{X}=\dfrac{1}{4}\begin{pmatrix}1 & 1 & 0\\0 & 1 & 1\\1 & 0 & 1\end{pmatrix}$.

**24. E**

**【解析】考查矩阵秩的性质，是一道难度较低的概念题．**

由矩阵秩的公式 $R(\boldsymbol{A})\leqslant R(\boldsymbol{A},\ \boldsymbol{b})\leqslant R(\boldsymbol{A})+1$，其中 $\boldsymbol{b}$ 为列向量，可知(1)、(2)正确．

又由 $R(\boldsymbol{A},\ \boldsymbol{\alpha})=R[(\boldsymbol{A},\ \boldsymbol{\alpha})^{\mathrm{T}}]=R\begin{pmatrix}\boldsymbol{A}^{\mathrm{T}}\\ \boldsymbol{\alpha}^{\mathrm{T}}\end{pmatrix}$，结合上述结论可知(3)、(4)正确．

综上，正确结论的个数为 4.

**25. B**

**【解析】考查范德蒙德行列式和克拉默法则，是一道难度较低的计算题．**

$$|\boldsymbol{A}|=\begin{vmatrix}a_1 & 1 & a_1^2\\ a_2 & 1 & a_2^2\\ a_3 & 1 & a_3^2\end{vmatrix}=-\begin{vmatrix}1 & a_1 & a_1^2\\ 1 & a_2 & a_2^2\\ 1 & a_3 & a_3^2\end{vmatrix}=-(a_2-a_1)(a_3-a_1)(a_3-a_2)\neq 0$$

(计算过程用了范德蒙德行列式的公式，并注意到已知条件 $a_i\neq a_j\ (i\neq j;\ i,\ j=1,\ 2,\ 3)$)．根据克拉默法则，$\boldsymbol{Ax}=\boldsymbol{b}$ 有唯一解，且

$$x_1=\frac{|\boldsymbol{A}_1|}{|\boldsymbol{A}|}=\frac{\begin{vmatrix}1 & 1 & a_1^2\\ 1 & 1 & a_2^2\\ 1 & 1 & a_3^2\end{vmatrix}}{|\boldsymbol{A}|}=0,\quad x_2=\frac{|\boldsymbol{A}_2|}{|\boldsymbol{A}|}=\frac{\begin{vmatrix}a_1 & 1 & a_1^2\\ a_2 & 1 & a_2^2\\ a_3 & 1 & a_3^2\end{vmatrix}}{|\boldsymbol{A}|}=\frac{|\boldsymbol{A}|}{|\boldsymbol{A}|}=1,$$

$$x_3=\frac{|\boldsymbol{A}_3|}{|\boldsymbol{A}|}=\frac{\begin{vmatrix}a_1 & 1 & 1\\ a_2 & 1 & 1\\ a_3 & 1 & 1\end{vmatrix}}{|\boldsymbol{A}|}=0,$$

故 $\boldsymbol{Ax}=\boldsymbol{b}$ 的解 $\boldsymbol{x}=\begin{pmatrix}x_1\\ x_2\\ x_3\end{pmatrix}=\begin{pmatrix}0\\ 1\\ 0\end{pmatrix}$.

【注意】本题也可以直接使用选项代入法，快速得出 B 项正确．

**26. C**

**【解析】考查向量组的线性表示和行列式计算，是一道难度较低的计算题．**

由题意知 $\boldsymbol{\beta}_1=(1,\ 0,\ 0)^{\mathrm{T}}$，$\boldsymbol{\beta}_2=(0,\ 1,\ 0)^{\mathrm{T}}$，$\boldsymbol{\beta}_3=(0,\ 0,\ 1)^{\mathrm{T}}$ 能由 $\boldsymbol{\alpha}_1$，$\boldsymbol{\alpha}_2$，$\boldsymbol{\alpha}_3$ 线性表示，又 $\boldsymbol{\alpha}_1$，$\boldsymbol{\alpha}_2$，$\boldsymbol{\alpha}_3$ 能由 $\boldsymbol{\beta}_1$，$\boldsymbol{\beta}_2$，$\boldsymbol{\beta}_3$ 线性表示，故这两个向量组等价，则 $R(\boldsymbol{\alpha}_1,\ \boldsymbol{\alpha}_2,\ \boldsymbol{\alpha}_3)=R(\boldsymbol{\beta}_1,\ \boldsymbol{\beta}_2,\ \boldsymbol{\beta}_3)=3\Leftrightarrow|\boldsymbol{\alpha}_1,\ \boldsymbol{\alpha}_2,\ \boldsymbol{\alpha}_3|\neq 0$，又

$$|\boldsymbol{\alpha}_1,\ \boldsymbol{\alpha}_2,\ \boldsymbol{\alpha}_3|=\begin{vmatrix}0 & 2 & 1\\ 2 & t & -1\\ 1 & 0 & t\end{vmatrix}=\begin{vmatrix}0 & 2 & 1\\ 0 & t & -1-2t\\ 1 & 0 & t\end{vmatrix}=\begin{vmatrix}2 & 1\\ t & -1-2t\end{vmatrix}=-2-5t,$$

则 $-2-5t\neq 0$，即 $t\neq -\dfrac{2}{5}$.

【总结】设 $\boldsymbol{A}$ 为 $n$ 阶方阵，则 $|\boldsymbol{A}|\neq 0\Leftrightarrow$ 任意 $n$ 维列向量 $\boldsymbol{b}$ 均能由 $\boldsymbol{A}$ 的列向量组线性表示．

**27. A**

**【解析】考查向量组的线性相关与线性表示，是一道难度中等的概念题.**

设 $\boldsymbol{\alpha}_1$，$\boldsymbol{\alpha}_2$，$\boldsymbol{\alpha}_3$，$\boldsymbol{\beta}_1$，$\boldsymbol{\beta}_2$ 均为列向量(行向量的情形取转置后再用下述推理)，由于 $\boldsymbol{\beta}_1$ 能由 $\boldsymbol{\alpha}_1$，$\boldsymbol{\alpha}_2$，$\boldsymbol{\alpha}_3$ 线性表示，则对列向量组 $\boldsymbol{\alpha}_1$，$\boldsymbol{\alpha}_2$，$\boldsymbol{\alpha}_3$，$k\boldsymbol{\beta}_1+\boldsymbol{\beta}_2$ 排成的矩阵施行初等行变换得 $(\boldsymbol{\alpha}_1, \boldsymbol{\alpha}_2, \boldsymbol{\alpha}_3, k\boldsymbol{\beta}_1+\boldsymbol{\beta}_2)\sim(\boldsymbol{\alpha}_1, \boldsymbol{\alpha}_2, \boldsymbol{\alpha}_3, \boldsymbol{\beta}_2)$，同理得 $(\boldsymbol{\alpha}_1, \boldsymbol{\alpha}_2, \boldsymbol{\alpha}_3, \boldsymbol{\beta}_1+k\boldsymbol{\beta}_2)\sim(\boldsymbol{\alpha}_1, \boldsymbol{\alpha}_2, \boldsymbol{\alpha}_3, k\boldsymbol{\beta}_2)$，$(\boldsymbol{\alpha}_1, \boldsymbol{\alpha}_2, \boldsymbol{\alpha}_3, k\boldsymbol{\beta}_1+k\boldsymbol{\beta}_2)\sim(\boldsymbol{\alpha}_1, \boldsymbol{\alpha}_2, \boldsymbol{\alpha}_3, k\boldsymbol{\beta}_2)$.

A、B 项：$R(\boldsymbol{\alpha}_1, \boldsymbol{\alpha}_2, \boldsymbol{\alpha}_3, k\boldsymbol{\beta}_1+\boldsymbol{\beta}_2)=R(\boldsymbol{\alpha}_1, \boldsymbol{\alpha}_2, \boldsymbol{\alpha}_3, \boldsymbol{\beta}_2)$，由 $\boldsymbol{\alpha}_1$，$\boldsymbol{\alpha}_2$，$\boldsymbol{\alpha}_3$ 线性无关，$\boldsymbol{\beta}_2$ 不能由 $\boldsymbol{\alpha}_1$，$\boldsymbol{\alpha}_2$，$\boldsymbol{\alpha}_3$ 线性表示，得 $\boldsymbol{\alpha}_1$，$\boldsymbol{\alpha}_2$，$\boldsymbol{\alpha}_3$，$\boldsymbol{\beta}_2$ 线性无关，再由初等行变换不改变矩阵的列向量组的线性相关性得 $\boldsymbol{\alpha}_1$，$\boldsymbol{\alpha}_2$，$\boldsymbol{\alpha}_3$，$k\boldsymbol{\beta}_1+\boldsymbol{\beta}_2$ 线性无关，故 A 项正确，B 项错误.

C、D、E 项：当 $k=0$ 时，$k\boldsymbol{\beta}_2=\boldsymbol{0}$，能由 $\boldsymbol{\alpha}_1$，$\boldsymbol{\alpha}_2$，$\boldsymbol{\alpha}_3$ 线性表示，则 $\boldsymbol{\alpha}_1$，$\boldsymbol{\alpha}_2$，$\boldsymbol{\alpha}_3$，$k\boldsymbol{\beta}_2$ 线性相关；当 $k\neq0$ 时，$k\boldsymbol{\beta}_2$ 不能由 $\boldsymbol{\alpha}_1$，$\boldsymbol{\alpha}_2$，$\boldsymbol{\alpha}_3$ 线性表示，则 $\boldsymbol{\alpha}_1$，$\boldsymbol{\alpha}_2$，$\boldsymbol{\alpha}_3$，$k\boldsymbol{\beta}_2$ 线性无关. 故 $\boldsymbol{\alpha}_1$，$\boldsymbol{\alpha}_2$，$\boldsymbol{\alpha}_3$，$\boldsymbol{\beta}_1+k\boldsymbol{\beta}_2$ 和 $\boldsymbol{\alpha}_1$，$\boldsymbol{\alpha}_2$，$\boldsymbol{\alpha}_3$，$k\boldsymbol{\beta}_1+k\boldsymbol{\beta}_2$ 这两个向量组可能线性相关，可能线性无关. 则 C、D、E 项错误.

**28. C**

**【解析】考查线性方程组的同解与公共解，是一道难度较低的概念题.**

A 项：根据线性方程组有公共解的定义知若 $\boldsymbol{Ax}=\boldsymbol{0}$ 和 $\boldsymbol{Bx}=\boldsymbol{0}$ 有非零公共解，则 $\begin{cases}\boldsymbol{Ax}=\boldsymbol{0},\\ \boldsymbol{Bx}=\boldsymbol{0}\end{cases}$ 有非零解，故 A 项正确.

B、D 项：根据线性方程组同解的充要条件：$\boldsymbol{Ax}=\boldsymbol{0}$ 和 $\boldsymbol{Bx}=\boldsymbol{0}$ 同解$\Leftrightarrow\boldsymbol{Ax}=\boldsymbol{0}$ 和 $\boldsymbol{Bx}=\boldsymbol{0}$ 的基础解系相同$\Leftrightarrow\boldsymbol{Ax}=\boldsymbol{0}$ 的解全为 $\boldsymbol{Bx}=\boldsymbol{0}$ 的解，且 $R(\boldsymbol{A})=R(\boldsymbol{B})$，可知 B、D 项正确.

C 项：令 $\boldsymbol{A}=\begin{pmatrix}1&1\\1&1\end{pmatrix}$，$\boldsymbol{B}=\begin{pmatrix}1&0\\0&0\end{pmatrix}$，则 $\boldsymbol{Ax}=\boldsymbol{0}$ 和 $\boldsymbol{Bx}=\boldsymbol{0}$ 的未知量个数和系数矩阵的秩均相同，但二者不同解，如 $(1,-1)^{\mathrm{T}}$ 是 $\boldsymbol{Ax}=\boldsymbol{0}$ 的解，但不是 $\boldsymbol{Bx}=\boldsymbol{0}$ 的解，故 C 项错误.

E 项：令 $\boldsymbol{A}=\begin{pmatrix}1&1\\1&1\end{pmatrix}$，$\boldsymbol{B}=\begin{pmatrix}0&0\\0&0\end{pmatrix}$，则 $\boldsymbol{Ax}=\boldsymbol{0}$ 的解 $k(-1,1)^{\mathrm{T}}(k\in\mathbf{R})$全为 $\boldsymbol{Bx}=\boldsymbol{0}$ 的解，但二者不同解(如$(0,1)^{\mathrm{T}}$ 是 $\boldsymbol{Bx}=\boldsymbol{0}$ 的解，但不是 $\boldsymbol{Ax}=\boldsymbol{0}$ 的解)，故 E 项正确.

**29. E**

**【解析】考查条件概率公式，是一道难度较低的计算题.**

用 $A_i$ 表示取到的是第 $i$ 等品，$i=1,2,3$，则由已知条件可得 $P(A_1)=0.5$，$P(A_2)=0.3$，$P(A_3)=0.2$，则由条件概率公式得

$$P(A_2\mid\overline{A_1})=\frac{P(A_2\overline{A_1})}{P(\overline{A_1})}=\frac{P(A_2)}{1-P(A_1)}=\frac{0.3}{0.5}=\frac{3}{5}.$$

**30. B**

**【解析】考查随机变量的独立、互斥，是一道难度中等的概念题.**

(1)：令 $X$，$Y$ 的联合分布律与边缘分布律为

| X | Y | | | $p_{i\cdot}$ |
|---|---|---|---|---|
| | 0 | 1 | 2 | |
| 0 | $\frac{1}{4}$ | 0 | $\frac{1}{4}$ | $\frac{1}{2}$ |
| 1 | $\frac{1}{4}$ | $\frac{1}{4}$ | 0 | $\frac{1}{2}$ |
| $p_{\cdot j}$ | $\frac{1}{2}$ | $\frac{1}{4}$ | $\frac{1}{4}$ | 1 |

则 $X$，$Y$ 不相互独立，但 $P\{X=0, Y=0\}=P\{X=0\}P\{Y=0\}$，故(1)错误．

(2)：将一枚均匀的硬币掷两次，定义 $X=\begin{cases}1, & \text{第 1 次掷出正面,}\\0, & \text{第 1 次掷出反面,}\end{cases}$ $Y=\begin{cases}1, & \text{第 2 次掷出正面,}\\0, & \text{第 2 次掷出反面,}\end{cases}$ 则 $X$，$Y$ 相互独立，但 $\{X=0\}$，$\{Y=0\}$ 不互斥，故(2)错误．

(3)：假设 $X$，$Y$ 相互独立，则由独立的定义得 $P\{X=0, Y=0\}=P\{X=0\}P\{Y=0\}$，这与已知 $P\{X=0, Y=0\}\neq P\{X=0\}P\{Y=0\}$ 矛盾，故假设错误，即(3)正确．

(4)：将一枚均匀的硬币掷一次，定义 $X=\begin{cases}1, & \text{掷出正面,}\\0, & \text{掷出反面,}\end{cases}$ $Y=\begin{cases}0, & \text{掷出正面,}\\1, & \text{掷出反面,}\end{cases}$ 则 $\{X=0\}$，$\{Y=0\}$ 互斥，但 $X$，$Y$ 不相互独立(因为 $P\{X=0, Y=0\}=0$，而 $P\{X=0\}P\{Y=0\}=\frac{1}{4}$)，故(4)错误．

综上，正确结论的个数为 1.

**31. C**

**【解析】主要考查概率密度和独立重复试验，是一道难度中等的计算题．**

由 $X$ 的概率密度得事件 $\{X>3\}$ 发生的概率 $p=P\{X>3\}=\int_3^{+\infty}2^{-x}\ln 2\,\mathrm{d}x=-2^{-x}\Big|_3^{+\infty}=\frac{1}{8}$，由题意知事件 $\{Y=n\}$ 表示事件 $\{X>3\}$ 在前 $n-1$ 次观测中只发生 1 次，且该事件在第 $n$ 次观测中发生，故 $P\{Y=n\}=\mathrm{C}_{n-1}^1 p(1-p)^{n-2}\times p=(n-1)\times\left(\frac{1}{8}\right)^2\times\left(\frac{7}{8}\right)^{n-2}=\frac{7^{n-2}(n-1)}{8^n}$.

**32. B**

**【解析】考查正态分布的性质，是一道难度较低的计算题．**

由正态分布的标准化和对称性得

$$\begin{aligned}P\{|X|>19.6\}&=P\left\{\left|\frac{X-0}{10}\right|>1.96\right\}=P\left\{\frac{X}{10}>1.96\right\}+P\left\{\frac{X}{10}<-1.96\right\}\\&=2P\left\{\frac{X}{10}>1.96\right\}=2\left(1-P\left\{\frac{X}{10}\leqslant 1.96\right\}\right)\\&=2[1-\Phi(1.96)]\approx 2\times(1-0.975)=0.05.\end{aligned}$$

**33. E**

**【解析】考查分布律和随机变量的独立性，是一道难度中等的计算题．**

$P\{|Z|=1\}=P\{Z=-1\}+P\{Z=1\}$，其中由加法公式得

$$P\{Z=-1\}=P\{\min\{X, Y\}=-1\}=P\{X=-1\cup Y=-1\}$$
$$=P\{X=-1\}+P\{Y=-1\}-P\{X=-1, Y=-1\}$$
$$=\frac{1}{3}+\frac{1}{3}-\frac{1}{3}\times\frac{1}{3}=\frac{5}{9};$$
$$P\{Z=1\}=P\{\min\{X, Y\}=1\}=P\{X=1, Y=1\}=\frac{1}{3}\times\frac{1}{3}=\frac{1}{9}.$$

故 $P\{|Z|=1\}=\frac{5}{9}+\frac{1}{9}=\frac{2}{3}$.

**34. C**

**【解析】考查随机变量函数的期望和常用积分公式，是一道难度较低的计算题．**

$E(Y)=E\left(\frac{1}{X}\right)=\int_{-\infty}^{+\infty}\frac{1}{x}f(x)\mathrm{d}x=\frac{1}{a^2}\int_0^{+\infty}\mathrm{e}^{-\frac{x^2}{2a^2}}\mathrm{d}x$，令 $\frac{x}{\sqrt{2}a}=t$，则 $\int_0^{+\infty}\mathrm{e}^{-\frac{x^2}{2a^2}}\mathrm{d}x=\sqrt{2}a\int_0^{+\infty}\mathrm{e}^{-t^2}\mathrm{d}t=\frac{\sqrt{2\pi}a}{2}$（其中用到常用积分公式 $\int_0^{+\infty}\mathrm{e}^{-x^2}\mathrm{d}x=\frac{\sqrt{\pi}}{2}$），故 $E(Y)=\frac{\sqrt{2\pi}}{2a}$.

**【注意】** $\int_0^{+\infty}\mathrm{e}^{-x^2}\mathrm{d}x=\frac{\sqrt{\pi}}{2}$ 的证明过程：由标准正态分布的概率密度的规范性得 $\int_{-\infty}^{+\infty}\frac{1}{\sqrt{2\pi}}\mathrm{e}^{-\frac{x^2}{2}}\mathrm{d}x=1$，令 $\frac{x}{\sqrt{2}}=t$，则 $\int_{-\infty}^{+\infty}\frac{1}{\sqrt{2\pi}}\mathrm{e}^{-\frac{x^2}{2}}\mathrm{d}x=\frac{1}{\sqrt{\pi}}\int_{-\infty}^{+\infty}\mathrm{e}^{-t^2}\mathrm{d}t=1$，故 $\int_{-\infty}^{+\infty}\mathrm{e}^{-t^2}\mathrm{d}t=\sqrt{\pi}$，再由偶函数在对称区间的积分性质得 $\int_{-\infty}^{+\infty}\mathrm{e}^{-x^2}\mathrm{d}x=2\int_0^{+\infty}\mathrm{e}^{-x^2}\mathrm{d}x=\sqrt{\pi}$，则 $\int_0^{+\infty}\mathrm{e}^{-x^2}\mathrm{d}x=\frac{\sqrt{\pi}}{2}$.

**35. D**

**【解析】考查期望、方差的运算性质和常见分布的期望、方差，是一道难度较低的计算题．**

由 $X\sim U(2,3)$ 得，$E(X)=\frac{3+2}{2}=\frac{5}{2}$，$D(X)=\frac{(3-2)^2}{12}=\frac{1}{12}$. 由 $Y\sim P(1)$ 得，$E(Y)=D(Y)=1$. 又 $X$ 与 $Y$ 独立，故

$$E(2X-Y+3)=2E(X)-E(Y)+3=2\times\frac{5}{2}-1+3=7.$$

$$D(2X-Y+3)=D(2X)+D(-Y)=2^2D(X)+(-1)^2D(Y)=4\times\frac{1}{12}+1=\frac{4}{3}.$$

**绝密★启用前**

# 全国硕士研究生招生考试
# 经济类综合能力试题
# 数学·模拟卷5

（科目代码：396）

考试时间：8：30—11：30

（数学建议用时84分钟内）

## 考生注意事项

1. 答题前，考生须在试题册指定位置上填写考生姓名和考生编号；在答题卡指定位置上填写报考单位、考生姓名和考生编号，并涂写考生编号信息点。
2. 选择题的答案必须涂写在答题卡相应题号的选项上，非选择题的答案必须书写在答题卡指定位置的边框区域内。超出答题区域书写的答案无效；在草稿纸、试题册上答题无效。
3. 填（书）写部分必须使用黑色字迹签字笔或者钢笔书写，字迹工整、笔迹清楚；涂写部分必须使用2B铅笔填涂。
4. 考试结束，将答题卡和试题册按规定交回。

| | | | | | | | | | | | | | | | |
|---|---|---|---|---|---|---|---|---|---|---|---|---|---|---|---|
| 考生编号 | | | | | | | | | | | | | | | |
| 考生姓名 | | | | | | | | | | | | | | | |

**数学基础**：第 1～35 小题，每小题 2 分，共 70 分．下列每题给出的五个选项中，只有一个选项是最符合试题要求的．

1. $\lim\limits_{x\to+\infty}\dfrac{\ln(1+e^{x^2})+x\cos x}{x^2}$(　　).

A. 等于 0　　B. 等于$\dfrac{1}{8}$　　C. 等于 1

D. 为$\infty$　　E. 不存在且不为$\infty$

2. 把 $x\to 0$ 时的无穷小 $\alpha=\dfrac{4}{2+x}-(2-x)$，$\beta=\sqrt{1+\tan x}-\sqrt{1+\sin x}$，$\gamma=\sqrt[3]{8x^4-x^5}$ 排列起来，使排在后面的是前一个的高阶无穷小，则正确的排序是(　　).

A. $\alpha$，$\beta$，$\gamma$　　B. $\alpha$，$\gamma$，$\beta$　　C. $\beta$，$\alpha$，$\gamma$　　D. $\beta$，$\gamma$，$\alpha$　　E. $\gamma$，$\alpha$，$\beta$

3. 已知函数 $f(x)=\begin{cases}x, & x\leqslant 0,\\ \dfrac{1}{n}, & \dfrac{1}{n+1}<x\leqslant\dfrac{1}{n},\end{cases}$ $n=1, 2, \cdots$，则(　　).

A. $x=0$ 是 $f(x)$的第一类间断点　　B. $x=0$ 是 $f(x)$的第二类间断点

C. $f(x)$在 $x=0$ 处连续但不可导　　D. $f'(0)=1$

E. $f'(0)$存在但 $f'(0)\neq 1$

4. 设 $y=\dfrac{(x+1)^{\frac{1}{2}}(x+\sqrt{2})^2}{(x+2)(x+4)^{\frac{1}{2}}}(x>-1)$，则 $y'(0)=$(　　).

A. $-\dfrac{\sqrt{2}}{2}-\dfrac{1}{16}$　　B. $-\dfrac{\sqrt{2}}{2}+\dfrac{1}{16}$　　C. $\dfrac{\sqrt{2}}{2}-\dfrac{1}{16}$　　D. $\dfrac{\sqrt{2}}{2}+\dfrac{1}{16}$　　E. $-\sqrt{2}-\dfrac{1}{16}$

5. 已知函数 $f(x)=e^{\sin x}+e^{-\sin x}$，则 $f'''(2\pi)=$(　　).

A. $-2$　　B. $-1$　　C. 0　　D. 1　　E. 2

6. 在曲线 $y=x^3$ 上取一点 $P$，过点 $P$ 的切线与该曲线交于点 $Q$(不同于点 $P$)，则曲线在点 $Q$ 处的切线斜率是在点 $P$ 处切线斜率的(　　)倍．

A. 2　　B. 3　　C. 4　　D. 6　　E. 8

7. 设函数 $f(x)=\left(1+\dfrac{1}{x}\right)^x$，$x\in(0, +\infty)$，则下列结论错误的是(　　).

A. $\lim\limits_{x\to 0^+}f(x)=1$　　B. $\lim\limits_{x\to 0^+}f'(x)=+\infty$　　C. $\lim\limits_{x\to+\infty}f'(x)=0$

D. $f(x)>1$　　E. $f(x)$单调减少

8. 设 $a>1$，$f(x)=e^{ax}-a^2x$ 的驻点为 $x(a)$，则 $x(a)$的最大值(　　).

A. 等于 e　　B. 等于$\dfrac{1}{e}$　　C. 等于 $e^2$　　D. 等于$\dfrac{1}{e^2}$　　E. 不存在

9. 已知函数 $f(x)=\dfrac{|x|}{x+1}$，则以下关于曲线 $y=f(x)$的凹凸区间及渐近线的描述中错误的是(　　).

A. $(-\infty, -1)$为凸区间　　B. $(-1, 0)$为凹区间　　C. $(0, +\infty)$为凸区间

D. 只有一条铅直渐近线　　E. 只有一条水平渐近线

10. 设函数 $f(x)$在闭区间$[0, 1]$上可微，对于$[0, 1]$上的每一个 $x$，$f(x)$的函数值都在开区间$(0, 1)$内，且 $f'(x)\neq 1$，则在$(0, 1)$内使 $f(x)=x$ 成立的 $x$ 有(　　)个．

A. 0　　B. 1　　C. 2　　D. 3　　E. 4

11. $\int_3^4 \frac{x-2}{x^3-3x^2+4}\mathrm{d}x=($　　$)$.

A. $\ln\frac{8}{5}$　　B. $\ln\frac{5}{8}$　　C. $\frac{1}{3}\ln\frac{8}{5}$　　D. $\frac{1}{3}\ln\frac{5}{8}$　　E. $3\ln\frac{8}{5}$

12. $\int_{-\frac{\pi}{2}}^{\frac{\pi}{2}}(\sin x+\cos x)^3\mathrm{d}x=($　　$)$.

A. 0　　B. 1　　C. $\frac{2}{3}$　　D. $\frac{10}{3}$　　E. $\frac{20}{3}$

13. $\lim\limits_{x\to 0}\frac{\int_0^x\left[\int_0^{u^2}\arctan(1+t)\,\mathrm{d}t\right]\mathrm{d}u}{x(1-\cos x)}=($　　$)$.

A. $\frac{1}{6}$　　B. $\frac{1}{4}$　　C. $\frac{2}{3}$　　D. $\frac{\pi}{6}$　　E. $\frac{\pi}{4}$

14. 设奇函数 $f(x)$ 在 $(-\infty,+\infty)$ 上具有连续导数，则下列结论中正确的是(　　).

(1) $\int_0^x[\cos f(t)+f'(t)]\mathrm{d}t$ 是奇函数；(2) $\int_0^x[\cos f(t)+f'(t)]\mathrm{d}t$ 是偶函数；

(3) $\int_0^x[\cos f'(t)+f(t)]\mathrm{d}t$ 是奇函数；(4) $\int_0^x[\cos f'(t)+f(t)]\mathrm{d}t$ 是偶函数.

A. (1)(3)　　B. (1)(4)　　C. (2)(3)　　D. (2)(4)　　E. 仅(1)

15. 以下反常积分收敛的是(　　).

(1) $\int_{-\infty}^0\frac{1}{x^2}\mathrm{e}^{\frac{1}{x}}\mathrm{d}x$；(2) $\int_0^{+\infty}\frac{1}{x^2}\mathrm{e}^{\frac{1}{x}}\mathrm{d}x$；(3) $\int_0^{+\infty}\frac{1}{x^2}\mathrm{e}^{-x}\mathrm{d}x$.

A. 仅(1)　　B. 仅(2)　　C. 仅(3)　　D. (1)(2)　　E. (1)(3)

16. 设函数 $f(x)=\frac{x}{1+x}$，$x\in[0,1]$，定义函数列：$f_1(x)=f(x)$，$f_2(x)=f[f_1(x)]$，…，$f_n(x)=f[f_{n-1}(x)]$，…. 记 $S_n$ 是由曲线 $y=f_n(x)$，直线 $x=1$ 及 $x$ 轴所围图形的面积，则极限 $\lim\limits_{n\to\infty}nS_n=($　　$)$.

A. 0　　B. 1　　C. 2　　D. 3　　E. 4

17. 曲线 $y=\int_0^x\tan t\,\mathrm{d}t\left(0\leqslant x\leqslant\frac{\pi}{4}\right)$ 的弧长 $s=($　　$)$.

A. $\ln 2$　　B. $\frac{1}{2}\ln 2$　　C. $\ln(\sqrt{2}+1)$　　D. $\ln(\sqrt{2}-1)$　　E. 1

18. 已知 $f(2x,x+y)=\mathrm{e}^{2xy}\cos(x-y)$ 对于任意的 $x$ 和 $y$ 都成立，则 $\frac{\partial f(x,y)}{\partial x}+\frac{\partial f(x,y)}{\partial y}=($　　$)$.

A. $2\mathrm{e}^{2xy}(x+y)\cos(x-y)$　　B. $-2\mathrm{e}^{2xy}(x+y)\cos(x-y)$　　C. $2\mathrm{e}^{2xy}\sin(x-y)$

D. $\mathrm{e}^{xy-\frac{x^2}{2}}\cdot y\sin(x+y)$　　E. $\mathrm{e}^{xy-\frac{x^2}{2}}\cdot y\cos(x-y)$

19. 已知函数 $z=z(x,y)$ 由方程 $(x^2+y^2)z+\ln z+2(x+y+1)=0$ 确定，则 $z=z(x,y)($　　$)$.

A. 无驻点　　B. 有唯一驻点 $(-1,-1)$

C. 有唯一驻点 $(-1,1)$　　D. 有唯一驻点 $(1,1)$

E. 驻点不唯一

20. 设函数 $f(x)$ 在 $\mathbf{R}$ 上有定义，$g(x,y)$ 在 $\mathbf{R}^2$ 上有定义，则以下结论正确的个数为(　　).

(1)若 $f(x)$ 的极值点不唯一，且点 $x_0$ 是唯一的极大值点，则 $x_0$ 为最大值点；

(2)若 $f(x)$ 的极值点唯一，且点 $x_0$ 是极大值点，则 $x_0$ 为最大值点；

(3)若在点 $(x_0,y_0)$ 处，$g_x'(x_0,y_0)=0$，$g_y'(x_0,y_0)=0$，则 $\mathrm{d}g=0$；

(4)若在点 $(x_0,y_0)$ 处，$\mathrm{d}g$ 存在，则 $g_x'(x,y)$，$g_y'(x,y)$ 均连续.

A. 0　　B. 1　　C. 2　　D. 3　　E. 4

21. 曲线 $x^3-xy+y^3=1(x\geqslant 0,\ y\geqslant 0)$ 上的点到坐标原点的最短距离与最长距离分别为(　　).

A. 1，$\sqrt{2}$　　B. 1，2　　C. $\sqrt{2}$，2　　D. $\sqrt{2}$，4　　E. 2，4

22. 设 $A=\begin{pmatrix} a & 1 & 1 \\ 1 & a & 1 \\ 1 & 1 & a \end{pmatrix}$，$a$ 为实数，关于 $\lambda$ 的方程 $|\lambda E-A|=0$ 的实根有 1 个正数 2 个负数，则 $a$ 的取值范围是(　　).

A. $(-\infty,\ -2)$　　B. $(-2,\ 1)$　　C. $(1,\ +\infty)$

D. $(-\infty,\ -1)$　　E. $(-1,\ 2)$

23. 设 $A$，$B$ 均为 $n$ 阶矩阵，则下列结论正确的个数是(　　).

(1)$AB=BA$ 对非零矩阵成立；　　(2)若 $A\neq O$ 且 $AB=AC$，则 $B=C$；

(3)$(A+B)(A-B)=A^2-AB+BA-B^2$ 总成立；　(4)$(A+B)^2=A^2+2AB+B^2$ 总成立.

A. 0　　B. 1　　C. 2　　D. 3　　E. 4

24. 设 $A=\begin{pmatrix} 3 & 0 & 0 & 0 \\ -2 & 5 & 0 & 0 \\ 0 & -4 & 7 & 0 \\ 0 & 0 & -6 & 9 \end{pmatrix}$，$E$ 为 4 阶单位矩阵，且 $B=(E+A)^{-1}(E-A)$，则 $(E+B)^{-1}=$(　　).

A. $\begin{pmatrix} 3 & 0 & 0 & 0 \\ -2 & 5 & 0 & 0 \\ 0 & -4 & 7 & 0 \\ 0 & 0 & -6 & 9 \end{pmatrix}$　　B. $\begin{pmatrix} 4 & 0 & 0 & 0 \\ -2 & 6 & 0 & 0 \\ 0 & -4 & 8 & 0 \\ 0 & 0 & -6 & 10 \end{pmatrix}$　　C. $\begin{pmatrix} 2 & 0 & 0 & 0 \\ -1 & 3 & 0 & 0 \\ 0 & -2 & 4 & 0 \\ 0 & 0 & -3 & 5 \end{pmatrix}$

D. $\begin{pmatrix} 2 & 0 & 0 & 0 \\ -2 & 3 & 0 & 0 \\ 0 & -4 & 4 & 0 \\ 0 & 0 & -6 & 5 \end{pmatrix}$　　E. $\begin{pmatrix} 4 & 0 & 0 & 0 \\ -1 & 6 & 0 & 0 \\ 0 & -2 & 8 & 0 \\ 0 & 0 & -3 & 10 \end{pmatrix}$

25. 若矩阵 $A$ 经过有限次初等列变换化成 $B$，则(　　).

A. 方程组 $Ax=0$ 与 $Bx=0$ 同解　　B. 存在可逆矩阵 $P$，使得 $PA=B$

C. 存在可逆矩阵 $P$，使得 $PB=A$　　D. 存在可逆矩阵 $P$，使得 $BP=A$

E. 以上均不成立

26. 设 $A$ 为 $n(n\geqslant 2)$ 阶矩阵，则下列表述中，可作为 $A$ 不可逆的充要条件的个数是(　　).

(1)$A$ 的行向量中有零向量；　　(2)$A$ 的列向量中存在一个向量能由其余向量线性表示；

(3)非齐次线性方程组 $Ax=\beta$ 无解；(4)齐次线性方程组 $Ax=0$ 仅有零解.

A. 0　　B. 1　　C. 2　　D. 3　　E. 4

27. 设 $A=\begin{pmatrix} 1 & 2 & 1 & 2 \\ 0 & 1 & 0 & 1 \\ 1 & 1 & 1 & 1 \end{pmatrix}$，记 $A=(\alpha_1,\ \alpha_2,\ \alpha_3,\ \alpha_4)$，则以下向量组中，能作为 $A$ 的列向量组的最大线性无关组的有(　　)组.

(1)$\alpha_1$；　(2)$\alpha_1$，$\alpha_3$；　(3)$\alpha_1$，$\alpha_4$；　(4)$\alpha_2$，$\alpha_4$；　(5)$\alpha_1$，$\alpha_3$，$\alpha_4$.

A. 1　　B. 2　　C. 3　　D. 4　　E. 5

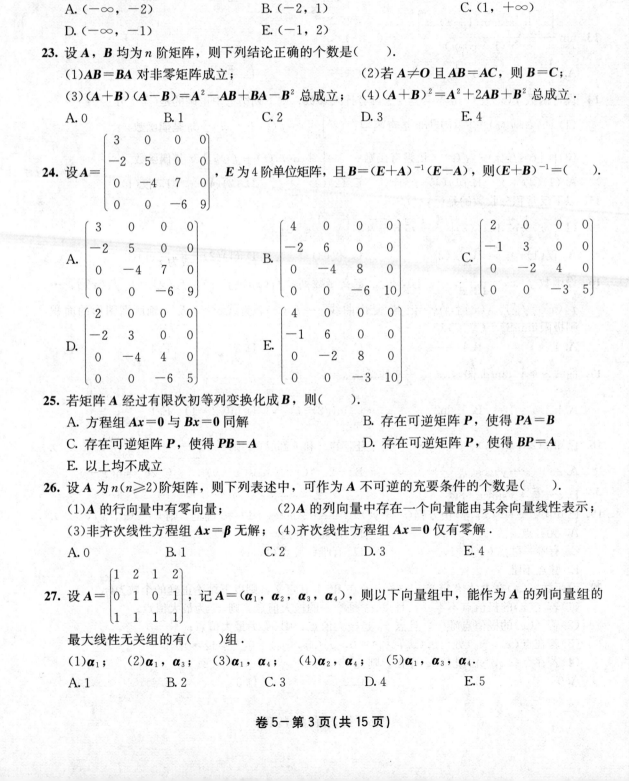

**28.** 设 $\boldsymbol{A}$ 为 $2\times3$ 矩阵，$\boldsymbol{B}$ 为 $3\times2$ 矩阵，且 $\boldsymbol{AB}=\boldsymbol{O}$，则以下结论正确的个数为(　　).

(1)$R(\boldsymbol{A})+R(\boldsymbol{B})<3$；　　(2)线性方程组 $\boldsymbol{Ax}=\boldsymbol{0}$ 的线性无关解向量的个数为 1；

(3)线性方程组 $\boldsymbol{Ax}=\boldsymbol{0}$ 的线性无关解向量的个数为 2；

(4)线性方程组 $\boldsymbol{Bx}=\boldsymbol{0}$ 不可能有 3 个线性无关的解向量.

A. 0　　B. 1　　C. 2　　D. 3　　E. 4

**29.** 一实习生用同一台机器接连独立地制造 3 个同种零件，第 $i$ 个零件是不合格品的概率 $p_i=\frac{1}{i+1}(i=1,\ 2,\ 3)$，以 $X$ 表示 3 个零件中合格品的个数，则 $P\{X=2\}=$(　　).

A. $\frac{3}{8}$　　B. $\frac{5}{8}$　　C. $\frac{11}{24}$　　D. $\frac{13}{24}$　　E. $\frac{17}{24}$

**30.** 设随机变量 $X$ 服从参数为 $\lambda$ 的指数分布，$Y=aX+b$，其中 $a$，$b$ 为实数且 $a>0$，则 $P\{Y\leqslant 2a+b\,|\,Y>a+b\}=$(　　).

A. $\mathrm{e}^{-2\lambda}$　　B. $1-\mathrm{e}^{-2\lambda}$　　C. $\mathrm{e}^{-\lambda}$　　D. $1-\mathrm{e}^{-\lambda}$　　E. $\mathrm{e}^{-\lambda}-\mathrm{e}^{-2\lambda}$

**31.** 设随机变量 $X$ 的分布函数为 $F(x)=\begin{cases}1-(a+x)\mathrm{e}^{-2x}, & x>0,\\ 0, & x\leqslant 0,\end{cases}$ 则 $P\{1\leqslant X\leqslant 2\}=$(　　).

A. $2\mathrm{e}^{-2}$　　B. $3\mathrm{e}^{-3}$　　C. $3\mathrm{e}^{-4}$　　D. $2\mathrm{e}^{-2}-3\mathrm{e}^{-3}$　　E. $2\mathrm{e}^{-2}-3\mathrm{e}^{-4}$

**32.** 设随机变量 $X\sim N\left(1,\ \frac{1}{4}\right)$，$Y\sim N\left(1,\ \frac{3}{4}\right)$，且 $X$，$Y$ 相互独立，记 $Z=X-Y$，则以下结论正确的个数为(　　).

(1)$Z$ 服从正态分布；　　(2)$Z$ 的概率密度的驻点为 $x=0$；

(3)$Z$ 的概率密度的最大值为 $\frac{1}{\sqrt{2\pi}}$；　　(4)$Z$ 的概率密度的水平渐近线为 $x$ 轴.

A. 0　　B. 1　　C. 2　　D. 3　　E. 4

**33.** 已知随机变量 $X$ 和 $Y$ 的联合分布为

| $(X,\ Y)$ | $(0,\ 0)$ | $(0,\ 1)$ | $(1,\ 0)$ | $(1,\ 1)$ |
|---|---|---|---|---|
| $P\{X=x,\ Y=y\}$ | $\frac{1}{4}$ | $\frac{1}{4}$ | $\frac{1}{2}$ | 0 |

则(　　).

A. $E(X)=\frac{1}{4}$　　B. $E(2X-1)=-\frac{1}{2}$　　C. $D(X)=\frac{1}{2}$

D. $D(\max\{X,\ Y\})=\frac{3}{16}$　　E. $E(\max\{X,\ Y\})=\frac{1}{4}$

**34.** 设 $X$ 服从参数为 4，$\frac{1}{2}$ 的二项分布，$Y$ 服从参数为 2 的指数分布，$X$ 与 $Y$ 相互独立，则 $D(XY)=$(　　).

A. $\frac{1}{2}$　　B. 1　　C. $\frac{3}{2}$　　D. 2　　E. $\frac{5}{2}$

**35.** 设随机变量 $U$ 在区间 $(-2,\ 2)$ 上服从均匀分布，随机变量 $X=\begin{cases}-1, & U\leqslant -1,\\ 1, & U>-1,\end{cases}$ $Y=\begin{cases}-1, & U\leqslant 1,\\ 1, & U>1,\end{cases}$ 则 $E\left(\frac{X}{Y}\right)=$(　　).

A. 0　　B. 1　　C. 2　　D. $\frac{1}{2}$　　E. $\frac{1}{4}$

# 答案速查

**数学基础**

| | | | | | | | |
|---|---|---|---|---|---|---|---|
| 1～5 | CEDCC | 6～10 | CEBEB | 11～15 | CDDEA | 16～20 | BCEBA |
| 21～25 | ABBCD | 26～30 | BABCD | 31～35 | EEDCA | | |

# 答案详解

**数学基础**

**1. C**

【解析】考查极限的四则运算法则、洛必达法则和无穷小，是一道难度较低的计算题．

原极限$=\lim\limits_{x\to+\infty}\dfrac{\ln(1+e^{x^2})}{x^2}+\lim\limits_{x\to+\infty}\dfrac{1}{x}\cos x$，其中由洛必达法则得

$$\lim_{x\to+\infty}\frac{\ln(1+e^{x^2})}{x^2}=\lim_{x\to+\infty}\frac{\frac{2xe^{x^2}}{1+e^{x^2}}}{2x}=\lim_{x\to+\infty}\frac{e^{x^2}}{1+e^{x^2}}=1.$$

由“无穷小乘有界量为无穷小”得$\lim\limits_{x\to+\infty}\dfrac{1}{x}\cos x=0$，故原极限$=1$.

【注意】以下解法是错误的：由洛必达法则得原极限$=\lim\limits_{x\to+\infty}\dfrac{\frac{2xe^{x^2}}{1+e^{x^2}}+\cos x-x\sin x}{2x}=\lim\limits_{x\to+\infty}\dfrac{e^{x^2}}{1+e^{x^2}}+\lim\limits_{x\to+\infty}\dfrac{1}{2x}\cos x-\dfrac{1}{2}\lim\limits_{x\to+\infty}\sin x=1-\dfrac{1}{2}\lim\limits_{x\to+\infty}\sin x$，故原极限不存在．原因在于错误使用了洛必达法则．该法则的第三个条件要求“$\lim\limits_{x\to+\infty}\dfrac{f'(x)}{g'(x)}$存在或为无穷大”，而上述错解在不满足该条件的情况下使用了洛必达法则，因此得出了错误的结果．

**2. E**

【解析】考查无穷小阶的定义和等价无穷小替换，是一道难度较低的计算题．

当$x\to0$时，$\alpha=\dfrac{4-(4-x^2)}{2+x}=\dfrac{x^2}{2+x}\sim\dfrac{x^2}{2}$；

$$\beta=\frac{\tan x-\sin x}{\sqrt{1+\tan x}+\sqrt{1+\sin x}}=\frac{\tan x(1-\cos x)}{\sqrt{1+\tan x}+\sqrt{1+\sin x}}\sim\frac{x\left(\frac{x^2}{2}\right)}{2}=\frac{x^3}{4};$$

$$\gamma=\sqrt[3]{8x^4-x^5}=\left[8x^4\left(1-\frac{x}{8}\right)\right]^{\frac{1}{3}}=2x^{\frac{4}{3}}\left(1-\frac{x}{8}\right)^{\frac{1}{3}}\sim2x^{\frac{4}{3}}.$$

根据上述与$\alpha$，$\beta$，$\gamma$同阶的幂函数的次数由低到高排序，可知正确排序为$\gamma$，$\alpha$，$\beta$.

**3. D**

**【解析】考查连续定义、导数定义和夹逼准则，是一道难度中等的计算题.**

A、B项：当 $x\to0^-$ 时，$\lim\limits_{x\to0^-}f(x)=\lim\limits_{x\to0^-}x=0=f(0)$；当 $\frac{1}{n+1}<x\leqslant\frac{1}{n}$ 时，$f(x)=\frac{1}{n}$. 又当 $x\to0^+$ 时，由 $0<\frac{1}{n+1}<x$ 及夹逼准则得 $\frac{1}{n+1}\to0^+$，故 $n\to\infty$，则 $\lim\limits_{x\to0^+}f(x)=\lim\limits_{n\to\infty}\frac{1}{n}=0$，故 $f(x)$ 在 $x=0$ 处连续，则 A、B 项错误.

C、D、E 项：$\lim\limits_{x\to0^-}\frac{f(x)-f(0)}{x-0}=\lim\limits_{x\to0^-}\frac{x-0}{x}=1$，$\lim\limits_{x\to0^+}\frac{f(x)-f(0)}{x-0}=\lim\limits_{x\to0^+}\frac{f(x)}{x}$. 当 $\frac{1}{n+1}<x\leqslant\frac{1}{n}$ 时，$f(x)=\frac{1}{n}$，则 $1\leqslant\frac{f(x)}{x}<\frac{n+1}{n}$，又 $\lim\limits_{n\to\infty}\frac{n+1}{n}=1$，由夹逼准则得 $\lim\limits_{x\to0^+}\frac{f(x)}{x}=1$，故 $f'(0)=1$，则 D 项正确，C、E 项错误.

**4. C**

**【思路】**直接利用乘积和商的求导法则计算较烦琐，可先在等号两端取对数，再求导.

**【解析】主要考查求导法则和利用对数化简，是一道难度较低的计算题.**

由已知条件得 $\ln y=\frac{1}{2}\ln(x+1)+2\ln(x+\sqrt{2})-\ln(x+2)-\frac{1}{2}\ln(x+4)$.

上式两端对 $x$ 求导得 $\frac{y'}{y}=\frac{1}{2(x+1)}+\frac{2}{x+\sqrt{2}}-\frac{1}{x+2}-\frac{1}{2(x+4)}$，则

$$y'=\frac{(x+1)^{\frac{1}{2}}(x+\sqrt{2})^2}{(x+2)(x+4)^{\frac{1}{2}}}\left[\frac{1}{2(x+1)}+\frac{2}{x+\sqrt{2}}-\frac{1}{x+2}-\frac{1}{2(x+4)}\right]\Rightarrow y'(0)=\frac{\sqrt{2}}{2}-\frac{1}{16}.$$

**5. C**

**【思路】**直接计算烦琐易错，可利用函数与其导函数的奇偶性、周期性的关系计算.

**【解析】主要考查函数与其导函数性质的关系，是一道难度中等的计算题.**

由于 $f(x+2\pi)=e^{\sin x}+e^{-\sin x}=f(x)$，因此 $f(x)$ 是以 $2\pi$ 为周期的周期函数，故 $f'(x)$，$f''(x)$，$f'''(x)$ 均是以 $2\pi$ 为周期的周期函数，则 $f'''(2\pi)=f'''(0)$.

又由于 $f(-x)=e^{-\sin x}+e^{\sin x}=f(x)$，因此 $f(x)$ 为偶函数，故 $f'(x)$ 为奇函数，$f''(x)$ 为偶函数，$f'''(x)$ 为奇函数，则 $f'''(2\pi)=f'''(0)=0$.

**6. C**

**【解析】主要考查导数的几何意义，是一道难度较低的计算题.**

设点 $P$ 的坐标为 $(x_0, x_0^3)$，则曲线 $y=x^3$ 在点 $P$ 处切线斜率为 $3x_0^2$，故在点 $P$ 处的切线方程为 $y-x_0^3=3x_0^2(x-x_0)$. 联立该切线与曲线方程 $\begin{cases}y-x_0^3=3x_0^2(x-x_0),\\ y=x^3,\end{cases}$ 得 $(x-x_0)^2\cdot(x+2x_0)=0$，故 $x=x_0$ 或 $x=-2x_0$（点 $Q$ 的横坐标），则曲线在点 $Q$ 处的切线斜率为 $(x^3)'\big|_{x=-2x_0}=12x_0^2$，其是曲线在点 $P$ 处切线斜率 $3x_0^2$ 的 4 倍.

**7. E**

**【解析】考查幂指函数、极限、求导法则和单调性定理，是一道难度中等的计算题.**

$f(x)=\left(1+\frac{1}{x}\right)^x=e^{x\ln\left(1+\frac{1}{x}\right)}$，则 $f'(x)=e^{x\ln\left(1+\frac{1}{x}\right)}\cdot\left[\ln\left(1+\frac{1}{x}\right)-\frac{1}{x+1}\right]$.

A 项：$\lim\limits_{x\to0^+}f(x)=e^{\lim\limits_{x\to0^+}x\ln\left(1+\frac{1}{x}\right)}$，令 $\frac{1}{x}=t$，则 $\lim\limits_{x\to0^+}x\ln\left(1+\frac{1}{x}\right)=\lim\limits_{t\to+\infty}\frac{\ln(1+t)}{t}=0$，故 $\lim\limits_{x\to0^+}f(x)=$

$e^0=1$，则 A 项正确．

B 项：$\lim\limits_{x\to0^+}f'(x)=\lim\limits_{x\to0^+}e^{x\ln\left(1+\frac{1}{x}\right)}\cdot\left[\ln\left(1+\frac{1}{x}\right)-\frac{1}{x+1}\right]$，其中 $\lim\limits_{x\to0^+}\left[\ln\left(1+\frac{1}{x}\right)-\frac{1}{x+1}\right]=\lim\limits_{x\to0^+}\ln\left(1+\frac{1}{x}\right)-1=+\infty$，且由 A 项知 $\lim\limits_{x\to0^+}e^{x\ln\left(1+\frac{1}{x}\right)}=1$，故 $\lim\limits_{x\to0^+}f'(x)=+\infty$，则 B 项正确．

C 项：$\lim\limits_{x\to+\infty}f'(x)=\lim\limits_{x\to+\infty}e^{x\ln\left(1+\frac{1}{x}\right)}\cdot\left[\ln\left(1+\frac{1}{x}\right)-\frac{1}{x+1}\right]$，令 $\frac{1}{x}=t$，则 $\lim\limits_{x\to+\infty}e^{x\ln\left(1+\frac{1}{x}\right)}=e^{\lim\limits_{t\to0}\frac{\ln(1+t)}{t}}=e$，$\lim\limits_{x\to+\infty}\left[\ln\left(1+\frac{1}{x}\right)-\frac{1}{x+1}\right]=0$，故 $\lim\limits_{x\to+\infty}f'(x)=e\times0=0$，则 C 项正确．

D、E 项：令 $g(x)=\ln\left(1+\frac{1}{x}\right)-\frac{1}{x+1}$，$x\in(0,+\infty)$，且 $\lim\limits_{x\to+\infty}g(x)=0$，$g'(x)=-\frac{1}{x(x+1)^2}<0$，故 $g(x)$ 单调减少，则 $g(x)>\lim\limits_{x\to+\infty}g(x)=0$，故 $f'(x)=e^{x\ln\left(1+\frac{1}{x}\right)}\cdot g(x)>0$，则 $f(x)$ 单调增加，所以 $f(x)>\lim\limits_{x\to0^+}f(x)=1$（A 项计算结果），故 D 项正确，E 项错误．

**8. B**

**【解析】考查驻点和最值，是一道难度较低的计算题．**

$f'(x)=a(e^{ax}-a)$，令 $f'(x)=0$，解得 $x(a)=\frac{\ln a}{a}$，故 $x'(a)=\frac{1-\ln a}{a^2}$，令 $x'(a)=0$，解得 $a=e$. 当 $1<a<e$ 时，$x'(a)>0$；当 $a>e$ 时，$x'(a)<0$. 故 $a=e$ 为 $x(a)$ 在 $(1,+\infty)$ 上的唯一极大值点，再由 $x(a)$ 连续可知，$a=e$ 为 $x(a)$ 的最大值点，最大值为 $x(e)=\frac{1}{e}$.

**9. E**

**【解析】考查曲线的凹凸区间和渐近线，是一道难度中等的计算题．**

A、B、C 项：当 $x<0$ 且 $x\neq-1$ 时，$f(x)=\frac{-x}{x+1}=-1+\frac{1}{x+1}$；当 $x\geqslant0$ 时，$f(x)=\frac{x}{x+1}=1-\frac{1}{x+1}$，则有

$$f'(x)=\begin{cases}-\frac{1}{(x+1)^2}, & x<0\text{ 且 }x\neq-1,\\ \frac{1}{(x+1)^2}, & x>0.\end{cases}\qquad f''(x)=\begin{cases}\frac{2}{(x+1)^3}, & x<0\text{ 且 }x\neq-1,\\ \frac{-2}{(x+1)^3}, & x>0.\end{cases}$$

可得当 $x\in(-\infty,-1)$ 或 $x\in(0,+\infty)$ 时，$f''(x)<0$；当 $x\in(-1,0)$ 时，$f''(x)>0$. 故 $(-\infty,-1)$，$(0,+\infty)$ 为凸区间，$(-1,0)$ 为凹区间，则 A、B、C 项正确．

D 项：$\lim\limits_{x\to-1}f(x)=\lim\limits_{x\to-1}\frac{|x|}{x+1}=\infty$，故 $x=-1$ 为该曲线的铅直渐近线，D 项正确．

E 项：$\lim\limits_{x\to+\infty}f(x)=\lim\limits_{x\to+\infty}\frac{x}{x+1}=1$，故 $y=1$ 为该曲线的水平渐近线；$\lim\limits_{x\to-\infty}f(x)=\lim\limits_{x\to-\infty}\frac{-x}{x+1}=-1$，故 $y=-1$ 为该曲线的水平渐近线．因此 $y=f(x)$ 有两条水平渐近线，E 项错误．

**10. B**

**【解析】考查零点定理和罗尔定理，是一道难度中等的概念题．**

令 $F(x)=f(x)-x$，则由已知条件可知 $F(x)$ 在 $[0,1]$ 上连续，且 $F(0)\cdot F(1)=f(0)\cdot[f(1)-1]<0$，故由零点定理得，在 $(0,1)$ 内存在 $x$ 使 $F(x)=0$，即 $f(x)=x$ 成立．假设

在(0，1)内有 $x_1$，$x_2$ ($x_1 \neq x_2$)，使 $F(x_1)=F(x_2)=0$，又 $F(x)$ 在 $[x_1, x_2]$ 上连续，$(x_1, x_2)$ 内可导，由罗尔定理得，存在 $\xi \in (x_1, x_2) \subset (0, 1)$ 使 $F'(\xi)=0$，即 $f'(\xi)=1$，与已知条件 $f'(x) \neq 1$ 矛盾，故在(0，1)内使 $f(x)=x$ 成立的 $x$ 有且只有1个.

**11. C**

**【解析】考查有理函数的定积分计算，是一道难度中等的计算题.**

将被积函数的分母因式分解得

$$\begin{aligned}x^3-3x^2+4&=(x^3+1)+(-3x^2+3)\\&=(x+1)(x^2-x+1)-3(x+1)(x-1)\\&=(x+1)(x^2-4x+4)\\&=(x+1)(x-2)^2,\end{aligned}$$

故

$$\int_3^4 \frac{x-2}{x^3-3x^2+4}\mathrm{d}x=\int_3^4 \frac{x-2}{(x+1)(x-2)^2}\mathrm{d}x=\int_3^4 \frac{1}{(x+1)(x-2)}\mathrm{d}x$$

$$=\frac{1}{3}\int_3^4\left(\frac{1}{x-2}-\frac{1}{x+1}\right)\mathrm{d}x=\frac{1}{3}\ln\frac{x-2}{x+1}\Big|_3^4=\frac{1}{3}\ln\frac{8}{5}.$$

**12. D**

**【解析】考查对称区间的奇偶函数的定积分结论和华里士公式，是一道难度中等的计算题.**

方法一：先用完全立方和公式展开，再计算.

$\int_{-\frac{\pi}{2}}^{\frac{\pi}{2}}(\sin x+\cos x)^3\mathrm{d}x=\int_{-\frac{\pi}{2}}^{\frac{\pi}{2}}(\sin^3 x+\cos^3 x+3\sin^2 x\cos x+3\sin x\cos^2 x)\mathrm{d}x$ ①，由于 $\sin^3 x+3\sin x\cos^2 x$ 为奇函数，$\cos^3 x+3\sin^2 x\cos x$ 为偶函数，因此利用对称区间的奇偶函数的定积分结论可得

$$\int_{-\frac{\pi}{2}}^{\frac{\pi}{2}}(\sin^3 x+3\sin x\cos^2 x)\mathrm{d}x=0,$$

$$\int_{-\frac{\pi}{2}}^{\frac{\pi}{2}}(\cos^3 x+3\sin^2 x\cos x)\mathrm{d}x=2\int_0^{\frac{\pi}{2}}(\cos^3 x+3\sin^2 x\cos x)\mathrm{d}x.$$

由华里士公式得 $\int_0^{\frac{\pi}{2}}\cos^3 x\,\mathrm{d}x=\frac{2}{3}$，而 $\int_0^{\frac{\pi}{2}}3\sin^2 x\cos x\,\mathrm{d}x=3\int_0^{\frac{\pi}{2}}\sin^2 x\,\mathrm{d}(\sin x)=\sin^3 x\Big|_0^{\frac{\pi}{2}}=1$. 将上述计算结果代入式 ① 得

$$\int_{-\frac{\pi}{2}}^{\frac{\pi}{2}}(\sin x+\cos x)^3\mathrm{d}x=2\times\left(\frac{2}{3}+1\right)=\frac{10}{3}.$$

方法二：利用完全平方公式和三角恒等式变形，再计算.

$$\begin{aligned}\int_{-\frac{\pi}{2}}^{\frac{\pi}{2}}(\sin x+\cos x)^3\mathrm{d}x&=\int_{-\frac{\pi}{2}}^{\frac{\pi}{2}}(\sin x+\cos x)^2(\sin x+\cos x)\mathrm{d}x\\&=\int_{-\frac{\pi}{2}}^{\frac{\pi}{2}}(1+2\sin x\cos x)(\sin x+\cos x)\mathrm{d}x\\&=\int_{-\frac{\pi}{2}}^{\frac{\pi}{2}}(\sin x+\cos x+2\sin^2 x\cos x+2\sin x\cos^2 x)\mathrm{d}x,\end{aligned}$$

其中 $\sin x+2\sin x\cos^2 x$ 是奇函数，$\cos x+2\sin^2 x\cos x$ 是偶函数，故

原式 $=2\int_0^{\frac{\pi}{2}}(\cos x+2\sin^2 x\cos x)\mathrm{d}x=2\left[\sin x\Big|_0^{\frac{\pi}{2}}+\int_0^{\frac{\pi}{2}}2\sin^2 x\,\mathrm{d}(\sin x)\right]=2\left(1+\frac{2}{3}\sin^3 x\Big|_0^{\frac{\pi}{2}}\right)=\frac{10}{3}.$

**13. D**

**【解析】主要考查变限积分求导和洛必达法则，是一道难度较低的计算题.**

令$\int_0^{u^2}\arctan(1+t)\,\mathrm{d}t=f(u)$，则$\int_0^x\left[\int_0^{u^2}\arctan(1+t)\,\mathrm{d}t\right]\mathrm{d}u=\int_0^x f(u)\mathrm{d}u$，故

$$\left\{\int_0^x\left[\int_0^{u^2}\arctan(1+t)\,\mathrm{d}t\right]\mathrm{d}u\right\}'=\left[\int_0^x f(u)\mathrm{d}u\right]'=f(x)=\int_0^{x^2}\arctan(1+t)\,\mathrm{d}t.$$

由洛必达法则得

$$\text{原极限}=\lim_{x\to0}\frac{\int_0^x\left[\int_0^{u^2}\arctan(1+t)\,\mathrm{d}t\right]\mathrm{d}u}{\frac{x^3}{2}}=\lim_{x\to0}\frac{\int_0^{x^2}\arctan(1+t)\,\mathrm{d}t}{\frac{3x^2}{2}}=\lim_{x\to0}\frac{2x\cdot\arctan(1+x^2)}{3x}=\frac{\pi}{6}.$$

**14. E**

**【解析】主要考查函数与其导函数奇偶性的关系，是一道难度中等的概念题.**

(1)、(2)：利用奇、偶函数的定义及函数与其导函数奇偶性的关系．由$f(x)$为奇函数可知$\cos f(x)$和$f'(x)$均为偶函数，故$\cos f(x)+f'(x)$为偶函数．又$\left\{\int_0^x[\cos f(t)+f'(t)]\mathrm{d}t\right\}'=\cos f(x)+f'(x)$，且$\int_0^x[\cos f(t)+f'(t)]\mathrm{d}t\Big|_{x=0}=0$，故$\int_0^x[\cos f(t)+f'(t)]\mathrm{d}t$为奇函数，则(1)正确，(2)错误.

(3)、(4)：令$f(x)=x$，则$\int_0^x[\cos f'(t)+f(t)]\mathrm{d}t=\int_0^x(\cos1+t)\,\mathrm{d}t=x\cos1+\frac{x^2}{2}$为非奇非偶函数，故(3)、(4)错误.

**【注意】**(1)、(2)也可利用奇偶性定义判断．由$f(x)$为奇函数，可得$f(-x)=-f(x)$，$x\in(-\infty,+\infty)$，该式两边求导得$f'(-x)=f'(x)$，故$f'(x)$为偶函数.

令$F(x)=\int_0^x[\cos f(t)+f'(t)]\mathrm{d}t$，则

$$F(-x)=\int_0^{-x}[\cos f(t)+f'(t)]\mathrm{d}t\xlongequal{t=-u}-\int_0^x[\cos f(-u)+f'(-u)]\mathrm{d}u$$
$$=-\int_0^x[\cos f(u)+f'(u)]\mathrm{d}u=-F(x),$$

故$\int_0^x[\cos f(t)+f'(t)]\mathrm{d}t$为奇函数，则(1)正确，(2)错误.

**15. A**

**【思路】**(1)、(2)的原函数易求，故用定义法判断敛散性；注意(1)、(2)除了积分限含无穷外，点0是被积函数的瑕点，故先将积分拆成两积分之和，再判断．(3)的原函数不是初等函数，故用审敛法判断敛散性.

**【解析】考查反常积分的敛散性，是一道难度中等的计算题.**

(1)：$\int_{-\infty}^0\frac{1}{x^2}e^{\frac{1}{x}}\mathrm{d}x=\int_{-\infty}^{-1}\frac{1}{x^2}e^{\frac{1}{x}}\mathrm{d}x+\int_{-1}^0\frac{1}{x^2}e^{\frac{1}{x}}\mathrm{d}x$，其中

$$\int_{-\infty}^{-1}\frac{1}{x^2}e^{\frac{1}{x}}\mathrm{d}x=-\int_{-\infty}^{-1}e^{\frac{1}{x}}\mathrm{d}\left(\frac{1}{x}\right)=-e^{\frac{1}{x}}\Big|_{-\infty}^{-1}=1-e^{-1},$$

$$\int_{-1}^0\frac{1}{x^2}e^{\frac{1}{x}}\mathrm{d}x=-e^{\frac{1}{x}}\Big|_{-1}^0=-\left(\lim_{x\to0^-}e^{\frac{1}{x}}-e^{-1}\right)=e^{-1},$$

故$\int_{-\infty}^0\frac{1}{x^2}e^{\frac{1}{x}}\mathrm{d}x$收敛.

(2)：$\int_0^{+\infty}\frac{1}{x^2}e^{\frac{1}{x}}dx=\int_0^1\frac{1}{x^2}e^{\frac{1}{x}}dx+\int_1^{+\infty}\frac{1}{x^2}e^{\frac{1}{x}}dx$，其中

$$\int_0^1\frac{1}{x^2}e^{\frac{1}{x}}dx=-e^{\frac{1}{x}}\Big|_0^1=-\left(e-\lim_{x\to0^+}e^{\frac{1}{x}}\right)=+\infty,$$

故$\int_0^{+\infty}\frac{1}{x^2}e^{\frac{1}{x}}dx$发散．

(3)：$\int_0^{+\infty}\frac{1}{x^2}e^{-x}dx=\int_0^1\frac{1}{x^2}e^{-x}dx+\int_1^{+\infty}\frac{1}{x^2}e^{-x}dx$，其中由$\lim_{x\to0^+}\frac{\frac{1}{x^2}e^{-x}}{\frac{1}{x^2}}=1$且$\int_0^1\frac{1}{x^2}dx$发散可知

$\int_0^1\frac{1}{x^2}e^{-x}dx$发散，故$\int_0^{+\infty}\frac{1}{x^2}e^{-x}dx$发散．

综上，收敛的反常积分仅有(1)．

**16. B**

**【解析】考查复合函数、平面图形的面积和极限，是一道难度中等的计算题．**

由题意得$f_2(x)=\frac{\frac{x}{1+x}}{1+\frac{x}{1+x}}=\frac{x}{1+2x}$，$f_3(x)=\frac{\frac{x}{1+2x}}{1+\frac{x}{1+2x}}=\frac{x}{1+3x}$，…，由数学归纳法得

$f_n(x)=\frac{x}{1+nx}(n=1, 2, 3, \cdots)$，则

$$S_n=\int_0^1f_n(x)dx=\int_0^1\frac{x}{1+nx}dx=\frac{1}{n}\int_0^1\frac{nx+1-1}{1+nx}dx=\frac{1}{n}\left[1-\frac{1}{n}\ln(1+n)\right],$$

故$\lim_{n\to\infty}nS_n=\lim_{n\to\infty}\left[1-\frac{1}{n}\ln(1+n)\right]=1$.

**17. C**

**【解析】考查弧长和定积分计算，是一道难度较低的计算题．**

$$s=\int_0^{\frac{\pi}{4}}\sqrt{1+[y'(x)]^2}dx=\int_0^{\frac{\pi}{4}}\sqrt{1+\tan^2x}dx=\int_0^{\frac{\pi}{4}}\sec x dx=\ln|\sec x+\tan x|\Big|_0^{\frac{\pi}{4}}=\ln(\sqrt{2}+1).$$

**【注意】**$\int\sec x dx=\ln|\sec x+\tan x|+C$，$\int\csc x dx=\ln|\csc x-\cot x|+C$.

**18. E**

**【解析】考查复合函数和偏导计算，是一道难度较低的计算题．**

令$\begin{cases}2x=u,\\x+y=v\end{cases}\Rightarrow\begin{cases}x=\frac{u}{2},\\y=v-\frac{u}{2},\end{cases}$ 故$f(2x, x+y)=e^{2xy}\cos(x-y)$可化为$f(u, v)=e^{uv-\frac{u^2}{2}}\cos(u-v)$，

即$f(x, y)=e^{xy-\frac{x^2}{2}}\cos(x-y)$，则

$$\frac{\partial f}{\partial x}=e^{xy-\frac{x^2}{2}}\cdot(y-x)\cdot\cos(x-y)-e^{xy-\frac{x^2}{2}}\cdot\sin(x-y),$$

$$\frac{\partial f}{\partial y}=e^{xy-\frac{x^2}{2}}\cdot x\cdot\cos(x-y)+e^{xy-\frac{x^2}{2}}\cdot\sin(x-y),$$

故$\frac{\partial f}{\partial x}+\frac{\partial f}{\partial y}=e^{xy-\frac{x^2}{2}}\cdot y\cos(x-y)$.

**19. B**

**【解析】考查二元隐函数的偏导数和驻点，是一道难度中等的计算题.**

方程$(x^2+y^2)z+\ln z+2(x+y+1)=0$两边分别对$x$和$y$求偏导得

$$\begin{cases}2xz+(x^2+y^2)z_x'+\dfrac{z_x'}{z}+2=0,\\2yz+(x^2+y^2)z_y'+\dfrac{z_y'}{z}+2=0,\end{cases}$$

令$z'_x=z'_y=0$，得$x=y=-\dfrac{1}{z}$，代入原方程得$\ln z-\dfrac{2}{z}+2=0$，观察得$z=1$. 令$f(z)=\ln z-\dfrac{2}{z}+2$，则$f'(z)=\dfrac{1}{z}+\dfrac{2}{z^2}>0$，可知$z=1$为$\ln z-\dfrac{2}{z}+2=0$的唯一实根，则有$x=y=-1$，故$z=z(x,y)$有唯一驻点$(-1,-1)$.

**20. A**

**【解析】考查一元函数极值与最值的关系，二元函数各性质的关系，是一道难度较低的概念题.**

(1)：令$f(x)=|x(1-x)|$，则点$x=0$，$\dfrac{1}{2}$，1均为极值点，且$x=\dfrac{1}{2}$是唯一的极大值点，但它不是最大值点($f(x)$在$\mathbf{R}$上无最大值)，故(1)错误.

(2)：令$f(x)=\begin{cases}x^2, & x\neq 0,\\1, & x=0,\end{cases}$则点$x=0$为唯一极值点，且为极大值点，但它不是最大值点($f(x)$在$\mathbf{R}$上无最大值)，故(2)错误.

(3)、(4)：由二元函数各性质之间的关系可知：由偏导存在推不出可微，可微也推不出偏导函数连续，故(3)、(4)错误.

综上，正确结论的个数为0.

【注意】设在区间$I$上，函数$f(x)$连续且有唯一的极值点$x_0$，若$x_0$是极大(小)值点，则$x_0$是$f(x)$的最大(小)值点.

**21. A**

**【思路】**为便于计算，目标函数$f(x,y)$取成点$(x,y)$到原点距离的平方$f(x,y)=x^2+y^2$. 分两步求出$f(x,y)$的可能的最值点：先求$x^3-xy+y^3=1(x>0,y>0)$上的，再求边界$x^3-xy+y^3=1(x=0$或$y=0)$，之后比较目标函数在所求得点的函数值得出结果.

**【解析】主要考查拉格朗日乘数法，是一道难度中等的计算题.**

设$(x,y)$为该曲线上的任一点，目标函数为$f(x,y)=x^2+y^2$.

(1)构造拉格朗日函数$L(x,y,\lambda)=x^2+y^2+\lambda(x^3-xy+y^3-1)$.

令$\begin{cases}L_x'=2x+(3x^2-y)\lambda=0①,\\L_y'=2y+(3y^2-x)\lambda=0②,\\L_\lambda'=x^3-xy+y^3-1=0③,\end{cases}$当$x>0$，$y>0$时，由式①、②得$\dfrac{x}{y}=\dfrac{3x^2-y}{3y^2-x}$，整理得$(y-x)(3xy+y+x)=0$，则$y=x$，代入式③得$2x^3-x^2-1=0$，即$(x-1)(2x^2+x+1)=0$，解得$x=1$，故点$(1,1)$是$x>0$，$y>0$时唯一可能最值点.

(2)将$x=0$代入$x^3-xy+y^3=1$得$y=1$，将$y=0$代入$x^3-xy+y^3=1$得$x=1$，故点$(0,1)$，$(1,0)$也是可能的最值点.

又$f(1,1)=2$，$f(0,1)=f(1,0)=1$，可知所求最短距离与最长距离分别为1，$\sqrt{2}$.

**22. B**

**【解析】考查行列式计算及参数讨论，是一道难度较低的计算题．**

由已知条件得

$$|\lambda \boldsymbol{E}-\boldsymbol{A}|=\begin{vmatrix}\lambda-a & -1 & -1\\ -1 & \lambda-a & -1\\ -1 & -1 & \lambda-a\end{vmatrix}=(\lambda-a-2)\begin{vmatrix}1 & 1 & 1\\ 0 & \lambda-a+1 & 0\\ 0 & 0 & \lambda-a+1\end{vmatrix}$$

$$=(\lambda-a-2)(\lambda-a+1)^2=0,$$

解得该方程的 3 个实根分别为 $a+2$，$a-1$，$a-1$，又已知这 3 个数中有 1 个正数、2 个负数，故 $a+2>0$ 且 $a-1<0$，则 $a\in(-2,1)$．

**23. B**

**【解析】主要考查矩阵不成立的运算律，是一道难度较低的概念题．**

(1)：若 $\boldsymbol{AB}=\boldsymbol{BA}$，则称 $\boldsymbol{A}$，$\boldsymbol{B}$ 可交换．常见的可交换矩阵有方阵 $\boldsymbol{A}$ 与同阶单位矩阵；方阵 $\boldsymbol{A}$ 可逆时，$\boldsymbol{A}$ 与 $\boldsymbol{A}^{-1}$ 等，但两个非零矩阵不一定可交换，如令 $\boldsymbol{A}=\begin{pmatrix}1 & 0\\ 0 & 0\end{pmatrix}$，$\boldsymbol{B}=\begin{pmatrix}0 & 0\\ 1 & 0\end{pmatrix}$，则

$\boldsymbol{AB}=\boldsymbol{O}$，$\boldsymbol{BA}=\begin{pmatrix}0 & 0\\ 1 & 0\end{pmatrix}$，即 $\boldsymbol{AB}\neq\boldsymbol{BA}$，故(1)错误．

(2)：一般矩阵乘法不满足消去律，如(1)的例子中 $\boldsymbol{A}\neq\boldsymbol{O}$，$\boldsymbol{AB}=\boldsymbol{O}=\boldsymbol{AO}$，但 $\boldsymbol{B}\neq\boldsymbol{O}$，故(2)错误．

(3)：$(\boldsymbol{A}+\boldsymbol{B})(\boldsymbol{A}-\boldsymbol{B})=\boldsymbol{A}^2-\boldsymbol{AB}+\boldsymbol{BA}-\boldsymbol{B}^2$ 中只用到了矩阵成立的运算律(分配律等)，没用到不成立的运算律(乘法交换律和消去律)，因此总成立，故(3)正确．

(4)：$(\boldsymbol{A}+\boldsymbol{B})^2=(\boldsymbol{A}+\boldsymbol{B})(\boldsymbol{A}+\boldsymbol{B})=\boldsymbol{A}^2+\boldsymbol{AB}+\boldsymbol{BA}+\boldsymbol{B}^2$，由上述(1)的分析可知 $\boldsymbol{AB}=\boldsymbol{BA}$ 对一般的 $n$ 阶矩阵不一定成立，故 $(\boldsymbol{A}+\boldsymbol{B})^2=\boldsymbol{A}^2+2\boldsymbol{AB}+\boldsymbol{B}^2$ 不一定成立，则(4)错误．

综上，正解结论的个数是 1.

**24. C**

**【解析】主要考查逆矩阵的性质，是一道难度中等的计算题．**

$$(\boldsymbol{E}+\boldsymbol{B})^{-1}=[\boldsymbol{E}+(\boldsymbol{E}+\boldsymbol{A})^{-1}(\boldsymbol{E}-\boldsymbol{A})]^{-1}=[(\boldsymbol{E}+\boldsymbol{A})^{-1}(\boldsymbol{E}+\boldsymbol{A})+(\boldsymbol{E}+\boldsymbol{A})^{-1}(\boldsymbol{E}-\boldsymbol{A})]^{-1}$$

$$=[(\boldsymbol{E}+\boldsymbol{A})^{-1}(\boldsymbol{E}+\boldsymbol{A}+\boldsymbol{E}-\boldsymbol{A})]^{-1}=[2(\boldsymbol{E}+\boldsymbol{A})^{-1}]^{-1}=\frac{1}{2}(\boldsymbol{E}+\boldsymbol{A})$$

$$=\frac{1}{2}\begin{pmatrix}4 & 0 & 0 & 0\\ -2 & 6 & 0 & 0\\ 0 & -4 & 8 & 0\\ 0 & 0 & -6 & 10\end{pmatrix}=\begin{pmatrix}2 & 0 & 0 & 0\\ -1 & 3 & 0 & 0\\ 0 & -2 & 4 & 0\\ 0 & 0 & -3 & 5\end{pmatrix}.$$

**25. D**

**【解析】考查初等变换与初等矩阵、方程组同解，是一道难度中等的概念题．**

A、B、C 项：令 $\boldsymbol{A}=\begin{pmatrix}1 & 0\\ 0 & 0\end{pmatrix}$，$\boldsymbol{B}=\begin{pmatrix}0 & 1\\ 0 & 0\end{pmatrix}$，则 $(0,1)^{\mathrm{T}}$ 是 $\boldsymbol{Ax}=\boldsymbol{0}$ 的解，但不是 $\boldsymbol{Bx}=\boldsymbol{0}$ 的解，故 $\boldsymbol{Ax}=\boldsymbol{0}$ 与 $\boldsymbol{Bx}=\boldsymbol{0}$ 不同解，则 A 项错误．

在上述反例中，$\boldsymbol{A}$ 经过 1 次初等列变换(对换两列)化成 $\boldsymbol{B}$，但不能经过有限次初等行变换化成 $\boldsymbol{B}$，$\boldsymbol{B}$ 也不能经过有限次初等行变换化成 $\boldsymbol{A}$，故不存在可逆矩阵 $\boldsymbol{P}$，使得 $\boldsymbol{PA}=\boldsymbol{B}$ 或 $\boldsymbol{PB}=\boldsymbol{A}$，则 B、C 项错误．

D 项：$\boldsymbol{A}$ 经过有限次初等列变换化成 $\boldsymbol{B}$，则存在初等矩阵 $\boldsymbol{P}_1$，$\boldsymbol{P}_2$，…，$\boldsymbol{P}_s$，使得 $\boldsymbol{AP}_1\boldsymbol{P}_2\cdots\boldsymbol{P}_s=\boldsymbol{B}$，令 $\boldsymbol{P}_1\boldsymbol{P}_2\cdots\boldsymbol{P}_s=\boldsymbol{P}^{-1}$，则 $\boldsymbol{P}$ 和 $\boldsymbol{P}^{-1}$ 均可逆，且 $\boldsymbol{AP}^{-1}=\boldsymbol{B}$ 或 $\boldsymbol{BP}=\boldsymbol{A}$，则 D 项正确．

**26. B**

**【解析】考查矩阵可逆性、向量组的线性表示和方程组解的判定，是一道难度中等的概念题．**

(1)：若 $\boldsymbol{A}$ 的行向量中有零向量，则 $\boldsymbol{A}$ 不可逆，但逆命题不真，如令 $\boldsymbol{A}=\begin{pmatrix}1&2\\2&4\end{pmatrix}$，则 $\boldsymbol{A}$ 不可逆，但 $\boldsymbol{A}$ 的行向量中没有零向量，故(1)错误．

(2)：$\boldsymbol{A}$ 不可逆$\Leftrightarrow\boldsymbol{A}$ 的列向量组线性相关$\Leftrightarrow\boldsymbol{A}$ 的列向量中存在一个向量能由其余向量线性表示，故(2)正确．

(3)：由方程组解的判定定理可知 $\boldsymbol{Ax}=\boldsymbol{\beta}$ 无解$\Leftrightarrow|\boldsymbol{A}|=0$ 且 $R(\boldsymbol{A})\neq R(\boldsymbol{A},\boldsymbol{\beta})\Rightarrow\boldsymbol{A}$ 不可逆，但 $\boldsymbol{A}$ 不可逆推不出 $R(\boldsymbol{A})\neq R(\boldsymbol{A},\boldsymbol{\beta})$，进而推不出 $\boldsymbol{Ax}=\boldsymbol{\beta}$ 无解，如令 $\boldsymbol{A}=\begin{pmatrix}1&2\\2&4\end{pmatrix}$，$\boldsymbol{\beta}=\begin{pmatrix}1\\2\end{pmatrix}$，则 $\boldsymbol{A}$ 不可逆，但 $\boldsymbol{Ax}=\boldsymbol{\beta}$ 有解，故(3)错误．

(4)：由方程组解的判定定理可知 $\boldsymbol{Ax}=\boldsymbol{0}$ 仅有零解$\Leftrightarrow\boldsymbol{A}$ 可逆，故(4)错误．

综上，可作为 $\boldsymbol{A}$ 不可逆的充要条件的只有 1 个．

**27. A**

**【解析】主要考查最大线性无关组，是一道难度较低的计算题．**

由 $\boldsymbol{A}=\begin{pmatrix}1&2&1&2\\0&1&0&1\\1&1&1&1\end{pmatrix}\sim\begin{pmatrix}1&2&1&2\\0&1&0&1\\0&0&0&0\end{pmatrix}$，得 $R(\boldsymbol{A})=2$，故 $\boldsymbol{A}$ 的列向量组的最大线性无关组应只含有两个向量，故(1)、(5)错误．又 $\boldsymbol{\alpha}_1$，$\boldsymbol{\alpha}_3$ 对应分量成比例，则线性相关，不能作为最大线性无关组，故(2)错误，同理得(4)错误．又 $\boldsymbol{\alpha}_1$，$\boldsymbol{\alpha}_4$ 对应分量不成比例，则线性无关，且只含有两个向量，故可作为最大线性无关组．

因此能作为 $\boldsymbol{A}$ 的列向量组的最大线性无关组的有 1 组．

**28. B**

**【解析】考查秩的性质和线性方程组解的结构，是一道难度较低的概念题．**

(1)、(3)：由 $\boldsymbol{AB}=\boldsymbol{O}$ 得 $R(\boldsymbol{A})+R(\boldsymbol{B})\leqslant 3$，其中的等号有可能成立，如令 $\boldsymbol{A}=\begin{pmatrix}1&0&0\\0&0&1\end{pmatrix}$，$\boldsymbol{B}=\begin{pmatrix}0&0\\1&0\\0&0\end{pmatrix}$，则 $\boldsymbol{AB}=\boldsymbol{O}$，但 $R(\boldsymbol{A})+R(\boldsymbol{B})=3$，故(1)错误；此时 $\boldsymbol{Ax}=\boldsymbol{0}$ 的线性无关解向量的个数为 $n-R(\boldsymbol{A})=1$，故(3)错误．

(2)：令 $\boldsymbol{A}=\begin{pmatrix}1&0&0\\0&0&0\end{pmatrix}$，$\boldsymbol{B}=\begin{pmatrix}0&0\\1&0\\0&0\end{pmatrix}$，则 $\boldsymbol{AB}=\boldsymbol{O}$，此时 $\boldsymbol{Ax}=\boldsymbol{0}$ 的线性无关解向量的个数为 $n-R(\boldsymbol{A})=2$，故(2)错误．

(4)：$\boldsymbol{Bx}=\boldsymbol{0}$ 的线性无关解向量的个数为 $n-R(\boldsymbol{B})=2-R(\boldsymbol{B})\leqslant 2$，则 $n-R(\boldsymbol{B})\neq 3$，故(4)正确．

综上，正确结论的个数为 1.

**29. C**

**【解析】考查概率的性质及计算、事件的独立性，是一道难度较低的计算题．**

用 $A_i$ 表示事件"第 $i$ 个零件是合格品"，$i=1, 2, 3$，则由题意得 $A_1$，$A_2$，$A_3$ 相互独立，且 $P(A_1)=\frac{1}{2}$，$P(A_2)=\frac{2}{3}$，$P(A_3)=\frac{3}{4}$，由加法公式及独立的性质得

$$\begin{aligned}P\{X=2\}&=P(\overline{A}_1A_2A_3)+P(A_1\overline{A}_2A_3)+P(A_1A_2\overline{A}_3)\\&=P(\overline{A}_1)P(A_2)P(A_3)+P(A_1)P(\overline{A}_2)P(A_3)+P(A_1)P(A_2)P(\overline{A}_3)\\&=\frac{1}{2}\times\frac{2}{3}\times\frac{3}{4}+\frac{1}{2}\times\frac{1}{3}\times\frac{3}{4}+\frac{1}{2}\times\frac{2}{3}\times\frac{1}{4}=\frac{11}{24}.\end{aligned}$$

**30. D**

**【解析】考查条件概率和指数分布，是一道难度较低的计算题．**

将 $Y=aX+b$ 代入所求条件概率得

$$P\{Y\leqslant 2a+b\,|\,Y>a+b\}=P\{aX+b\leqslant 2a+b\,|\,aX+b>a+b\}=P\{X\leqslant 2\,|\,X>1\}.$$

根据条件概率的性质、指数分布的概率密度及无记忆性得

$$\begin{aligned}P\{X\leqslant 2\,|\,X>1\}&=1-P\{X>2\,|\,X>1\}=1-P\{X>1\}\\&=1-\int_1^{+\infty}\lambda e^{-\lambda x}\,dx=1+e^{-\lambda x}\Big|_1^{+\infty}=1-e^{-\lambda}.\end{aligned}$$

故 $P\{Y\leqslant 2a+b\,|\,Y>a+b\}=1-e^{-\lambda}$.

**31. E**

**【解析】考查分布函数的性质，是一道难度较低的计算题．**

由分布函数 $F(x)$ 在 $x=0$ 处右连续得

$$\lim_{x\to 0^+}F(x)=\lim_{x\to 0^+}[1-(a+x)e^{-2x}]=1-a=F(0)=0\Rightarrow a=1.$$

再利用分布函数计算概率，得

$$\begin{aligned}P\{1\leqslant X\leqslant 2\}&=P\{X\leqslant 2\}-P\{X<1\}=F(2)-\lim_{x\to 1^-}F(x)\\&=1-3e^{-4}-\lim_{x\to 1^-}[1-(1+x)e^{-2x}]=2e^{-2}-3e^{-4}.\end{aligned}$$

**32. E**

**【解析】考查正态分布的性质，是一道难度较低的计算题．**

由已知条件和正态分布的性质"相互独立的正态随机变量的线性组合服从正态分布"得 $Z=X-Y\sim N(0, 1)$，故(1)正确；$Z$ 的概率密度为 $\varphi(x)=\frac{1}{\sqrt{2\pi}}e^{-\frac{x^2}{2}}$，故 $\varphi'(x)=\frac{1}{\sqrt{2\pi}}e^{-\frac{x^2}{2}}(-x)$，令 $\varphi'(x)=0$，可得驻点 $x=0$，故(2)正确；由 $\max\{\varphi(-\infty), \varphi(+\infty), \varphi(0)\}=\max\left\{0, 0, \frac{1}{\sqrt{2\pi}}\right\}=\frac{1}{\sqrt{2\pi}}$，得 $Z$ 的概率密度的最大值为 $\frac{1}{\sqrt{2\pi}}$，故(3)正确；由 $\lim_{x\to\infty}\varphi(x)=0$ 得 $Z$ 的概率密度的水平渐近线为 $x$ 轴，故(4)正确．

综上，正确结论的个数为 4.

【总结】若熟悉以下结论，可直接得出结果：设随机变量 $X\sim N(\mu,\sigma^2)$，其概率密度为 $f(x)$，则 $x=\mu$ 为 $f(x)$ 的唯一驻点，同时也为极大值点和最大值点，有唯一渐近线 $y=0$，在 $x=\mu\pm\sigma$ 处曲线 $y=f(x)$ 有拐点．

**33. D**

**【解析】考查期望方差的计算公式和性质，是一道难度较低的计算题．**

A 项：$E(X)=0\times\frac{1}{4}+0\times\frac{1}{4}+1\times\frac{1}{2}+1\times 0=\frac{1}{2}$，故 A 项错误．

B 项：$E(2X-1)=2E(X)-1=2\times\frac{1}{2}-1=0$，故 B 项错误．

C 项：$D(X)=E(X^2)-[E(X)]^2=0^2\times\frac{1}{4}+0^2\times\frac{1}{4}+1^2\times\frac{1}{2}+1^2\times 0-\left(\frac{1}{2}\right)^2=\frac{1}{4}$，故 C 项错误．

D、E 项：令 $Z=\max\{X,Y\}$，则 $Z$ 的可能取值为 0，1，相应概率为 $P\{Z=0\}=P\{X=0,Y=0\}=\frac{1}{4}$，$P\{Z=1\}=1-P\{Z=0\}=\frac{3}{4}$，故

$$E(Z)=0\times\frac{1}{4}+1\times\frac{3}{4}=\frac{3}{4},\ E(Z^2)=0^2\times\frac{1}{4}+1^2\times\frac{3}{4}=\frac{3}{4},$$

$D(Z)=E(Z^2)-[E(Z)]^2=\frac{3}{4}-\left(\frac{3}{4}\right)^2=\frac{3}{16}$，故 E 项错误，D 项正确．

**34. C**

**【解析】考查期望、方差的运算性质和常见分布的期望与方差，是一道难度较低的计算题．**

由 $X$ 与 $Y$ 的独立性及期望、方差的运算性质得

$$\begin{aligned}D(XY)&=E(X^2Y^2)-[E(XY)]^2=E(X^2)E(Y^2)-[E(X)E(Y)]^2\\&=\{D(X)+[E(X)]^2\}\{D(Y)+[E(Y)]^2\}-[E(X)]^2[E(Y)]^2,\end{aligned}$$

由已知条件可知 $E(X)=4\times\frac{1}{2}=2$，$D(X)=4\times\frac{1}{2}\times\frac{1}{2}=1$，$E(Y)=\frac{1}{2}$，$D(Y)=\frac{1}{4}$，代入计算得 $D(XY)=(1+2^2)\left(\frac{1}{4}+\frac{1}{2^2}\right)-2^2\times\frac{1}{2^2}=\frac{3}{2}$.

**35. A**

**【解析】考查联合分布律与期望计算，是一道难度较低的计算题．**

先求 $X$ 和 $Y$ 的联合分布律，再求 $E\left(\frac{X}{Y}\right)$.

$P\{X=-1,Y=-1\}=P\{U\leqslant -1,U\leqslant 1\}=P\{U\leqslant -1\}=\frac{-1-(-2)}{2-(-2)}=\frac{1}{4}$；

$P\{X=-1,Y=1\}=P\{U\leqslant -1,U>1\}=0$；

$P\{X=1,Y=-1\}=P\{U>-1,U\leqslant 1\}=P\{-1<U\leqslant 1\}=\frac{1-(-1)}{2-(-2)}=\frac{1}{2}$；

$P\{X=1,Y=1\}=P\{U>-1,U>1\}=P\{U>1\}=\frac{2-1}{2-(-2)}=\frac{1}{4}$.

则 $E\left(\frac{X}{Y}\right)=\frac{-1}{-1}\times\frac{1}{4}+\frac{-1}{1}\times 0+\frac{1}{-1}\times\frac{1}{2}+\frac{1}{1}\times\frac{1}{4}=0$.

**绝密★启用前**

# 全国硕士研究生招生考试
# 经济类综合能力试题
# 数学·模拟卷 6

（科目代码：396）

考试时间：8：30—11：30

（数学建议用时 84 分钟内）

## 考生注意事项

1. 答题前，考生须在试题册指定位置上填写考生姓名和考生编号；在答题卡指定位置上填写报考单位、考生姓名和考生编号，并涂写考生编号信息点。
2. 选择题的答案必须涂写在答题卡相应题号的选项上，非选择题的答案必须书写在答题卡指定位置的边框区域内。超出答题区域书写的答案无效；在草稿纸、试题册上答题无效。
3. 填(书)写部分必须使用黑色字迹签字笔或者钢笔书写，字迹工整、笔迹清楚；涂写部分必须使用 2B 铅笔填涂。
4. 考试结束，将答题卡和试题册按规定交回。

| 考生编号 | | | | | | | | | | | | | | | |
|---|---|---|---|---|---|---|---|---|---|---|---|---|---|---|---|
| 考生姓名 | | | | | | | | | | | | | | | |

**数学基础**：第 1～35 小题，每小题 2 分，共 70 分．下列每题给出的五个选项中，只有一个选项是最符合试题要求的．

1. 设数列的通项为 $x_n=\begin{cases}\dfrac{n^2+\sqrt{n}}{n}, & n\text{ 为奇数},\\ \dfrac{1}{n}, & n\text{ 为偶数},\end{cases}$ 则当 $n\to\infty$ 时，$\{x_n\}$（　　）.

A. 是无穷大　　B. 是无穷小

C. 收敛但不是无穷小　　D. 有界

E. 无界

2. 设 $0<a<b$，则 $\lim\limits_{n\to\infty}(a^n+b^n)^{\frac{1}{n}}=$（　　）.

A. $a$　　B. $b$　　C. $e^a$　　D. $e^b$　　E. 1

3. 设函数 $f(x)=\dfrac{x}{a+e^{bx}}$ 在 $(-\infty,+\infty)$ 内连续，且 $\lim\limits_{x\to-\infty}f(x)=0$，则常数 $a$，$b$ 满足（　　）.

A. $a<0$，$b<0$　B. $a>0$，$b>0$　C. $a\leqslant 0$，$b>0$　D. $a\geqslant 0$，$b<0$　E. $a\geqslant 0$，$b=0$

4. 函数 $u(x)=(x^2-x-2)\,|x^3-x|$ 不可导点的个数是（　　）.

A. 0　　B. 1　　C. 2　　D. 3　　E. 4

5. 设函数 $y=y(x)$ 在 $(-\infty,+\infty)$ 内具有二阶导数，且 $y'\neq 0$，$x=x(y)$ 是 $y=y(x)$ 的反函数，则将 $x=x(y)$ 所满足的方程 $\dfrac{d^2x}{dy^2}+(y+\sin x)\left(\dfrac{dx}{dy}\right)^3=0$ 变换为 $y=y(x)$ 所满足的方程可得（　　）.

A. $y''+y=\sin x$　　B. $y''+y=-\sin x$　　C. $y''-y=\sin x$

D. $y''-y=-\sin x$　　E. $y''-y=\cos x$

6. 设 $f(x)=xe^x$，则 $f^{(n)}(x)$ 的极小值为（　　）.

A. $-n-1$　　B. $e^{-n-1}$　　C. $-e^{-n-1}$　　D. $-e^{-n}$　　E. $-e^{-n+1}$

7. 曲线 $y=\dfrac{1}{\sqrt{x}}$ 在 $x=a$ 处的切线与 $x$ 轴和 $y$ 轴围成一个图形，则该图形的面积为（　　）.

A. $\dfrac{9}{4}a$　　B. $\dfrac{9}{4}\sqrt{a}$　　C. $\dfrac{9}{2}a$　　D. $\dfrac{9}{2}\sqrt{a}$　　E. $\dfrac{3}{2}\sqrt{a}$

8. 设函数 $y=y(x)$ 由方程 $y\ln y-x+y=0$ 确定，$(1,1)$ 为曲线 $y=y(x)$ 上的点，则（　　）.

A. $x=1$ 为 $y(x)$ 的极大值点　　B. $x=1$ 为 $y(x)$ 的极小值点

C. $y(x)$ 在 $x=1$ 的某邻域单调减少　　D. $y'(x)$ 在 $x=1$ 的某邻域单调增加

E. $y=y(x)$ 在 $(1,1)$ 附近是凸的

9. 设某厂家生产某产品的产量为 $Q$，成本 $C(Q)=100+13Q$，该产品的单价为 $p$，需求量 $q(p)=\dfrac{800}{p+3}-2$，则该厂家获得最大利润时的产量为（　　）.

A. 2　　B. 4　　C. 6　　D. 8　　E. 10

10. 曲线 $y=x^2+x(x<0)$ 上曲率为 $\dfrac{\sqrt{2}}{2}$ 的点的坐标是（　　）.

A. $(-2,2)$　　B. $\left(-\dfrac{3}{2},\dfrac{3}{4}\right)$　　C. $\left(-\dfrac{\sqrt{2}}{2},\dfrac{1-\sqrt{2}}{2}\right)$　　D. $(-1,0)$　　E. $\left(-\dfrac{1}{2},-\dfrac{1}{4}\right)$

**11.** 已知曲线 $y=f(x)$ 过点 $\left(0,\ -\dfrac{1}{2}\right)$，且其上任一点 $(x,\ y)$ 处的切线斜率为 $x\ln(1+x^2)$，则 $f(x)=(\quad)$.

A. $(1+x^2)[\ln(1+x^2)-1]$

B. $(1+x^2)[\ln(1+x^2)+1]$

C. $\dfrac{1}{2}(1+x^2)[\ln(1+x^2)-1]$

D. $\dfrac{1}{2}(1+x^2)[\ln(1+x^2)+1]$

E. $\dfrac{1}{2}(1+x^2)\ln(1+x^2)$

**12.** 设函数 $f(x)$ 在区间 $[0,\ 1]$ 上连续，则 $\lim\limits_{n\to\infty}\int_0^1 x^n f(x)\,\mathrm{d}x$ (　　).

A. 等于 0　　B. 等于 1　　C. 为 $\infty$

D. 不存在且不为 $\infty$　　E. 与 $f(x)$ 的具体表达式有关

**13.** 已知函数 $f(x)=\int_1^x \dfrac{\ln t}{1+t}\mathrm{d}t$，其中 $x>0$，则 $f(x)+f\left(\dfrac{1}{x}\right)=(\quad)$.

A. $\ln x$　　B. $\dfrac{1}{2}\ln x$　　C. $\ln^2 x$　　D. $\dfrac{1}{2}\ln^2 x$　　E. $\dfrac{\ln^2 x}{x}$

**14.** 已知函数 $f(x)=\int_x^1 \sqrt{1+t^2}\,\mathrm{d}t+\int_1^{x^2}\sqrt{1+t}\,\mathrm{d}t$，则 $f(x)$ 的零点个数为(　　).

A. 0　　B. 1　　C. 2　　D. 3　　E. 4

**15.** 设函数 $f(x)$ 在 $[0,\ 1]$ 上具有二阶连续导数，且 $\int_0^1 f(x)\,\mathrm{d}x=0$，则(　　).

A. 当 $f'(x)<0$ 时，$f\left(\dfrac{1}{2}\right)<0$

B. 当 $f'(x)>0$ 时，$f\left(\dfrac{1}{2}\right)<0$

C. 当 $f''(x)<0$ 时，$f\left(\dfrac{1}{2}\right)<0$

D. 当 $f''(x)>0$ 时，$f\left(\dfrac{1}{2}\right)<0$

E. 当 $f''(x)=0$ 时，$f\left(\dfrac{1}{2}\right)<0$

**16.** 设 $D$ 是位于曲线 $y=\sqrt{x}a^{-\frac{x}{2a}}$ $(a>1,\ 0\leqslant x<+\infty)$ 下方、$x$ 轴上方的无界区域，则区域 $D$ 绕 $x$ 轴旋转一周所得旋转体的体积 $V(a)$ 的最小值为(　　).

A. $\pi$　　B. $\pi e$　　C. $2\pi e$　　D. $\pi e^2$　　E. $2\pi e^2$

**17.** 设平面图形 $A$ 由曲线 $y=\sqrt{x-1}$、直线 $x=2$ 及 $x$ 轴围成，则图形 $A$ 绕直线 $x=2$ 旋转一周所得旋转体的体积为(　　).

A. $\dfrac{4\pi}{5}$　　B. $\dfrac{8\pi}{5}$　　C. $\dfrac{4\pi}{15}$　　D. $\dfrac{8\pi}{15}$　　E. $\dfrac{8\pi}{45}$

**18.** 设 $f(x,\ y)=e^{\sqrt{x^2+y^4}}$，则(　　).

A. $f'_x(0,\ 0)$，$f'_y(0,\ 0)$ 均存在且均为 0

B. $f'_x(0,\ 0)$ 不存在，$f'_y(0,\ 0)$ 存在

C. $f'_x(0,\ 0)$，$f'_y(0,\ 0)$ 均存在且仅一个为 0

D. $f'_x(0,\ 0)$ 存在，$f'_y(0,\ 0)$ 不存在

E. $f'_x(0,\ 0)$，$f'_y(0,\ 0)$ 均不存在

**19.** 设 $x=x(y,\ z)$，$y=y(x,\ z)$，$z=z(x,\ y)$ 都是由方程 $F(x,\ y,\ z)=0$ 确定的具有连续偏导的函数，$F'_1\cdot F'_2\cdot F'_3\neq 0$，则 $\dfrac{\partial x}{\partial y}\cdot\dfrac{\partial y}{\partial z}\cdot\dfrac{\partial z}{\partial x}=(\quad)$.

A. $-1$　　B. 0　　C. 1　　D. $\dfrac{1}{F'_1\cdot F'_2\cdot F'_3}$　　E. $F'_1\cdot F'_2\cdot F'_3$

20. 设函数 $u(x, y)=\varphi(x+y)+\varphi(x-y)+\int_{x-y}^{x+y}\psi(t)\mathrm{d}t$，其中函数 $\varphi$ 具有二阶导数，$\psi$ 具有一阶导数，则必有（　　）.

A. $\frac{\partial u}{\partial x}=-\frac{\partial u}{\partial y}$　　B. $\frac{\partial^2 u}{\partial x^2}=-\frac{\partial^2 u}{\partial y^2}$　　C. $\frac{\partial^2 u}{\partial x^2}=\frac{\partial^2 u}{\partial y^2}$

D. $\frac{\partial^2 u}{\partial x\partial y}=\frac{\partial^2 u}{\partial y^2}$　　E. $\frac{\partial^2 u}{\partial x\partial y}=\frac{\partial^2 u}{\partial x^2}$

21. 设生产某种产品必须要投入两种要素，其价格分别为 1 和 2，投入量分别为 $x_1$ 和 $x_2$. 若生产函数为 $Q=2\sqrt{x_1x_2}$，其中 $Q$ 为产出量，则当产出量为 12 时，使得投入总费用最小的两要素投入量 $x_1$ 和 $x_2$ 分别为（　　）.

A. 6，6　　B. 6，3　　C. 3，6　　D. $6\sqrt{2}$，$3\sqrt{2}$　　E. $3\sqrt{2}$，$6\sqrt{2}$

22. 设 $\boldsymbol{A}=(a_{ij})$ 是 3 阶非零矩阵，$|\boldsymbol{A}|$ 为 $\boldsymbol{A}$ 的行列式. $A_{ij}$ 为 $a_{ij}$ 的代数余子式，若 $a_{ij}+A_{ij}=0$ $(i, j=1, 2, 3)$，则 $|\boldsymbol{A}|$（　　）.

A. 仅为 $-1$　　B. 仅为 0　　C. 仅为 1　　D. 为 $-1$ 或 0　　E. 为 1 或 0

23. 设 $\boldsymbol{A}$，$\boldsymbol{B}$ 均为 $n$ 阶矩阵，$\boldsymbol{E}$ 为 $n$ 阶单位矩阵，则以下选项中错误的是（　　）.

A. $\begin{pmatrix}\boldsymbol{E} & \boldsymbol{O}\\ \boldsymbol{A} & \boldsymbol{E}\end{pmatrix}\begin{pmatrix}\boldsymbol{E} & \boldsymbol{B}\\ \boldsymbol{O} & \boldsymbol{E}-\boldsymbol{AB}\end{pmatrix}=\begin{pmatrix}\boldsymbol{E} & \boldsymbol{B}\\ \boldsymbol{A} & \boldsymbol{E}\end{pmatrix}$　　B. $|\boldsymbol{E}-\boldsymbol{AB}|=\begin{vmatrix}\boldsymbol{E} & \boldsymbol{B}\\ \boldsymbol{A} & \boldsymbol{E}\end{vmatrix}$

C. $\begin{pmatrix}\boldsymbol{E} & \boldsymbol{O}\\ \boldsymbol{B} & \boldsymbol{E}\end{pmatrix}\begin{pmatrix}\boldsymbol{E} & \boldsymbol{A}\\ \boldsymbol{O} & \boldsymbol{E}-\boldsymbol{BA}\end{pmatrix}=\begin{pmatrix}\boldsymbol{E} & \boldsymbol{A}\\ \boldsymbol{B} & \boldsymbol{E}\end{pmatrix}$　　D. $|\boldsymbol{E}-\boldsymbol{BA}|=\begin{vmatrix}\boldsymbol{E} & \boldsymbol{A}\\ \boldsymbol{B} & \boldsymbol{E}\end{vmatrix}$

E. $\begin{vmatrix}\boldsymbol{E} & \boldsymbol{B}\\ \boldsymbol{A} & \boldsymbol{E}\end{vmatrix}=-\begin{vmatrix}\boldsymbol{E} & \boldsymbol{A}\\ \boldsymbol{B} & \boldsymbol{E}\end{vmatrix}$

24. 已知 $\boldsymbol{A}$，$\boldsymbol{B}$ 为 3 阶矩阵，且满足 $2\boldsymbol{A}^{-1}\boldsymbol{B}=\boldsymbol{B}-4\boldsymbol{E}$，其中 $\boldsymbol{E}$ 是 3 阶单位矩阵，则 $(\boldsymbol{A}-2\boldsymbol{E})^{-1}=$（　　）.

A. $\boldsymbol{B}-4\boldsymbol{E}$　　B. $\boldsymbol{B}+4\boldsymbol{E}$　　C. $\frac{1}{4}(\boldsymbol{B}-4\boldsymbol{E})$　　D. $\frac{1}{4}(\boldsymbol{B}+4\boldsymbol{E})$　　E. $\frac{1}{8}(\boldsymbol{B}-4\boldsymbol{E})$

25. 设 $\boldsymbol{A}$，$\boldsymbol{B}$ 为 $n$ 阶可逆矩阵，$\boldsymbol{E}$ 为 $n$ 阶单位矩阵，$\boldsymbol{M}^*$ 为矩阵 $\boldsymbol{M}$ 的伴随矩阵，则 $\begin{pmatrix}\boldsymbol{A} & \boldsymbol{E}\\ \boldsymbol{O} & \boldsymbol{B}\end{pmatrix}^*=$（　　）.

A. $\begin{pmatrix}|\boldsymbol{A}|\boldsymbol{B}^* & -\boldsymbol{B}^*\boldsymbol{A}^*\\ \boldsymbol{O} & |\boldsymbol{B}|\boldsymbol{A}^*\end{pmatrix}$　　B. $\begin{pmatrix}|\boldsymbol{A}|\boldsymbol{B}^* & -\boldsymbol{A}^*\boldsymbol{B}^*\\ \boldsymbol{O} & |\boldsymbol{B}|\boldsymbol{A}^*\end{pmatrix}$

C. $\begin{pmatrix}|\boldsymbol{B}|\boldsymbol{A}^* & -\boldsymbol{B}^*\boldsymbol{A}^*\\ \boldsymbol{O} & |\boldsymbol{A}|\boldsymbol{B}^*\end{pmatrix}$　　D. $\begin{pmatrix}|\boldsymbol{B}|\boldsymbol{A}^* & -\boldsymbol{A}^*\boldsymbol{B}^*\\ \boldsymbol{O} & |\boldsymbol{A}|\boldsymbol{B}^*\end{pmatrix}$

E. $\begin{pmatrix}|\boldsymbol{B}|\boldsymbol{A}^* & \boldsymbol{A}^*\boldsymbol{B}^*\\ \boldsymbol{O} & |\boldsymbol{A}|\boldsymbol{B}^*\end{pmatrix}$

26. 已知线性方程组 $\begin{cases}x_1+x_2+\lambda x_3=\lambda-3,\\ (\lambda+1)x_2=-2,\\ \lambda x_1+x_2+x_3=-2,\end{cases}$ 则以下结论中正确的有（　　）个.

(1)当 $\lambda\neq-1$ 且 $\lambda\neq1$ 时，方程组有唯一解；　　(2)当 $\lambda\neq-1$ 且 $\lambda\neq1$ 时，导出组有唯一解；

(3)当 $\lambda=1$ 时，方程组无解；　　(4)当 $\lambda=-1$ 时，方程组有无穷多解.

A. 0　　B. 1　　C. 2　　D. 3　　E. 4

27. 已知向量 $\boldsymbol{\alpha}_1=(1, 2, 3)^{\mathrm{T}}$，$\boldsymbol{\alpha}_2=(2, 1, 1)^{\mathrm{T}}$，$\boldsymbol{\beta}_1=(2, 5, 9)^{\mathrm{T}}$，$\boldsymbol{\beta}_2=(1, 0, 1)^{\mathrm{T}}$. 若 $\boldsymbol{\gamma}$ 既能由 $\boldsymbol{\alpha}_1$，$\boldsymbol{\alpha}_2$ 线性表示，又能由 $\boldsymbol{\beta}_1$，$\boldsymbol{\beta}_2$ 线性表示，则 $\boldsymbol{\gamma}=$（　　）$(k\in\mathbf{R})$.

A. $k(3, 3, 4)^{\mathrm{T}}$　　B. $k(3, 5, 10)^{\mathrm{T}}$　　C. $k(-1, 1, 2)^{\mathrm{T}}$

D. $k(1, 5, 8)^{\mathrm{T}}$　　E. $k(1, 5, 10)^{\mathrm{T}}$

**28.** 已知3阶矩阵$\boldsymbol{A}=(\boldsymbol{\alpha}_1, \boldsymbol{\alpha}_2, \boldsymbol{\alpha}_3)$，$\boldsymbol{\alpha}_1$，$\boldsymbol{\alpha}_2$线性无关，$\boldsymbol{\alpha}_3=\boldsymbol{\alpha}_1+2\boldsymbol{\alpha}_2$，$\boldsymbol{\beta}=\boldsymbol{\alpha}_1+\boldsymbol{\alpha}_2+\boldsymbol{\alpha}_3$，则方程组$\boldsymbol{Ax}=\boldsymbol{\beta}$的通解为(　　)，其中$k_1$，$k_2\in\mathbf{R}$.

A. $k_1(1, 2, 1)^{\mathrm{T}}+(1, 1, 1)^{\mathrm{T}}$　　B. $(1, 2, 1)^{\mathrm{T}}+k_1(1, 1, 1)^{\mathrm{T}}$

C. $k_1(1, 2, -1)^{\mathrm{T}}+k_2(1, 1, 1)^{\mathrm{T}}$　　D. $k_1(1, 2, -1)^{\mathrm{T}}+(1, 1, 1)^{\mathrm{T}}$

E. $(1, 2, -1)^{\mathrm{T}}+k_1(1, 1, 1)^{\mathrm{T}}$

**29.** 甲、乙两人独立地对同一目标射击一次，其命中率分别为0.6和0.5. 现已知目标被命中，则它是由甲命中的概率为(　　).

A. 0.55　B. 0.6　C. 0.7　D. 0.75　E. 0.8

**30.** 假设随机变量$X_1$，$X_2$，$X_3$，$X_4$相互独立，且同分布$P\{X_i=0\}=P\{X_i=1\}=\frac{1}{2}(i=1, 2, 3, 4)$，记$Y_1=X_1X_4$，$Y_2=X_2X_3$，$X=\begin{vmatrix} X_1 & X_2 \\ X_3 & X_4 \end{vmatrix}$，则以下结论错误的是(　　).

A. $Y_1$与$Y_2$相互独立　　B. $Y_1$与$Y_2$同分布　　C. $P\{Y_1=0\}=\frac{3}{4}$

D. $P\{X=-1\}=\frac{3}{16}$　　E. $P\{X=0\}=\frac{9}{16}$

**31.** 设随机变量$X\sim N(1, 1)$，$Y\sim N(0, 1)$，且$X$与$Y$相互独立，则$P\{XY-Y<0\}=$(　　).

A. 0　B. $\frac{1}{4}$　C. $\frac{1}{2}$　D. $\frac{3}{4}$　E. 1

**32.** 设随机变量$X$的概率密度为$f(x)=\begin{cases}\frac{1}{9}x^2, & 0<x<3, \\ 0, & \text{其他}.\end{cases}$令随机变量$Y=\begin{cases}2, & X\leqslant 1, \\ X, & 1<X<2, \\ 1, & X\geqslant 2,\end{cases}$则当$1\leqslant y<2$时，$P\{Y\leqslant y\}=$(　　).

A. $\frac{y^2+9}{27}$　B. $\frac{y^2+18}{27}$　C. $\frac{y^3+9}{27}$　D. $\frac{y^3+18}{27}$　E. $\frac{y^3+18y}{27}$

**33.** 设随机变量$X$与$Y$相互独立，且$E(X)$与$E(Y)$存在. 记$U=\max\{X, Y\}$，$V=\min\{X, Y\}$，则$E(UV)=$(　　).

A. $E(U)\cdot E(V)$　　B. $E(X)\cdot E(Y)$　　C. $E(U)\cdot E(Y)$

D. $E(X)\cdot E(V)$　　E. $\frac{1}{4}E(X)\cdot E(Y)$

**34.** 一电子仪器由两个部件构成，$X$和$Y$分别表示这两个部件的寿命(单位：千小时)，已知$X$和$Y$的联合分布函数为$F(x, y)=\begin{cases}a-\mathrm{e}^{-0.5x}-\mathrm{e}^{-0.5y}+\mathrm{e}^{-0.5(x+y)}, & x\geqslant 0, y\geqslant 0, \\ 0, & \text{其他},\end{cases}$则以下结论正确的个数为(　　).

(1)$a=1$；　　(2)$X$的分布函数$F_X(x)=\begin{cases}1-\mathrm{e}^{-0.5x}, & x\geqslant 0, \\ 0, & x<0;\end{cases}$

(3)$X$和$Y$独立；　　(4)两个部件的寿命都超过100小时的概率为$\mathrm{e}^{-1}$.

A. 0　B. 1　C. 2　D. 3　E. 4

**35.** 假设一电路装有三个同种电气元件，其工作状态相互独立，且无故障工作时间都服从参数为$\lambda(\lambda>0)$的指数分布. 当三个元件都无故障工作时，电路正常工作，否则整个电路不能正常工作. 则电路正常工作的时间$T$的方差$D(T)=$(　　).

A. $\frac{1}{\lambda^2}$　B. $\frac{1}{3\lambda^2}$　C. $\frac{1}{9\lambda^2}$　D. $\lambda^2$　E. $3\lambda^2$

# 答案速查

**数学基础**

| | | | | | | | |
|---|---|---|---|---|---|---|---|
| 1～5 | EBDCC | 6～10 | CBEDD | 11～15 | CADCD | 16～20 | DDBAC |
| 21～25 | DAEED | 26～30 | CDDDE | 31～35 | CDBDC | | |

# 答案详解

**数学基础**

**1. E**

**【解析】考查数列极限的定义与性质，是一道难度较低的概念题．**

由于$\lim\limits_{k\to\infty}x_{2k+1}=\lim\limits_{k\to\infty}\dfrac{(2k+1)^2+\sqrt{2k+1}}{2k+1}=\lim\limits_{k\to\infty}\left(2k+1+\dfrac{1}{\sqrt{2k+1}}\right)=\infty$，$\lim\limits_{k\to\infty}x_{2k}=\lim\limits_{k\to\infty}\dfrac{1}{2k}=0$，因此$\{x_n\}$不是无穷大，不是无穷小，发散，且无界，故 E 项正确，其他选项错误．

**2. B**

**【解析】主要考查利用对数恒等式变形或夹逼准则，是一道难度中等的计算题．**

方法一：利用对数恒等式转化．

原式$=e^{\lim\limits_{n\to\infty}\frac{\ln(a^n+b^n)}{n}}$，其中

$$\lim_{n\to\infty}\frac{\ln(a^n+b^n)}{n}=\lim_{n\to\infty}\frac{\ln\left\{b^n\left[\left(\frac{a}{b}\right)^n+1\right]\right\}}{n}=\lim_{n\to\infty}\frac{n\ln b+\ln\left[\left(\frac{a}{b}\right)^n+1\right]}{n}$$

$$=\ln b+\lim_{n\to\infty}\frac{\ln\left[\left(\frac{a}{b}\right)^n+1\right]}{n}=\ln b.$$

(因为 $0<a<b$，因此$\lim\limits_{n\to\infty}\left(\dfrac{a}{b}\right)^n=0$)，故原式$=e^{\ln b}=b$.

注意：变形的关键在于第一步提出 $a^n$，$b^n$ 中绝对值较大的项．

方法二：利用夹逼准则计算．

由 $b=(b^n)^{\frac{1}{n}}\leqslant(a^n+b^n)^{\frac{1}{n}}\leqslant(b^n+b^n)^{\frac{1}{n}}=2^{\frac{1}{n}}b$，且$\lim\limits_{n\to\infty}2^{\frac{1}{n}}b=b$，由夹逼准则得

$$\lim_{n\to\infty}(a^n+b^n)^{\frac{1}{n}}=b.$$

【总结】设 $a_1$，$a_2$，…，$a_m$ 为 $m$ 个正数，则$\lim\limits_{n\to\infty}(a_1^n+a_2^n+\cdots+a_m^n)^{\frac{1}{n}}=\max\{a_1,a_2,\cdots,a_m\}$.

**3. D**

**【解析】考查极限与连续，是一道难度中等的计算题．**

由 $\lim\limits_{x\to-\infty}f(x)=\lim\limits_{x\to-\infty}\dfrac{x}{a+e^{bx}}=0$，得 $\lim\limits_{x\to-\infty}(a+e^{bx})=\infty$，故 $b<0$.

由 $f(x)=\dfrac{x}{a+e^{bx}}$ 在 $(-\infty,+\infty)$ 内连续，得 $a+e^{bx}$ 在 $(-\infty,+\infty)$ 内无零点，又由 $(a+e^{bx})'=be^{bx}<0$，得 $a+e^{bx}$ 单调减少，且 $\lim\limits_{x\to-\infty}(a+e^{bx})=+\infty$，故 $\lim\limits_{x\to+\infty}(a+e^{bx})=a\geqslant 0$（否则由零点定理得 $a+e^{bx}$ 在 $(-\infty,+\infty)$ 内有零点，矛盾）.

**4. C**

【思路】$x^2-x-2$ 在任意点可导，令 $x^3-x=x(x+1)(x-1)=0$，解得 $x=0$，$\pm1$，这三个点为 $|x^3-x|$ 的可能的不可导点，故仅需考查 $u(x)$ 在上述三个点处的可导性（在其他点处，由"可导×可导=可导"可知 $u(x)$ 可导）.

用导数定义求 $f(x)$ 在可能的不可导点处的导数较烦琐，故可用以下结论分析（可用导数定义证明）：设函数 $f(x)$ 在点 $x_0$ 连续，则 $g(x)=f(x)|x-x_0|$ 在点 $x_0$ 可导 $\Leftrightarrow f(x_0)=0$.

**【解析】考查导数定义及相关结论，是一道难度中等的计算题.**

$$u(x)=(x^2-x-2)|x^3-x|=(x^2-x-2)\cdot|x|\cdot|x-1|\cdot|x+1|.$$

对于点 $x=0$，令 $f(x)=(x^2-x-2)\cdot|x-1|\cdot|x+1|$，则 $u(x)=f(x)\cdot|x|$，又 $f(0)=-2\neq0$，故 $u(x)$ 在点 $x=0$ 不可导．同理得 $u(x)$ 在点 $x=1$ 不可导.

对于点 $x=-1$，令 $f(x)=(x^2-x-2)\cdot|x|\cdot|x-1|$，则 $u(x)=f(x)\cdot|x+1|$，又 $f(-1)=0$，故 $u(x)$ 在点 $x=-1$ 可导.

综上，$u(x)$ 的不可导点的个数是 2.

**5. C**

【思路】先用 $x$，$y$，$y'=\dfrac{dy}{dx}$，$y''=\dfrac{d^2y}{dx^2}$ 表示 $\dfrac{dx}{dy}$，$\dfrac{d^2x}{dy^2}$，再代入已知方程化简即为所求.

**【解析】主要考查反函数求导法则，是一道难度中等的计算题.**

由反函数求导法则和复合函数求导法则得 $\dfrac{dx}{dy}=\dfrac{1}{\frac{dy}{dx}}=\dfrac{1}{y'}$，$\dfrac{d^2x}{dy^2}=\dfrac{d}{dy}\left(\dfrac{dx}{dy}\right)=\dfrac{d}{dy}\left(\dfrac{1}{y'}\right)=\dfrac{d}{dx}\left(\dfrac{1}{y'}\right)\cdot\dfrac{dx}{dy}=-\dfrac{y''}{(y')^2}\cdot\dfrac{1}{y'}=-\dfrac{y''}{(y')^3}$，代入原方程并化简可得 $y''-y=\sin x$.

**6. C**

**【解析】考查莱布尼茨公式与极值，是一道难度较低的计算题.**

由莱布尼茨公式得 $f^{(n)}(x)=C_n^0xe^x+C_n^1e^x=(x+n)e^x$，故 $f^{(n+1)}(x)=(x+n+1)e^x$，令 $f^{(n+1)}(x)=0$，得 $f^{(n)}(x)$ 的唯一驻点 $x=-n-1$，又 $f^{(n+2)}(-n-1)=(x+n+2)e^x\big|_{x=-n-1}=e^{-n-1}>0$，故 $f^{(n)}(x)$ 的极小值为 $f^{(n)}(-n-1)=-e^{-n-1}$.

**7. B**

**【解析】主要考查切线，是一道难度较低的计算题.**

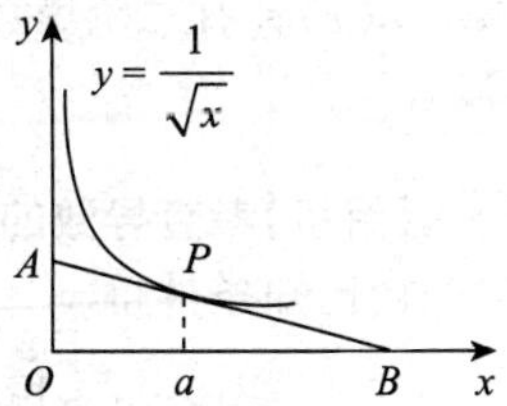


由题意知切点坐标为 $\left(a,\dfrac{1}{\sqrt{a}}\right)$，切线斜率为 $y'\big|_{x=a}=-\dfrac{1}{2\sqrt{x^3}}\Big|_{x=a}=-\dfrac{1}{2\sqrt{a^3}}$，故切线方程为 $y-\dfrac{1}{\sqrt{a}}=-\dfrac{1}{2\sqrt{a^3}}(x-a)$.

切线与 $x$ 轴和 $y$ 轴所围区域为如图所示的 $\triangle AOB$．令 $y=0$，得 $x=3a$，即 $OB=3a$；令 $x=0$，得 $y=\dfrac{3}{2\sqrt{a}}$，即 $OA=\dfrac{3}{2\sqrt{a}}$，故 $\triangle AOB$ 的面积 $S=\dfrac{1}{2}\times\dfrac{3}{2\sqrt{a}}\times3a=\dfrac{9}{4}\sqrt{a}$.

**8. E**

**【解析】考查隐函数求导、极值、单调性定理与凹凸性定理，是一道难度中等的计算题.**

A、B、C项：原方程两端对 $x$ 求导得 $y'\ln y+2y'-1=0$，将 $x=1$，$y=1$ 代入得 $y'(1)=\frac{1}{2}$，则 $x=1$ 不是 $y(x)$的驻点，进而不是其极值点，故A、B项均错误．又由一阶导方程得$y'(x)=\frac{1}{\ln y+2}$，可知 $y'(x)$在 $x=1$ 连续，由极限的保号性可知存在 $x=1$ 的某邻域，使$y'(x)>0$，则 $y(x)$在该邻域单调增加，C项错误.

D、E项：一阶导方程两端对 $x$ 求导得 $y''\ln y+\frac{(y')^2}{y}+2y''=0$，将 $x=1$，$y=1$，$y'=\frac{1}{2}$代入得 $y''(1)=-\frac{1}{8}$. 又由二阶导方程得 $y''(x)=\frac{-(y')^2}{y(\ln y+2)}$，可知 $y''(x)$在 $x=1$ 连续．由极限的保号性可知，存在 $x=1$ 的某邻域，使 $y''(x)<0$，则 $y'(x)$在该邻域单调减少，$y=y(x)$在(1，1)附近是凸的，故D项错误，E项正确.

**9. D**

**【解析】考查导数的经济应用中的最值问题，是一道难度较低的计算题.**

由 $q(p)=\frac{800}{p+3}-2$ 解得 $p=\frac{800}{q+2}-3$，且由获得最大利润时满足供需平衡可知 $Q=q$，故利润

$$L(Q)=pQ-C(Q)=\left(\frac{800}{Q+2}-3\right)Q-100-13Q=\frac{800Q}{Q+2}-100-16Q$$

$$=\frac{800(Q+2-2)}{Q+2}-100-16Q=-\frac{1\,600}{Q+2}+700-16Q.$$

$L'(Q)=\frac{1\,600}{(Q+2)^2}-16$，令 $L'(Q)=0$，解得 $Q=8$，又 $L''(8)<0$，可知 $Q=8$ 为 $L(Q)$的极大值点，再由 $L(Q)$的连续性可得 $Q=8$ 为最大值点，即该厂家获得最大利润时的产量为8.

**10. D**

**【解析】考查曲率公式及导数计算，是一道难度中等的计算题.**

由曲线方程得 $y'=2x+1$，$y''=2$，连同曲率为$\frac{\sqrt{2}}{2}$代入曲率公式，得

$$K=\frac{|y''|}{[1+(y')^2]^{\frac{3}{2}}}=\frac{2}{[1+(2x+1)^2]^{\frac{3}{2}}}=\frac{\sqrt{2}}{2},$$

解得 $x=-1$ 或 $x=0$，又已知 $x<0$，故 $x=-1$，则所求点的坐标为(−1，0).

【总结】曲率用来描述曲线的弯曲程度，其计算公式为：设曲线的直角坐标方程为 $y=f(x)$，$f(x)$具有二阶导数，则曲率 $K=\frac{|y''|}{[1+(y')^2]^{\frac{3}{2}}}$.

**11. C**

**【解析】考查导数的几何意义、不定积分的性质及分部积分法，是一道难度较低的计算题.**

由已知条件得 $y'=x\ln(1+x^2)$，则

$$y=\int x\ln(1+x^2)\,dx=\frac{1}{2}\int\ln(1+x^2)\,d(1+x^2)$$

$$=\frac{1}{2}(1+x^2)\ln(1+x^2)-\int x\,dx=\frac{1}{2}(1+x^2)\ln(1+x^2)-\frac{1}{2}x^2+C.$$

再由 $y=f(x)$过点$\left(0,-\frac{1}{2}\right)$得 $C=-\frac{1}{2}$，故 $f(x)=\frac{1}{2}(1+x^2)[\ln(1+x^2)-1]$.

**12. A**

**【解析】考查最值定理、比较定理和夹逼准则，是一道难度中等的计算题.**

由 $f(x)$ 在 $[0, 1]$ 上连续，结合闭区间上连续函数的最值定理可得 $f(x)$ 在 $[0, 1]$ 上存在最大值(记为 $M$)和最小值(记为 $m$)，即 $m \leqslant f(x) \leqslant M$，$x \in [0, 1]$，故 $mx^n \leqslant x^n f(x) \leqslant Mx^n$，则

$$\frac{m}{n+1} = m\int_0^1 x^n \mathrm{d}x \leqslant \int_0^1 x^n f(x) \mathrm{d}x \leqslant M\int_0^1 x^n \mathrm{d}x = \frac{M}{n+1},$$

当 $n \to \infty$ 时，上述不等式两端的数值均趋于 0，由夹逼准则得 $\lim\limits_{n\to\infty}\int_0^1 x^n f(x)\mathrm{d}x = 0$.

**13. D**

**【解析】主要考查定积分的换元法，是一道难度中等的计算题.**

$f(x)+f\left(\frac{1}{x}\right)=\int_1^x \frac{\ln t}{1+t}\mathrm{d}t+\int_1^{\frac{1}{x}}\frac{\ln t}{1+t}\mathrm{d}t$①，其中 $\int_1^{\frac{1}{x}}\frac{\ln t}{1+t}\mathrm{d}t$ 中令 $t=\frac{1}{u}$，则 $\mathrm{d}t=-\frac{1}{u^2}\mathrm{d}u$，因此

$$\int_1^{\frac{1}{x}}\frac{\ln t}{1+t}\mathrm{d}t=\int_1^x \frac{\ln u}{u(u+1)}\mathrm{d}u=\int_1^x \frac{\ln u}{u}\mathrm{d}u-\int_1^x \frac{\ln u}{u+1}\mathrm{d}u,$$

代入式①计算得 $f(x)+f\left(\frac{1}{x}\right)=\int_1^x \frac{\ln u}{u}\mathrm{d}u=\int_1^x \ln u\ \mathrm{d}(\ln u)=\frac{1}{2}\ln^2 u\Big|_1^x=\frac{1}{2}\ln^2 x$.

**14. C**

**【解析】考查变限积分求导、单调性定理、零点定理，是一道难度中等的计算题.**

由已知得 $f'(x)=-\sqrt{1+x^2}+2x\sqrt{1+x^2}=(2x-1)\sqrt{1+x^2}$. 令 $f'(x)=0$，得 $f(x)$ 的唯一驻点为 $x=\frac{1}{2}$. 当 $x<\frac{1}{2}$ 时，$f'(x)<0$；当 $x>\frac{1}{2}$ 时，$f'(x)>0$. 故 $\left(-\infty, \frac{1}{2}\right]$ 和 $\left[\frac{1}{2}, +\infty\right)$ 分别为 $f(x)$ 的单调减少和单调增加区间.

$\lim\limits_{x\to-\infty} f(x)=\int_{-\infty}^1 \sqrt{1+t^2}\,\mathrm{d}t+\int_1^{+\infty}\sqrt{1+t}\,\mathrm{d}t>0$，$f\left(\frac{1}{2}\right)$ 和 $\lim\limits_{x\to+\infty} f(x)$ 的符号不便判断，观察得 $f(1)=0$，又 $f(x)$ 在 $\left[\frac{1}{2}, +\infty\right)$ 单调增加，可知 $f\left(\frac{1}{2}\right)<0$，$\lim\limits_{x\to+\infty} f(x)>0$，故 $f(x)$ 在 $\left(\frac{1}{2}, +\infty\right)$ 上存在唯一零点. 再利用零点定理，并结合 $f(x)$ 在 $\left(-\infty, \frac{1}{2}\right]$ 的单调性，可知 $f(x)$ 在 $\left(-\infty, \frac{1}{2}\right)$ 上也存在唯一零点. 故 $f(x)$ 的零点个数为 2.

**15. D**

**【思路】抽象函数问题，可举反例排除干扰项.** 此外，也可用推理法. 由题目已知 $f(x)$ 在 $[0, 1]$ 上具有二阶连续导数，根据选项知需讨论 $f\left(\frac{1}{2}\right)$ 与 $f'(x)$ 或 $f''(x)$ 的关系，因此考虑以下带有拉格朗日余项的泰勒公式：

若函数 $f(x)$ 在 $[a, b]$ 上存在直至 $n$ 阶的连续导数，在 $(a, b)$ 内存在 $n+1$ 阶导数，则对任意给定的 $x$，$x_0 \in [a, b]$，至少存在一点 $\xi \in (a, b)$，使得

$$f(x)=f(x_0)+f'(x_0)(x-x_0)+\frac{f''(x_0)}{2!}(x-x_0)^2+\cdots+\frac{f^{(n)}(x_0)}{n!}(x-x_0)^n+\frac{f^{(n+1)}(\xi)}{(n+1)!}(x-x_0)^{n+1}.$$

带有拉格朗日余项的泰勒公式常用于区间 $[a, b]$ 上某结论的证明，而带有佩亚诺余项的泰勒公式常用于 $x \to x_0$ 时的极限相关计算.

【解析】考查排除法和泰勒公式，是一道难度较高的概念题．

方法一：举反例排除干扰项．

可以结合图像构造反例：若 $f(x)$在$[0,1]$上取得正值和负值，则 $\int_0^1 f(x)\mathrm{d}x=0$ 意味着曲线 $y=f(x)$，直线 $x=0$、$x=1$ 及 $x$ 轴所围图形在 $x$ 轴上方的部分与其在 $x$ 轴下方部分的面积相等．分别将 $f(x)$取成一次函数和二次函数举反例如下．

A、E 项：令 $f(x)=-x+\frac{1}{2}$，则满足已知条件，此时 $f'(x)=-1$，$f''(x)=0$，但 $f\left(\frac{1}{2}\right)=0$，故 A、E 项错误．

B 项：令 $f(x)=x-\frac{1}{2}$，则满足已知条件，此时 $f'(x)=1$，但 $f\left(\frac{1}{2}\right)=0$，故 B 项错误．

C 项：令 $f(x)=-x^2+\frac{1}{3}$，则满足已知条件，此时 $f''(x)=-2<0$，但 $f\left(\frac{1}{2}\right)=\frac{1}{12}>0$，故 C 项错误．

根据排除法，选 D 项．

方法二：推理法．

由泰勒公式得，当 $x\in[0,1]$时，$f(x)=f\left(\frac{1}{2}\right)+f'\left(\frac{1}{2}\right)\left(x-\frac{1}{2}\right)+\frac{f''(\xi)}{2}\left(x-\frac{1}{2}\right)^2$，其中 $\xi$ 位于$\frac{1}{2}$与 $x$ 之间，故

$$\int_0^1 f(x)\mathrm{d}x=f\left(\frac{1}{2}\right)+f'\left(\frac{1}{2}\right)\int_0^1\left(x-\frac{1}{2}\right)\mathrm{d}x+\int_0^1\frac{f''(\xi)}{2}\left(x-\frac{1}{2}\right)^2\mathrm{d}x,$$

计算可得 $\int_0^1\left(x-\frac{1}{2}\right)\mathrm{d}x=0$，连同已知条件$\int_0^1 f(x)\mathrm{d}x=0$ 代入上式，当 $f''(x)>0$ 时，$f\left(\frac{1}{2}\right)=-\int_0^1\frac{f''(\xi)}{2}\left(x-\frac{1}{2}\right)^2\mathrm{d}x<0$，故 D 项正确，同理可知 C、E 项错误．

由上述推理知 $f\left(\frac{1}{2}\right)$的正负仅取决于 $f''(x)$的正负，而当 $f'(x)<0$(或 $f'(x)>0$)时，$f''(x)$正负不确定，故 A、B 项错误．

**16. D**

【解析】考查旋转体体积公式和最值，是一道难度中等的计算题．

由旋转体体积公式得

$$V(a)=\pi\int_0^{+\infty}\left(\sqrt{x}a^{-\frac{x}{2a}}\right)^2\mathrm{d}x=\pi\int_0^{+\infty}xa^{-\frac{x}{a}}\mathrm{d}x=-\frac{a}{\ln a}\pi\int_0^{+\infty}x\,\mathrm{d}\left(a^{-\frac{x}{a}}\right)$$
$$=-\frac{a}{\ln a}\pi\left(xa^{-\frac{x}{a}}\right)\Big|_0^{+\infty}+\frac{a}{\ln a}\pi\int_0^{+\infty}a^{-\frac{x}{a}}\mathrm{d}x=\pi\left(\frac{a}{\ln a}\right)^2.$$

则 $V'(a)=\frac{2\pi a(\ln a-1)}{\ln^3 a}$，令 $V'(a)=0$，得 $a=\mathrm{e}$. 当 $1<a<\mathrm{e}$ 时，$V'(a)<0$，$V(a)$单调减少；当 $a>\mathrm{e}$ 时，$V'(a)>0$，$V(a)$单调增加，故 $a=\mathrm{e}$ 为 $V(a)$的唯一极小值点．又 $V(a)$在 $a>1$ 时连续，可知该极小值点也为最小值点，最小值为 $V(\mathrm{e})=\pi\mathrm{e}^2$．

**17. D**

【思路】本题旋转体的旋转轴不是坐标轴，没有现成的旋转体公式可用，可套用平行截面面积已知的立体体积公式，可以将图形平移后再套用公式，也可以用微元法计算．

【解析】考查平行截面面积已知的立体体积公式(或微元法)，是一道难度中等的计算题．

方法一：利用平行截面面积已知的立体体积公式计算．

如图 1 所示，当 $0<y<1$ 时，截面为圆，其半径为 $r=2-(y^2+1)=1-y^2$，故所求体积

$$V=\int_a^b S(y)\mathrm{d}y=\int_0^1 \pi(1-y^2)^2\mathrm{d}y=\pi\int_0^1(1-2y^2+y^4)\mathrm{d}y=\pi\left(1-\frac{2}{3}+\frac{1}{5}\right)=\frac{8\pi}{15}.$$

方法二：将图形 $A$ 向左平移两个单位，再求图形 $A$ 绕 $y$ 轴旋转所得旋转体的体积．

将 $y=\sqrt{x-1}(1\leqslant x\leqslant 2)$ 的图形向左平移2个单位，得 $y=\sqrt{x+1}(-1\leqslant x\leqslant 0)$，则本题转化为求 $y=\sqrt{x+1}(-1\leqslant x\leqslant 0)$ 与 $x$，$y$ 轴所围成图形绕 $y$ 轴旋转所得旋转体体积，此时 $x=y^2-1\ (0\leqslant y\leqslant 1)$，应用公式可得 $V=\pi\int_0^1(y^2-1)^2\mathrm{d}y=\dfrac{8}{15}\pi$.

方法三：用微元法计算，选择对 $y$ 积分．

如图 2 所示，相应于$[0,1]$上任一小区间$[y,y+\mathrm{d}y]$的薄片的体积元为(近似看成圆柱，底面半径为 $r=2-(y^2+1)=1-y^2$，高为 $\mathrm{d}y$)$\mathrm{d}V=\pi(1-y^2)^2\mathrm{d}y$，则所求体积为 $V=\int_0^1\pi(1-y^2)^2\mathrm{d}y=\dfrac{8\pi}{15}$.

方法四：用微元法计算，选择对 $x$ 积分．

如图 3 所示，相应于$[1,2]$上任一小区间$[x,x+\mathrm{d}x]$的薄片的体积元为(设想将环状立体“剪开”并“展开”，将其近似看成长方体，长为 $2\pi(2-x)$，宽为 $\mathrm{d}x$，高为 $\sqrt{x-1}$)$\mathrm{d}V=2\pi(2-x)\cdot\sqrt{x-1}\,\mathrm{d}x$，则所求体积为

$$V=\int_1^2 2\pi(2-x)\sqrt{x-1}\,\mathrm{d}x\xlongequal{\sqrt{x-1}=t}4\pi\int_0^1(1-t^2)t^2\mathrm{d}t=4\pi\left(\frac{1}{3}-\frac{1}{5}\right)=\frac{8\pi}{15}.$$

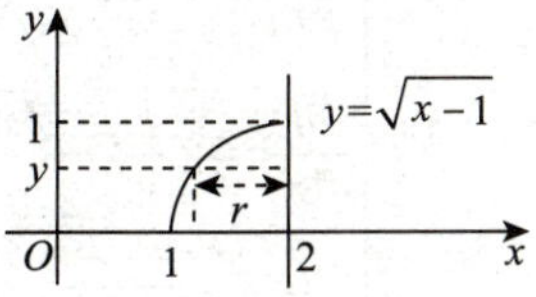

图 1

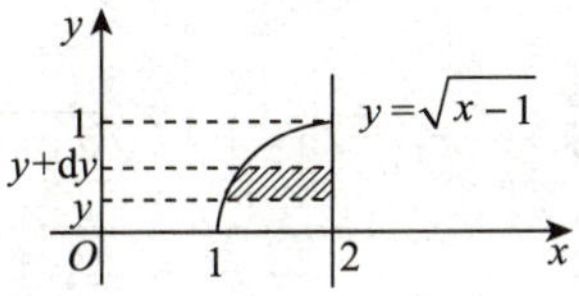

图 2

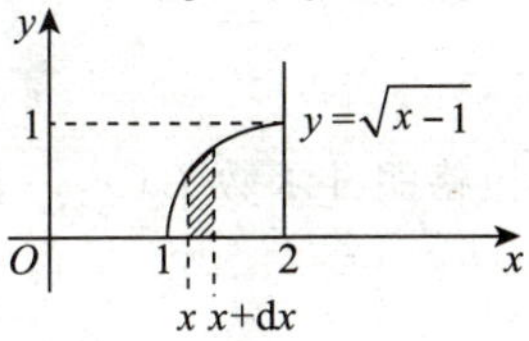

图 3

**18. B**

【解析】主要考查偏导数的定义，是一道难度较低的计算题．

根据偏导数定义，$\lim\limits_{x\to 0}\dfrac{f(x,0)-f(0,0)}{x-0}=\lim\limits_{x\to 0}\dfrac{\mathrm{e}^{\sqrt{x^2}}-1}{x}=\lim\limits_{x\to 0}\dfrac{|x|}{x}$，由于 $\lim\limits_{x\to 0^+}\dfrac{|x|}{x}=\lim\limits_{x\to 0^+}\dfrac{x}{x}=1$，$\lim\limits_{x\to 0^-}\dfrac{|x|}{x}=\lim\limits_{x\to 0^-}\dfrac{-x}{x}=-1$，因此 $\lim\limits_{x\to 0}\dfrac{|x|}{x}$ 不存在，故 $f_x'(0,0)$ 不存在．

$\lim\limits_{y\to 0}\dfrac{f(0,y)-f(0,0)}{y}=\lim\limits_{y\to 0}\dfrac{\mathrm{e}^{\sqrt{y^4}}-1}{y}=\lim\limits_{y\to 0}\dfrac{y^2}{y}=0$，故 $f_y'(0,0)$ 存在且为 0.

**19. A**

【解析】考查隐函数求偏导，是一道难度中等的计算题．

视 $x=x(y,z)$，方程两端对 $y$ 求偏导得 $\dfrac{\partial x}{\partial y}F_1'+F_2'=0$，解得 $\dfrac{\partial x}{\partial y}=-\dfrac{F_2'}{F_1'}$；

视 $y=y(x,z)$，方程两端对 $z$ 求偏导得 $\dfrac{\partial y}{\partial z}F_2'+F_3'=0$，解得 $\dfrac{\partial y}{\partial z}=-\dfrac{F_3'}{F_2'}$；

视 $z=z(x,y)$，方程两端对 $x$ 求偏导得 $F_1'+\dfrac{\partial z}{\partial x}F_3'=0$，解得 $\dfrac{\partial z}{\partial x}=-\dfrac{F_1'}{F_3'}$.

故 $\dfrac{\partial x}{\partial y}\cdot\dfrac{\partial y}{\partial z}\cdot\dfrac{\partial z}{\partial x}=-\dfrac{F_2'}{F_1'}\cdot\left(-\dfrac{F_3'}{F_2'}\right)\cdot\left(-\dfrac{F_1'}{F_3'}\right)=-1$.

**20. C**

【解析】考查多元复合函数求导法则和变限积分求导公式，是一道难度中等的计算题．

由已知条件结合复合函数求导法则得

$$\frac{\partial u}{\partial x}=\varphi'(x+y)+\varphi'(x-y)+\psi(x+y)-\psi(x-y),$$
$$\frac{\partial u}{\partial y}=\varphi'(x+y)-\varphi'(x-y)+\psi(x+y)+\psi(x-y),$$

故 $\frac{\partial u}{\partial x}\neq-\frac{\partial u}{\partial y}$，则 A 项错误．

再求偏导得

$$\frac{\partial^2 u}{\partial x^2}=\varphi''(x+y)+\varphi''(x-y)+\psi'(x+y)-\psi'(x-y),$$
$$\frac{\partial^2 u}{\partial x\partial y}=\varphi''(x+y)-\varphi''(x-y)+\psi'(x+y)+\psi'(x-y),$$
$$\frac{\partial^2 u}{\partial y^2}=\varphi''(x+y)+\varphi''(x-y)+\psi'(x+y)-\psi'(x-y),$$

故 $\frac{\partial^2 u}{\partial x^2}=\frac{\partial^2 u}{\partial y^2}$，$\frac{\partial^2 u}{\partial x\partial y}\neq\frac{\partial^2 u}{\partial y^2}$，$\frac{\partial^2 u}{\partial x\partial y}\neq\frac{\partial^2 u}{\partial x^2}$，则 C 项正确，B、D、E 项错误．

**21. D**

**【解析】考查拉格朗日乘数法，是一道难度中等的计算题．**

由题意知要求总费用 $x_1+2x_2$ 在 $12=2\sqrt{x_1x_2}\,(x_1>0,\ x_2>0)$ 的条件下的最小值点，为此构造拉格朗日函数 $L(x_1,x_2,\lambda)=x_1+2x_2+\lambda(\sqrt{x_1x_2}-6)$，则
$$\begin{cases}\frac{\partial L}{\partial x_1}=1+\lambda\frac{\sqrt{x_2}}{2\sqrt{x_1}}=0①,\\ \frac{\partial L}{\partial x_2}=2+\lambda\frac{\sqrt{x_1}}{2\sqrt{x_2}}=0②,\\ \frac{\partial L}{\partial \lambda}=\sqrt{x_1x_2}-6=0③.\end{cases}$$
式①、②移项后相乘得 $\lambda=\pm2\sqrt{2}$．将 $\lambda=2\sqrt{2}$ 代入式①后出现矛盾，故舍去；将 $\lambda=-2\sqrt{2}$ 代入式①得 $x_1=2x_2$，代入式③得 $x_2=3\sqrt{2}$，则 $x_1=6\sqrt{2}$．由驻点唯一且实际问题存在最小值，故 $x_1=6\sqrt{2}$，$x_2=3\sqrt{2}$ 即为所求．

**22. A**

**【解析】主要考查伴随矩阵和方阵的行列式，是一道难度较高的计算题．**

方法一：直接求 $|\boldsymbol{A}|$．

由 $a_{ij}+A_{ij}=0\,(i,j=1,2,3)$，得 $A_{ij}=-a_{ij}$，故 $\boldsymbol{A}^*=-\boldsymbol{A}^{\mathrm{T}}$，两边取行列式得 $|\boldsymbol{A}^*|=|-\boldsymbol{A}^{\mathrm{T}}|$．又 $|\boldsymbol{A}^*|=|\boldsymbol{A}|^{n-1}=|\boldsymbol{A}|^2$，$|-\boldsymbol{A}^{\mathrm{T}}|=(-1)^3|\boldsymbol{A}^{\mathrm{T}}|=-|\boldsymbol{A}|$，则 $|\boldsymbol{A}|^2=-|\boldsymbol{A}|$，解得 $|\boldsymbol{A}|=0$ 或 $-1$. 若 $|\boldsymbol{A}|=0$，又 $\boldsymbol{A}^*=-\boldsymbol{A}^{\mathrm{T}}$，代入 $\boldsymbol{A}\boldsymbol{A}^*=|\boldsymbol{A}|\boldsymbol{E}$ 中得 $\boldsymbol{A}\boldsymbol{A}^{\mathrm{T}}=\boldsymbol{O}$，又 $\boldsymbol{A}\boldsymbol{A}^{\mathrm{T}}$ 的主对角线上的元素为 $a_{i1}^2+a_{i2}^2+a_{i3}^2\,(i=1,2,3)$，则 $a_{i1}^2+a_{i2}^2+a_{i3}^2=0\,(i=1,2,3)$，故 $a_{ij}=0\,(i,j=1,2,3)$，即 $\boldsymbol{A}=\boldsymbol{O}$，与已知条件 $\boldsymbol{A}$ 是非零矩阵矛盾，故 $|\boldsymbol{A}|=-1$.

方法二：结合选项排除．

由 $a_{ij}+A_{ij}=0\,(i,j=1,2,3)$，得 $A_{ij}=-a_{ij}$，由行列式展开定理得
$$|\boldsymbol{A}|=a_{i1}A_{i1}+a_{i2}A_{i2}+a_{i3}A_{i3}=-(a_{i1}^2+a_{i2}^2+a_{i3}^2)\leqslant0,$$
排除 C、E 项．若 $|\boldsymbol{A}|=0$，则 $a_{i1}^2+a_{i2}^2+a_{i3}^2=0$，可知 $a_{ij}=0\,(i,j=1,2,3)$，则 $\boldsymbol{A}=\boldsymbol{O}$，与已知条件矛盾，故 $|\boldsymbol{A}|\neq0$，排除 B、D 项．由排除法可得，A 项正确．

**23. E**

**【解析】考查分块矩阵的运算和方阵的行列式，是一道难度中等的计算题．**

A、C 项：由分块矩阵乘法得 $\begin{pmatrix}\boldsymbol{E}&\boldsymbol{O}\\ \boldsymbol{A}&\boldsymbol{E}\end{pmatrix}\begin{pmatrix}\boldsymbol{E}&\boldsymbol{B}\\ \boldsymbol{O}&\boldsymbol{E}-\boldsymbol{AB}\end{pmatrix}=\begin{pmatrix}\boldsymbol{E}&\boldsymbol{B}\\ \boldsymbol{A}&\boldsymbol{E}\end{pmatrix}$，故 A 项正确，同理得 C 项正确．

B、D项：A项的等式两边取行列式得

$$\begin{vmatrix} E & O \\ A & E \end{vmatrix}\begin{vmatrix} E & B \\ O & E-AB \end{vmatrix}=\begin{vmatrix} E & B \\ A & E \end{vmatrix}\Rightarrow |E-AB|=\begin{vmatrix} E & B \\ A & E \end{vmatrix},$$

故B项正确，同理(C项等式两边取行列式)得D项正确．

E项：将$\begin{vmatrix} E & B \\ A & E \end{vmatrix}$的第1列与第$n+1$列互换，再将所得行列式的第2列与第$n+2$列互换，……，再将所得行列式的第$n$列与第$2n$列互换，这样，通过$n$次两列的互换，可将$\begin{vmatrix} E & B \\ A & E \end{vmatrix}$变为$\begin{vmatrix} B & E \\ E & A \end{vmatrix}$，则有$\begin{vmatrix} E & B \\ A & E \end{vmatrix}=(-1)^n\begin{vmatrix} B & E \\ E & A \end{vmatrix}$.

同理，通过$n$次两行的互换，可将$\begin{vmatrix} B & E \\ E & A \end{vmatrix}$变为$\begin{vmatrix} E & A \\ B & E \end{vmatrix}$，则有$\begin{vmatrix} B & E \\ E & A \end{vmatrix}=(-1)^n\begin{vmatrix} E & A \\ B & E \end{vmatrix}$.

故有$\begin{vmatrix} E & B \\ A & E \end{vmatrix}=(-1)^{2n}\begin{vmatrix} E & A \\ B & E \end{vmatrix}=\begin{vmatrix} E & A \\ B & E \end{vmatrix}$，故E项错误．

**24. E**

**【解析】考查矩阵运算和逆矩阵定义，是一道难度中等的计算题．**

方法一：在$2A^{-1}B=B-4E$两边左乘$A$得$2B=AB-4A$，则$4A=(A-2E)B$，故

$$4(A-2E+2E)=(A-2E)B\Rightarrow(A-2E)(B-4E)=8E,$$

即$(A-2E)\left[\frac{1}{8}(B-4E)\right]=E$，由简化的逆矩阵定义得$(A-2E)^{-1}=\frac{1}{8}(B-4E)$.

方法二：$2A^{-1}B=B-4E$，移项得$4E=B-2A^{-1}B$，则$4E=(E-2A^{-1})B$，将$E=AA^{-1}$代入，继续整理得$4E=(AA^{-1}-2A^{-1})B=(A-2E)A^{-1}B$，则$E=(A-2E)\left(\frac{1}{4}A^{-1}B\right)$，由简化的逆矩阵定义得$(A-2E)^{-1}=\frac{1}{4}A^{-1}B$，又$A^{-1}B=\frac{1}{2}(B-4E)$，代入得$(A-2E)^{-1}=\frac{1}{8}(B-4E)$.

**25. D**

**【解析】考查伴随矩阵和分块矩阵运算，是一道难度较高的计算题．**

由$A$，$B$可逆得$|A|\neq0$，$|B|\neq0$，则$\begin{vmatrix} A & E \\ O & B \end{vmatrix}=|A||B|\neq0$，故

$$\begin{pmatrix} A & E \\ O & B \end{pmatrix}^*=\begin{vmatrix} A & E \\ O & B \end{vmatrix}\begin{pmatrix} A & E \\ O & B \end{pmatrix}^{-1}=|A||B|\begin{pmatrix} A & E \\ O & B \end{pmatrix}^{-1}\ ①.$$

易知$\begin{pmatrix} E & -B^{-1} \\ O & E \end{pmatrix}\begin{pmatrix} A & E \\ O & B \end{pmatrix}=\begin{pmatrix} A & O \\ O & B \end{pmatrix}$，两端求逆得

$$\begin{pmatrix} A & E \\ O & B \end{pmatrix}^{-1}\begin{pmatrix} E & -B^{-1} \\ O & E \end{pmatrix}^{-1}=\begin{pmatrix} A & O \\ O & B \end{pmatrix}^{-1}=\begin{pmatrix} A^{-1} & O \\ O & B^{-1} \end{pmatrix},$$

上式右乘$\begin{pmatrix} E & -B^{-1} \\ O & E \end{pmatrix}$得$\begin{pmatrix} A & E \\ O & B \end{pmatrix}^{-1}=\begin{pmatrix} A^{-1} & O \\ O & B^{-1} \end{pmatrix}\begin{pmatrix} E & -B^{-1} \\ O & E \end{pmatrix}=\begin{pmatrix} A^{-1} & -A^{-1}B^{-1} \\ O & B^{-1} \end{pmatrix}$，代入式①计算得$\begin{pmatrix} A & E \\ O & B \end{pmatrix}^*=|A||B|\begin{pmatrix} A^{-1} & -A^{-1}B^{-1} \\ O & B^{-1} \end{pmatrix}=\begin{pmatrix} |B|A^* & -A^*B^* \\ O & |A|B^* \end{pmatrix}$.

**26. C**

**【解析】考查线性方程组解的判定定理，是一道难度较低的计算题．**

系数矩阵$A$的行列式为$|A|=\begin{vmatrix} 1 & 1 & \lambda \\ 0 & \lambda+1 & 0 \\ \lambda & 1 & 1 \end{vmatrix}=(\lambda+1)\begin{vmatrix} 1 & \lambda \\ \lambda & 1 \end{vmatrix}=(\lambda+1)^2(1-\lambda)$.

(1)、(2)：当 $\lambda \neq -1$ 且 $\lambda \neq 1$ 时，$|\boldsymbol{A}| \neq 0$，原方程组有唯一解，此时导出组只有零解(即有唯一解)，故(1)、(2)正确.

(3)：当 $\lambda = 1$ 时，$|\boldsymbol{A}| = 0$，且增广矩阵 $(\boldsymbol{A}, \boldsymbol{b}) = \begin{pmatrix} 1 & 1 & 1 & -2 \\ 0 & 2 & 0 & -2 \\ 1 & 1 & 1 & -2 \end{pmatrix} \sim \begin{pmatrix} 1 & 1 & 1 & -2 \\ 0 & 2 & 0 & -2 \\ 0 & 0 & 0 & 0 \end{pmatrix}$，

$R(\boldsymbol{A}) = R(\boldsymbol{A}, \boldsymbol{b})$，则方程组有无穷多解，故(3)错误.

(4)：当 $\lambda = -1$ 时，$|\boldsymbol{A}| = 0$，且增广矩阵 $(\boldsymbol{A}, \boldsymbol{b}) = \begin{pmatrix} 1 & 1 & -1 & -4 \\ 0 & 0 & 0 & -2 \\ -1 & 1 & 1 & -2 \end{pmatrix} \sim$

$\begin{pmatrix} 1 & 1 & -1 & -4 \\ 0 & 2 & 0 & -6 \\ 0 & 0 & 0 & -2 \end{pmatrix}$，$R(\boldsymbol{A}) \neq R(\boldsymbol{A}, \boldsymbol{b})$，则方程组无解，故(4)错误.

综上，正确的结论有 2 个.

**27. D**

**【解析】考查向量组的线性表示和线性方程组的通解，是一道难度中等的计算题.**

设 $\boldsymbol{\gamma} = x_1\boldsymbol{\alpha}_1 + x_2\boldsymbol{\alpha}_2 = x_3\boldsymbol{\beta}_1 + x_4\boldsymbol{\beta}_2$，则 $x_1\boldsymbol{\alpha}_1 + x_2\boldsymbol{\alpha}_2 - x_3\boldsymbol{\beta}_1 - x_4\boldsymbol{\beta}_2 = \boldsymbol{0}$，代入 $\boldsymbol{\alpha}_1$，$\boldsymbol{\alpha}_2$，$\boldsymbol{\beta}_1$，$\boldsymbol{\beta}_2$ 的数值得到以 $x_1$，$x_2$，$x_3$，$x_4$ 为未知数的线性方程组，对其系数矩阵施以初等行变换得

$$(\boldsymbol{\alpha}_1, \boldsymbol{\alpha}_2, -\boldsymbol{\beta}_1, -\boldsymbol{\beta}_2) = \begin{pmatrix} 1 & 2 & -2 & -1 \\ 2 & 1 & -5 & 0 \\ 3 & 1 & -9 & -1 \end{pmatrix} \sim \begin{pmatrix} 1 & 0 & 0 & 3 \\ 0 & 1 & 0 & -1 \\ 0 & 0 & 1 & 1 \end{pmatrix},$$

则该方程组的通解为 $l(-3, 1, -1, 1)^{\mathrm{T}}$，$l \in \mathbf{R}$，故

$$\boldsymbol{\gamma} = x_1\boldsymbol{\alpha}_1 + x_2\boldsymbol{\alpha}_2 = -3l(1, 2, 3)^{\mathrm{T}} + l(2, 1, 1)^{\mathrm{T}} = -l(1, 5, 8)^{\mathrm{T}} = k(1, 5, 8)^{\mathrm{T}}.$$

**28. D**

**【解析】主要考查线性方程组解的结构定理，是一道难度中等的概念题.**

由 $\boldsymbol{\beta} = \boldsymbol{\alpha}_1 + \boldsymbol{\alpha}_2 + \boldsymbol{\alpha}_3 = (\boldsymbol{\alpha}_1, \boldsymbol{\alpha}_2, \boldsymbol{\alpha}_3)(1, 1, 1)^{\mathrm{T}}$，可得 $(1, 1, 1)^{\mathrm{T}}$ 为 $\boldsymbol{Ax} = \boldsymbol{\beta}$ 的特解.

已知 $\boldsymbol{\alpha}_1$，$\boldsymbol{\alpha}_2$ 线性无关，$\boldsymbol{\alpha}_3 = \boldsymbol{\alpha}_1 + 2\boldsymbol{\alpha}_2$，故 $R(\boldsymbol{A}) = R(\boldsymbol{\alpha}_1, \boldsymbol{\alpha}_2, \boldsymbol{\alpha}_3) = 2$，则 $\boldsymbol{Ax} = \boldsymbol{0}$ 的 $n - R(\boldsymbol{A}) = 3 - 2 = 1$ 个线性无关的解即为基础解系.

又由 $\boldsymbol{\alpha}_3 = \boldsymbol{\alpha}_1 + 2\boldsymbol{\alpha}_2$，得 $\boldsymbol{\alpha}_1 + 2\boldsymbol{\alpha}_2 - \boldsymbol{\alpha}_3 = \boldsymbol{0}$，即 $(\boldsymbol{\alpha}_1, \boldsymbol{\alpha}_2, \boldsymbol{\alpha}_3)(1, 2, -1)^{\mathrm{T}} = \boldsymbol{0}$，故 $(1, 2, -1)^{\mathrm{T}}$ 为 $\boldsymbol{Ax} = \boldsymbol{0}$ 的基础解系.

综上，$\boldsymbol{Ax} = \boldsymbol{\beta}$ 的通解为 $k_1(1, 2, -1)^{\mathrm{T}} + (1, 1, 1)^{\mathrm{T}}$.

**29. D**

**【解析】考查条件概率公式和加法公式，是一道难度较低的计算题.**

设事件 $A$ 表示"甲命中目标"，$B$ 表示"乙命中目标"，则 $A \cup B$ 表示"目标被命中". 由题意可知 $P(A) = 0.6$，$P(B) = 0.5$，且 $A$ 与 $B$ 独立，则所求概率为 $P(A \mid A \cup B)$，根据条件概率公式和加法公式得

$$P(A \mid A \cup B) = \frac{P[A(A \cup B)]}{P(A \cup B)} = \frac{P(A)}{P(A) + P(B) - P(AB)} = \frac{0.6}{0.6 + 0.5 - 0.6 \times 0.5} = 0.75.$$

**30. E**

**【解析】主要考查随机变量独立的性质和概率的性质，是一道难度较低的计算题.**

A、B 项：由 $X_1$，$X_2$，$X_3$，$X_4$ 相互独立，根据随机变量独立的性质得 $Y_1 = X_1X_4$ 与 $Y_2 = X_2X_3$ 相互独立，又由 $X_1$，$X_2$，$X_3$，$X_4$ 同分布可知 $Y_1$ 与 $Y_2$ 同分布，故 A、B 项正确.

C、D、E项：由 $X_1$，$X_2$，$X_3$，$X_4$ 的分布知 $Y_1=X_1X_4$ 的可能取值为 0，1，$P\{Y_1=1\}=P\{X_1X_4=1\}=P\{X_1=1, X_4=1\}=P\{X_1=1\}P\{X_4=1\}=\frac{1}{4}$，则 $P\{Y_1=0\}=1-P\{Y_1=1\}=\frac{3}{4}$，故C项正确．

因为 $X=\begin{vmatrix} X_1 & X_2 \\ X_3 & X_4 \end{vmatrix}=X_1X_4-X_2X_3=Y_1-Y_2$，则

$$P\{X=-1\}=P\{Y_1-Y_2=-1\}=P\{Y_1=0, Y_2=1\}=P\{Y_1=0\}P\{Y_2=1\}=\frac{3}{16},$$

故D项正确．

$$P\{X=0\}=P\{Y_1-Y_2=0\}=P\{Y_1=0, Y_2=0\}+P\{Y_1=1, Y_2=1\}=\frac{3}{4}\times\frac{3}{4}+\frac{1}{4}\times\frac{1}{4}=\frac{5}{8},$$

故E项错误．

**31. C**

**【解析】考查随机变量独立的性质和正态分布的对称性，是一道难度较低的计算题．**

由 $X$ 与 $Y$ 相互独立，以及正态分布的对称性得

$$\begin{aligned}P\{XY-Y<0\}&=P\{(X-1)Y<0\}=P\{X-1<0, Y>0\}+P\{X-1>0, Y<0\}\\&=P\{X<1\}P\{Y>0\}+P\{X>1\}P\{Y<0\}=\frac{1}{2}\times\frac{1}{2}+\frac{1}{2}\times\frac{1}{2}=\frac{1}{2}.\end{aligned}$$

**32. D**

**【思路】**求 $P\{Y\leqslant y\}$时，需考虑三种情况$\{X\leqslant 1\}$，$\{1<X<2\}$，$\{X\geqslant 2\}$，故用全概率公式计算．

**【解析】考查全概率公式和概率密度的性质，是一道难度中等的计算题．**

当 $1\leqslant y<2$ 时，由全概率公式得

$P\{Y\leqslant y\}=P\{Y\leqslant y \mid X\leqslant 1\}P\{X\leqslant 1\}+P\{Y\leqslant y \mid 1<X<2\}P\{1<X<2\}+P\{Y\leqslant y \mid X\geqslant 2\}P\{X\geqslant 2\}$，

其中

$P\{Y\leqslant y \mid X\leqslant 1\}=P\{2\leqslant y \mid X\leqslant 1\}=0(1\leqslant y<2)$，$P\{Y\leqslant y \mid X\geqslant 2\}=P\{1\leqslant y \mid X\geqslant 2\}=1$，

$$P\{Y\leqslant y \mid 1<X<2\}=P\{X\leqslant y \mid 1<X<2\}=\frac{P\{1<X\leqslant y\}}{P\{1<X<2\}},$$

代入可得 $P\{Y\leqslant y\}=0+P\{1<X\leqslant y\}+P\{X\geqslant 2\}=\int_1^y\frac{1}{9}x^2\mathrm{d}x+\int_2^3\frac{1}{9}x^2\mathrm{d}x=\frac{y^3+18}{27}.$

**33. B**

**【解析】考查期望的运算性质和随机变量最值函数的恒等变形，是一道难度较低的计算题．**

由已知条件可得 $UV=XY$，又 $X$ 与 $Y$ 相互独立，故 $E(UV)=E(XY)=E(X)E(Y)$.

**【总结】**若 $U=\max\{X, Y\}$，$V=\min\{X, Y\}$，则 $U+V=X+Y$，$U-V=|X-Y|$，$UV=XY$.

**34. D**

**【思路】**先用联合分布函数的性质 $F(+\infty, +\infty)=1$ 求出参数 $a$，再用联合分布函数与边缘分布函数的关系式 $F_X(x)=F(x, +\infty)$，$F_Y(y)=F(+\infty, y)$求出边缘分布函数，进而判断 $X$ 和 $Y$ 的独立性，最后结合独立性用边缘分布函数计算概率 $P\{X>0.1, Y>0.1\}$.

**【解析】考查联合分布函数、边缘分布函数、独立性等，是一道难度中等的计算题．**

(1)：$F(+\infty, +\infty)=\lim\limits_{\substack{x\to+\infty\\y\to+\infty}}F(x, y)=\lim\limits_{\substack{x\to+\infty\\y\to+\infty}}(a-\mathrm{e}^{-0.5x}-\mathrm{e}^{-0.5y}+\mathrm{e}^{-0.5(x+y)})=a=1$，故(1)正确.

(2)：当 $x\geqslant 0$ 时，有

$$F_X(x)=F(x,+\infty)=\lim_{y\to+\infty}F(x,y)=\lim_{y\to+\infty}(1-e^{-0.5x}-e^{-0.5y}+e^{-0.5(x+y)})=1-e^{-0.5x};$$

当 $x<0$ 时，$F_X(x)=F(x,+\infty)=\lim\limits_{y\to+\infty}F(x,y)=0$，则 $F_X(x)=\begin{cases}1-e^{-0.5x}, & x\geqslant 0,\\ 0, & x<0.\end{cases}$ 故(2)正确．

(3)：同理得 $F_Y(y)=\begin{cases}1-e^{-0.5y}, & y\geqslant 0,\\ 0, & y<0,\end{cases}$ 由 $F_X(x)F_Y(y)=F(x,y)$ 得 $X$ 和 $Y$ 独立，故(3)正确．

(4)：100 小时 $=0.1$ 千小时，则有

$$\begin{aligned}P\{X>0.1,Y>0.1\}&=P\{X>0.1\}P\{Y>0.1\}=[1-P\{X\leqslant 0.1\}][1-P\{Y\leqslant 0.1\}]\\&=[1-F_X(0.1)][1-F_Y(0.1)]=e^{-0.05}\cdot e^{-0.05}=e^{-0.1},\end{aligned}$$

故(4)错误．

综上，正确结论的个数为 3.

【总结】1. 联合分布函数：二维随机变量 $(X,Y)$ 的分布函数定义为

$$F(x,y)=P\{(X\leqslant x)\cap(Y\leqslant y)\}\xlongequal{\text{记为}}P\{X\leqslant x,Y\leqslant y\}(-\infty<x,y<+\infty),$$

或称为 $X$ 和 $Y$ 的联合分布函数．

联合分布的性质：同一维分布函数类似，满足“单调不减”“0～1 之间”“右连续”，即

①$F(x,y)$ 关于 $x$ 和 $y$ 均单调不减，即对于任意固定的 $y$，当 $x_1<x_2$ 时，$F(x_1,y)\leqslant F(x_2,y)$；对于任意固定的 $x$，当 $y_1<y_2$ 时，$F(x,y_1)\leqslant F(x,y_2)$.

②$0\leqslant F(x,y)\leqslant 1$，$F(-\infty,y)=F(x,-\infty)=F(-\infty,-\infty)=0$，$F(+\infty,+\infty)=1$.

③$F(x,y)$ 关于 $x$ 和 $y$ 均右连续，即 $F(x+0,y)=F(x,y)$，$F(x,y+0)=F(x,y)$.

2. 边缘分布函数：称 $F_X(x)=P\{X\leqslant x\}$ 和 $F_Y(y)=P\{Y\leqslant y\}$ 为 $(X,Y)$ 关于 $X$ 和关于 $Y$ 的边缘分布函数．其与联合分布函数 $F(x,y)$ 有如下关系：$F_X(x)=P\{X\leqslant x\}=P\{X\leqslant x,Y<+\infty\}=F(x,+\infty)$，同理得 $F_Y(y)=F(+\infty,y)$.

3. 独立性：若对于所有 $x$，$y$ 有 $F(x,y)=F_X(x)F_Y(y)$，则称 $X$ 和 $Y$ 是相互独立的．

**35. C**

**【解析】考查指数分布与分布函数的定义，是一道难度中等的计算题．**

用 $X_i(i=1,2,3)$ 表示第 $i$ 个元件无故障工作的时间，则 $X_1$，$X_2$，$X_3$ 相互独立且同分布，服从参数为 $\lambda$ 的指数分布，其概率密度为 $f(x)=\begin{cases}\lambda e^{-\lambda x}, & x>0,\\ 0, & x\leqslant 0,\end{cases}$ 分布函数为 $F(x)=\begin{cases}1-e^{-\lambda x}, & x\geqslant 0,\\ 0, & x<0.\end{cases}$

用 $F_T(t)$ 表示 $T$ 的分布函数，则当 $t<0$ 时，$F_T(t)=P\{T\leqslant t\}=0$；当 $t\geqslant 0$ 时，有

$$\begin{aligned}F_T(t)&=P\{T\leqslant t\}=1-P\{T>t\}=1-P\{X_1>t\}P\{X_2>t\}P\{X_3>t\}\\&=1-(1-P\{X_1\leqslant t\})(1-P\{X_2\leqslant t\})(1-P\{X_3\leqslant t\})\\&=1-[1-F(t)]^3=1-e^{-3\lambda t}.\end{aligned}$$

故 $F_T(t)=\begin{cases}1-e^{-3\lambda t}, & t\geqslant 0,\\ 0, & t<0,\end{cases}$ 则 $T$ 的概率密度 $f_T(t)=\begin{cases}3\lambda e^{-3\lambda t}, & t>0,\\ 0, & t\leqslant 0,\end{cases}$ 故 $T$ 服从参数为 $3\lambda$ 的指数分布，则 $D(T)=\dfrac{1}{9\lambda^2}$.

绝密★启用前

# 全国硕士研究生招生考试
# 经济类综合能力试题
# 数学·模拟卷 7

（科目代码：396）

考试时间：8：30—11：30

（数学建议用时 84 分钟内）

## 考生注意事项

1. 答题前，考生须在试题册指定位置上填写考生姓名和考生编号；在答题卡指定位置上填写报考单位、考生姓名和考生编号，并涂写考生编号信息点。
2. 选择题的答案必须涂写在答题卡相应题号的选项上，非选择题的答案必须书写在答题卡指定位置的边框区域内。超出答题区域书写的答案无效；在草稿纸、试题册上答题无效。
3. 填(书)写部分必须使用黑色字迹签字笔或者钢笔书写，字迹工整、笔迹清楚；涂写部分必须使用 2B 铅笔填涂。
4. 考试结束，将答题卡和试题册按规定交回。

| | | | | | | | | | | | | | | | |
|---|---|---|---|---|---|---|---|---|---|---|---|---|---|---|---|
| 考生编号 | | | | | | | | | | | | | | | |
| 考生姓名 | | | | | | | | | | | | | | | |

**数学基础**：第 1～35 小题，每小题 2 分，共 70 分．下列每题给出的五个选项中，只有一个选项是最符合试题要求的．

**1.** $\lim\limits_{x\to 0^+}\dfrac{1-\sqrt{\cos x}}{x(1-\cos\sqrt{x})}=(\quad)$.

A. $-2$　　B. $-\dfrac{1}{2}$　　C. 0　　D. $\dfrac{1}{2}$　　E. 2

**2.** 设 $a_i>0$，$i=1,2,\cdots,m$（$m$ 为给定的正整数），则 $\lim\limits_{x\to 0}\left(\dfrac{a_1^x+a_2^x+\cdots+a_m^x}{m}\right)^{\frac{1}{x}}=(\quad)$.

A. 0　　B. 1　　C. $a_1a_2\cdots a_m$　　D. $(a_1a_2\cdots a_m)^{\frac{1}{m}}$　　E. $\dfrac{1}{m}\ln(a_1a_2\cdots a_m)$

**3.** 设当 $x\to x_0$ 时，函数 $\alpha(x)$ 是比 $\beta(x)(\beta(x)\neq 0)$ 高阶的无穷小，则当 $x\to x_0$ 时，（　）是关于 $\beta(x)$ 的 2 阶无穷小．

A. $\alpha(x)\beta(x)$　　B. $\ln[1-\alpha(x)\beta(x)]$　　C. $\alpha^2(x)+2\beta^2(x)$

D. $\alpha^2(x)+\beta^2(x)\sin\dfrac{1}{x-x_0}$　　E. $\dfrac{\alpha^3(x)}{3\beta(x)}$

**4.** 设函数 $f(x)$ 在点 $x_0$ 的某邻域内有定义，$A\neq 0$，则下列条件中是 $f'(x_0)=0$ 的充分条件的有（　）个．

(1) $\lim\limits_{h\to 0}\dfrac{f(x_0+h)-f(x_0)}{h^2}=A$；　　(2) $\lim\limits_{h\to 0}\dfrac{f(x_0+h^2)-f(x_0)}{h}=0$；

(3) $f(x)$ 在点 $x_0$ 连续，$\lim\limits_{h\to 0}\dfrac{f(x_0+h)}{h^2}=A$；　　(4) $f(x)$ 在点 $x_0$ 连续，$\lim\limits_{h\to 0}\dfrac{f(x_0+h^2)}{h}=0$.

A. 0　　B. 1　　C. 2　　D. 3　　E. 4

**5.** 曲线 $L$ 的极坐标方程是 $r=\theta$，则 $L$ 在点 $(r,\theta)=\left(\dfrac{\pi}{2},\dfrac{\pi}{2}\right)$ 处切线的直角坐标方程是（　）.

A. $-\dfrac{2}{\pi}x-y-\dfrac{\pi}{2}=0$　　B. $x-\dfrac{2}{\pi}y-\dfrac{\pi}{2}=0$　　C. $\dfrac{2}{\pi}x-y-\dfrac{\pi}{2}=0$

D. $\dfrac{2}{\pi}x-y+\dfrac{\pi}{2}=0$　　E. $\dfrac{2}{\pi}x+y-\dfrac{\pi}{2}=0$

**6.** 设函数 $f(x)$ 在 $x=a$ 的某个邻域内连续，且 $f(a)$ 为其极大值，则存在 $\delta>0$，当 $x\in(a-\delta,a+\delta)$ 时，必有（　）.

A. $(x-a)[f(x)-f(a)]\geqslant 0$　　B. $(x-a)[f(x)-f(a)]\leqslant 0$　　C. $\lim\limits_{t\to a}\dfrac{f(t)-f(x)}{(t-x)^2}\geqslant 0(x\neq a)$

D. $\lim\limits_{t\to a}\dfrac{f(t)-f(x)}{(t-x)^2}\leqslant 0(x\neq a)$　　E. $\lim\limits_{t\to a}\dfrac{f(t)-f(x)}{t-x}\geqslant 0(x\neq a)$

**7.** 设函数 $f(x)$ 在 $(-\infty,+\infty)$ 内连续，其导函数的图形如图所示，则（　）.

A. 函数 $f(x)$ 有 2 个极值点，曲线 $y=f(x)$ 有 1 个拐点
B. 函数 $f(x)$ 有 2 个极值点，曲线 $y=f(x)$ 有 2 个拐点
C. 函数 $f(x)$ 有 2 个极值点，曲线 $y=f(x)$ 有 3 个拐点
D. 函数 $f(x)$ 有 3 个极值点，曲线 $y=f(x)$ 有 1 个拐点
E. 函数 $f(x)$ 有 3 个极值点，曲线 $y=f(x)$ 有 2 个拐点

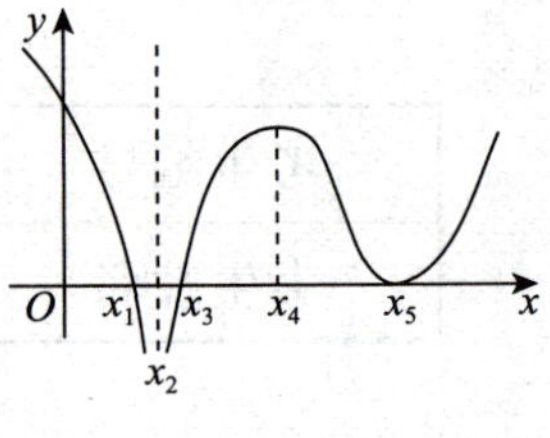

**8.** 函数$f(x)$处处可导，则(　　).

A. 当$\lim\limits_{x\to+\infty}f(x)=+\infty$时，必有$\lim\limits_{x\to+\infty}f'(x)=+\infty$　B. 当$\lim\limits_{x\to-\infty}f(x)=-\infty$时，必有$\lim\limits_{x\to-\infty}f'(x)=-\infty$

C. 当$\lim\limits_{x\to+\infty}f'(x)=+\infty$时，必有$\lim\limits_{x\to+\infty}f(x)=+\infty$　D. 当$\lim\limits_{x\to-\infty}f'(x)=-\infty$时，必有$\lim\limits_{x\to-\infty}f(x)=-\infty$

E. 当$\lim\limits_{x\to+\infty}f'(x)=0$时，必有$\lim\limits_{x\to+\infty}f(x)=0$

**9.** 设函数$f(x)$在$(0,+\infty)$内具有二阶导数，且$f''(x)>0$，令$u_n=f(n)(n=1,2,\cdots)$，则下列结论中正确的是(　　).

(1)若$u_1>u_2$，则$\{u_n\}$必收敛；　(2)若$u_1>u_2$，则$\{u_n\}$必发散；

(3)若$u_1<u_2$，则$\{u_n\}$必收敛；　(4)若$u_1<u_2$，则$\{u_n\}$必发散.

A. (1)(3)　B. (1)(4)　C. (2)(3)　D. 仅(2)　E. 仅(4)

**10.** 设函数$f(x)=\sec x$在$x=0$处的2次泰勒多项式为$1+ax+bx^2$，则(　　).

A. $a=1,\ b=-\dfrac{1}{2}$　B. $a=1,\ b=\dfrac{1}{2}$　C. $a=0,\ b=-\dfrac{1}{2}$

D. $a=0,\ b=\dfrac{1}{2}$　E. $a=0,\ b=1$

**11.** 设$a_n=\dfrac{3}{2}\int_0^{\frac{n}{n+1}}x^{n-1}\sqrt{1+x^n}\,dx$，则$\lim\limits_{n\to\infty}na_n=$(　　).

A. $(1+e)^{\frac{3}{2}}+1$　B. $(1+e)^{\frac{3}{2}}-1$　C. $(1+e^{-1})^{\frac{3}{2}}+1$

D. $(1+e^{-1})^{\frac{3}{2}}-1$　E. $(1-e^{-1})^{\frac{3}{2}}-1$

**12.** 设$f(x)$的导函数连续，且$f(1)=0$，$f(x)>0$，$f(x)f'(x)=x^3e^{x^2}$，则$f(x)=$(　　).

A. $\sqrt{(x-1)e^{x^2}}$　B. $\sqrt{(x+1)e^{x^2}}$　C. $\sqrt{(x^2-1)e^{x^2}}$

D. $\sqrt{(x^2+1)e^{x^2}}$　E. $x^2e^{x^2}$

**13.** $\lim\limits_{n\to\infty}\ln\sqrt[n]{\left(1+\dfrac{1}{n}\right)^2\left(1+\dfrac{2}{n}\right)^2\cdots\left(1+\dfrac{n}{n}\right)^2}=$(　　).

A. $\int_1^2\ln^2x\,dx$　B. $2\int_1^2\ln x\,dx$　C. $2\int_1^2\ln(1+x)\,dx$　D. $\int_1^2\ln^2(1+x)\,dx$　E. $2\int_0^1\ln x\,dx$

**14.** $\int_{-1}^1\max\{x^2,1-x^2\}\,dx=$(　　).

A. $\dfrac{1-\sqrt{2}}{3}$　B. $\dfrac{1+\sqrt{2}}{3}$　C. $\dfrac{2(1-\sqrt{2})}{3}$　D. $\dfrac{2(1+\sqrt{2})}{3}$　E. $1-\sqrt{2}$

**15.** 设函数$f(x)$连续，$\varphi(x)=\int_0^1f(xt)\,dt$，且$\lim\limits_{x\to0}\dfrac{f(x)}{x}=A$($A$为常数)，则下列结论中错误的是(　　).

A. $f(0)=0$　B. $f'(0)=A$　C. $\varphi(0)=0$

D. $\varphi'(0)=A$　E. $\varphi'(x)$在点$x=0$连续

**16.** 曲线$y=-x^3+x^2+2x$与$x$轴所围成的图形的面积$A=$(　　).

A. 3　B. 6　C. $\dfrac{37}{6}$　D. $\dfrac{37}{12}$　E. $\dfrac{37}{24}$

**17.** 设$f(x)$，$g(x)$在区间$[a,b]$上连续，且$g(x)<f(x)<m$($m$为常数)，由曲线$y=g(x)$，$y=f(x)$，$x=a$及$x=b$所围平面图形绕直线$y=m$旋转而成的旋转体体积为(　　).

A. $\int_a^b\pi[2m-f(x)+g(x)][f(x)-g(x)]dx$　B. $\int_a^b\pi[2m-f(x)-g(x)][f(x)-g(x)]dx$

C. $\int_a^b\pi[2m-f(x)-g(x)][f(x)+g(x)]dx$　D. $\int_a^b\pi[m-f(x)+g(x)][f(x)-g(x)]dx$

E. $\int_a^b\pi[m-f(x)-g(x)][f(x)-g(x)]dx$

**18.** 下列结论中正确的是(　　).

A. $\lim\limits_{(x,y)\to(0,0)}\dfrac{\sqrt{|xy|}}{x+y}=0$　　B. $\lim\limits_{(x,y)\to(0,0)}\dfrac{x+y}{\sqrt{|xy|}}=0$　　C. $\lim\limits_{(x,y)\to(0,0)}\dfrac{x^3}{x^2+y^2}$不存在

D. $\lim\limits_{(x,y)\to(0,0)}\dfrac{x^2+y^2}{x^3}=0$　　E. $\lim\limits_{(x,y)\to(0,0)}\dfrac{xy^3}{x^2+y^6}$不存在

**19.** 设 $z=\begin{cases}xy\sin\dfrac{1}{\sqrt{x^2+y^2}}, & x^2+y^2\neq0,\\ 0, & x^2+y^2=0,\end{cases}$ 则(　　).

A. $\lim\limits_{(x,y)\to(0,0)}z(x,\ y)$不存在　　B. $z(x,\ y)$在点$(0,\ 0)$处不连续

C. $z'_x(0,\ 0)$，$z'_y(0,\ 0)$不存在　　D. $z'_x(0,\ 0)$，$z'_y(0,\ 0)$均存在且不全为零

E. $z'_x(0,\ 0)$，$z'_y(0,\ 0)$均存在且全为零

**20.** 设函数 $f(u)$在$(0,\ +\infty)$内具有二阶连续导数，且 $z=f(\sqrt{x^2+y^2})$，则$\left.\dfrac{\partial^2 z}{\partial x^2}\right|_{(1,1)}=$(　　).

A. $\dfrac{1}{2}f''(\sqrt{2})$　　B. $\dfrac{\sqrt{2}}{4}f'(\sqrt{2})$　　C. $\dfrac{1}{2}f''(\sqrt{2})+\dfrac{\sqrt{2}}{4}f'(\sqrt{2})$

D. $\dfrac{1}{2}f''(\sqrt{2})-\dfrac{\sqrt{2}}{4}f'(\sqrt{2})$　　E. $\dfrac{1}{2}f''(\sqrt{2})+\dfrac{1}{2}f'(\sqrt{2})$

**21.** 已知函数 $f(x,\ y)$满足 $f''_{xy}(x,\ y)=2(y+1)e^x$，$f'_x(x,\ 0)=(x+1)e^x$，$f(0,\ y)=y^2+2y$，则 $f(x,\ y)$(　　).

A. 有极小值$-1$　　B. 有极大值$-1$　　C. 有极小值 1

D. 有极大值 1　　E. 没有极值

**22.** $n$ 阶行列式 $\begin{vmatrix}1+a & 1 & 1 & \cdots & 1\\ 2 & 2+a & 2 & \cdots & 2\\ 3 & 3 & 3+a & \cdots & 3\\ \vdots & \vdots & \vdots & & \vdots\\ n & n & n & \cdots & n+a\end{vmatrix}=$(　　).

A. $\dfrac{n(n+1)}{2}a^{n-1}$　　B. $\left[\dfrac{n(n+1)}{2}+a\right]a^{n-1}$　　C. $\dfrac{n(n+1)}{2}a^n$

D. $\left[\dfrac{n(n+1)}{2}+a\right]a^n$　　E. $a^n$

**23.** 设 $\boldsymbol{A}$，$\boldsymbol{B}$ 均为 $n$ 阶矩阵，$p$，$q$ 均为正整数，则下列结论中错误的是(　　).

A. $(\boldsymbol{A}+\boldsymbol{E})(\boldsymbol{A}-\boldsymbol{E})=(\boldsymbol{A}-\boldsymbol{E})(\boldsymbol{A}+\boldsymbol{E})$　　B. $\boldsymbol{A}^p\boldsymbol{A}^q=\boldsymbol{A}^q\boldsymbol{A}^p$

C. 若 $\boldsymbol{AB}=\boldsymbol{BA}$，则 $\boldsymbol{A}^p\boldsymbol{B}^q=\boldsymbol{B}^q\boldsymbol{A}^p$　　D. 若 $\boldsymbol{AB}=\boldsymbol{BA}$，则$(\boldsymbol{A}-\boldsymbol{B})^2=\boldsymbol{A}^2-2\boldsymbol{AB}+\boldsymbol{B}^2$

E. 若 $\boldsymbol{AB}=\boldsymbol{O}$，则$(\boldsymbol{A}+\boldsymbol{B})^2=\boldsymbol{A}^2+\boldsymbol{B}^2$

**24.** 已知 $n$ 阶矩阵 $\boldsymbol{A}$，$\boldsymbol{B}$，$\boldsymbol{C}$ 满足矩阵方程 $\boldsymbol{ABC}=\boldsymbol{O}$，$\boldsymbol{E}$ 为 $n$ 阶单位矩阵，则分块矩阵$\begin{pmatrix}\boldsymbol{O} & \boldsymbol{A}\\ \boldsymbol{BC} & \boldsymbol{E}\end{pmatrix}$的秩为(　　).

A. 0　　B. $n-1$　　C. $n$　　D. $n+1$　　E. $2n$

**25.** 已知 $\boldsymbol{A}$ 是 $m\times n$ 矩阵，$\boldsymbol{B}$ 是 $n\times m$ 矩阵，则(　　).

A. 当 $m>n$ 时，必有 $\boldsymbol{AB}$ 可逆　　B. 当 $m>n$ 时，必有 $\boldsymbol{AB}$ 不可逆

C. 当 $n>m$ 时，必有 $\boldsymbol{AB}$ 可逆　　D. 当 $n>m$ 时，必有 $\boldsymbol{AB}$ 不可逆

E. 以上选项均不成立

26. 若线性方程组$\begin{cases}x_1+x_2=-a_1,\\x_2+x_3=a_2,\\x_3+x_4=-a_3,\\x_4+x_1=a_4\end{cases}$有解，则常数 $a_1$，$a_2$，$a_3$，$a_4$ 应满足的条件是(　　).

A. $-a_1+a_2-a_3+a_4=0$　　B. $-a_1+a_2-a_3+a_4=1$　　C. $a_1+a_2+a_3+a_4=0$

D. $a_1+a_2+a_3+a_4=1$　　E. $a_1+a_2+a_3+a_4=-1$

27. 设向量组 $\boldsymbol{\alpha}_1=(1, 1, a)^{\mathrm{T}}$，$\boldsymbol{\alpha}_2=(-2, a, 4)^{\mathrm{T}}$，$\boldsymbol{\alpha}_3=(-2, a, a)^{\mathrm{T}}$ 不能由向量组 $\boldsymbol{\beta}_1=(1, 1, a)^{\mathrm{T}}$，$\boldsymbol{\beta}_2=(1, a, 1)^{\mathrm{T}}$，$\boldsymbol{\beta}_3=(a, 1, 1)^{\mathrm{T}}$ 线性表示，则 $a$ 的可能取值为(　　).

A. 0　　B. 1　　C. 2　　D. 3　　E. 4

28. 已知向量组(Ⅰ)$\boldsymbol{\alpha}_1$，$\boldsymbol{\alpha}_2$，$\boldsymbol{\alpha}_3$；(Ⅱ)$\boldsymbol{\alpha}_1$，$\boldsymbol{\alpha}_2$，$\boldsymbol{\alpha}_3$，$\boldsymbol{\alpha}_4$；(Ⅲ)$\boldsymbol{\alpha}_1$，$\boldsymbol{\alpha}_2$，$\boldsymbol{\alpha}_3$，$\boldsymbol{\alpha}_5$. 若各向量组的秩分别为 $R$(Ⅰ)$=R$(Ⅱ)$=3$，$R$(Ⅲ)$=4$，则 $R(\boldsymbol{\alpha}_1, \boldsymbol{\alpha}_2, \boldsymbol{\alpha}_3, \boldsymbol{\alpha}_5-\boldsymbol{\alpha}_4)=$(　　).

A. 0　　B. 1　　C. 2　　D. 3　　E. 4

29. 设有来自三个地区的各 10 名、15 名和 25 名考生的报名表，其中女生的报名表分别为 3 份、7 份和 5 份. 随机地取一个地区的报名表，从中任意取出一份，则取到的一份是男生表的概率为(　　).

A. $\frac{1}{2}$　　B. $\frac{1}{3}$　　C. $\frac{29}{61}$　　D. $\frac{29}{90}$　　E. $\frac{61}{90}$

30. 设 $A$，$B$，$C$ 为三个随机事件，且 $A$ 与 $C$ 相互独立，$B$ 与 $C$ 相互独立，则 $A\cup B$ 与 $C$ 相互独立的充要条件是(　　).

A. $A$ 与 $B$ 相互独立　　B. $A$ 与 $B$ 互不相容　　C. $AB$ 与 $C$ 相互独立

D. $AB$ 与 $C$ 互不相容　　E. $AC$ 与 $B$ 相互独立

31. 设随机变量 $X$ 的概率密度为$f(x)=\begin{cases}\frac{x}{2}, & 0<x<2,\\0, & 其他,\end{cases}$ $F(x)$为 $X$ 的分布函数，$E(X)$为 $X$ 的数学期望，则 $P\{F(X)>E(X)-1\}=$(　　).

A. $\frac{1}{2}$　　B. $\frac{1}{3}$　　C. $\frac{2}{3}$　　D. $\frac{1}{4}$　　E. $\frac{3}{4}$

32. 设随机变量 $X$ 的概率密度为$f(x)=\begin{cases}\frac{A}{\sigma}\mathrm{e}^{-\frac{(x-\mu)^2}{2\sigma^2}}, & x\geqslant\mu,\\0, & x<\mu,\end{cases}$其中 $\mu$，$\sigma(\sigma>0)$，$A$ 为常数，则 $A=$(　　).

A. $\sqrt{\pi}$　　B. $\frac{1}{\sqrt{\pi}}$　　C. $2\sqrt{\pi}$　　D. $\frac{2}{\sqrt{\pi}}$　　E. $\sqrt{\frac{2}{\pi}}$

33. 设随机变量 $X$ 服从参数为 1 的指数分布，则 $E[|X-E(X)|]=$(　　).

A. $\mathrm{e}^{-1}$　　B. $1-\mathrm{e}^{-1}$　　C. $2\mathrm{e}^{-1}$　　D. $1-2\mathrm{e}^{-1}$　　E. $2\mathrm{e}^{-2}$

34. 随机变量 $X$ 服从泊松分布 $P(1)$，则 $P\{E(X)-1\leqslant X<D(X)+1\}=$(　　).

A. 1　　B. $\mathrm{e}^{-1}$　　C. $2\mathrm{e}^{-1}$　　D. $3\mathrm{e}^{-1}$　　E. $4\mathrm{e}^{-1}$

35. 假设有十只同种电器元件，其中有两只废品. 装配仪器时，从这批元件中任取一只，如是废品，则扔掉重新任取一只. 则在取到正品之前，已取出的废品只数的方差为(　　).

A. $\frac{2}{9}$　　B. $\frac{4}{15}$　　C. $\frac{8}{15}$　　D. $\frac{88}{405}$　　E. $\frac{128}{405}$

# 答案速查

## 数学基础

| | | | | | | | |
|---|---|---|---|---|---|---|---|
| 1～5 | DDCCE | 6～10 | CCCED | 11～15 | DCBDD | 16～20 | DBEEC |
| 21～25 | ABECB | 26～30 | CBEEC | 31～35 | CECCD | | |

# 答案详解

## 数学基础

**1. D**

**【解析】主要考查极限计算的等价无穷小替换等方法，是一道难度较低的计算题．**

方法一：充分利用等价无穷小替换．

当 $x \to 0^+$ 时，有

$$1-\cos\sqrt{x} \sim \frac{(\sqrt{x})^2}{2}=\frac{x}{2}；\ 1-\sqrt{\cos x}=-\left[(1+\cos x-1)^{\frac{1}{2}}-1\right] \sim -\frac{1}{2}(\cos x-1) \sim \frac{x^2}{4}.$$

则原极限 $=\lim\limits_{x\to 0^+}\dfrac{\frac{x^2}{4}}{\frac{x^2}{2}}=\dfrac{1}{2}$.

方法二：利用等价无穷小替换和有理化．

$$\lim_{x\to 0^+}\frac{1-\sqrt{\cos x}}{x(1-\cos\sqrt{x})}=\lim_{x\to 0^+}\frac{(1-\sqrt{\cos x})(1+\sqrt{\cos x})}{x\frac{(\sqrt{x})^2}{2}(1+\sqrt{\cos x})}=\lim_{x\to 0^+}\frac{1-\cos x}{x^2}=\lim_{x\to 0^+}\frac{\frac{x^2}{2}}{x^2}=\frac{1}{2}.$$

方法三：利用等价无穷小替换和洛必达法则．

$$\lim_{x\to 0^+}\frac{1-\sqrt{\cos x}}{x(1-\cos\sqrt{x})}=\lim_{x\to 0^+}\frac{1-\sqrt{\cos x}}{x\frac{(\sqrt{x})^2}{2}}=\lim_{x\to 0^+}\frac{2(1-\sqrt{\cos x})}{x^2}=\lim_{x\to 0^+}\frac{2\left(-\frac{-\sin x}{2\sqrt{\cos x}}\right)}{2x}=\frac{1}{2}.$$

**2. D**

**【解析】考查对数恒等式变形、洛必达法则等，属于难度中等的计算题．**

先利用对数恒等式化简，再用洛必达法则计算，注意 $m$ 为常数，可得原极限 $=e^{\lim\limits_{x\to 0}\frac{1}{x}\ln\left(\frac{a_1^x+a_2^x+\cdots+a_m^x}{m}\right)}$，其中

$$\lim_{x\to0}\frac{1}{x}\ln\left(\frac{a_1^x+a_2^x+\cdots+a_m^x}{m}\right)=\lim_{x\to0}\frac{\frac{a_1^x+a_2^x+\cdots+a_m^x}{m}-1}{x}$$

$$\xlongequal{洛必达}\lim_{x\to0}\frac{a_1^x\ln a_1+a_2^x\ln a_2+\cdots+a_m^x\ln a_m}{m}$$

$$=\frac{\ln a_1+\ln a_2+\cdots+\ln a_m}{m}=\frac{1}{m}\ln(a_1a_2\cdots a_m),$$

故原极限$=e^{\frac{1}{m}\ln(a_1a_2\cdots a_m)}=(a_1a_2\cdots a_m)^{\frac{1}{m}}$.

**3. C**

**【解析】考查无穷小的阶，是一道难度较低的计算题.**

由题意得，$\lim\limits_{x\to x_0}\frac{\alpha(x)}{\beta(x)}=0$.

A 项：由$\lim\limits_{x\to x_0}\frac{\alpha(x)\beta(x)}{\beta^2(x)}=\lim\limits_{x\to x_0}\frac{\alpha(x)}{\beta(x)}=0$，得$\alpha(x)\beta(x)$不是关于$\beta(x)$的 2 阶无穷小，故A项错误.

同理计算得 B、E 项错误.

C 项：由$\lim\limits_{x\to x_0}\frac{\alpha^2(x)+2\beta^2(x)}{\beta^2(x)}=\lim\limits_{x\to x_0}\frac{\alpha^2(x)}{\beta^2(x)}+2=2$，得$\alpha^2(x)+2\beta^2(x)$是关于$\beta(x)$的 2 阶无穷小，故 C 项正确.

D 项：由$\lim\limits_{x\to x_0}\frac{\alpha^2(x)+\beta^2(x)\sin\frac{1}{x-x_0}}{\beta^2(x)}=\lim\limits_{x\to x_0}\frac{\alpha^2(x)}{\beta^2(x)}+\lim\limits_{x\to x_0}\sin\frac{1}{x-x_0}=\lim\limits_{x\to x_0}\sin\frac{1}{x-x_0}$不存在，可知$\alpha^2(x)+\beta^2(x)\sin\frac{1}{x-x_0}$不是关于$\beta(x)$的 2 阶无穷小，故 D 项错误.

**4. C**

**【解析】主要考查导数的定义，是一道难度中等的概念题.**

(1)：$f'(x_0)=\lim\limits_{h\to0}\frac{f(x_0+h)-f(x_0)}{h}=\lim\limits_{h\to0}\frac{f(x_0+h)-f(x_0)}{h^2}\cdot h=A\times0=0$，故(1)正确.

(2)、(4)：令$f(x)=|x|$，$x_0=0$，则$f(x)$在点$x_0$连续，$\lim\limits_{h\to0}\frac{f(x_0+h^2)-f(x_0)}{h}=\lim\limits_{h\to0}\frac{f(x_0+h^2)}{h}=\lim\limits_{h\to0}\frac{h^2}{h}=0$，但$f'(x_0)$不存在，故(2)、(4)错误.

(3)：由$\lim\limits_{h\to0}\frac{f(x_0+h)}{h^2}=A$得$\lim\limits_{h\to0}f(x_0+h)=0$，又$f(x)$在点$x_0$连续可知$f(x_0)=0$. 故$f'(x_0)=\lim\limits_{h\to0}\frac{f(x_0+h)-f(x_0)}{h}=\lim\limits_{h\to0}\frac{f(x_0+h)}{h^2}\cdot h=A\times0=0$，故(3)正确.

综上，条件中是$f'(x_0)=0$的充分条件的有 2 个.

**5. E**

**【解析】考查极坐标与直角坐标转化、切线、参数方程求导，是一道难度中等的计算题.**

利用极坐标$(r,\theta)$到直角坐标$(x,y)$的转换公式$\begin{cases}x=r\cos\theta,\\y=r\sin\theta,\end{cases}$可得 $L$ 的参数方程为$\begin{cases}x=\theta\cos\theta,\\y=\theta\sin\theta,\end{cases}$故点$(r,\theta)=\left(\frac{\pi}{2},\frac{\pi}{2}\right)$的直角坐标为$(x,y)=\left(0,\frac{\pi}{2}\right)$，切线斜率为$\left.\frac{\mathrm{d}y}{\mathrm{d}x}\right|_{\theta=\frac{\pi}{2}}=\left.\frac{\sin\theta+\theta\cos\theta}{\cos\theta-\theta\sin\theta}\right|_{\theta=\frac{\pi}{2}}=-\frac{2}{\pi}$，故所求切线方程为$y-\frac{\pi}{2}=-\frac{2}{\pi}(x-0)$，即$\frac{2}{\pi}x+y-\frac{\pi}{2}=0$.

**6. C**

**【解析】考查极值与连续的定义，是一道难度中等的概念题．**

由题意知当 $x\in(a-\delta,\ a+\delta)$ 时，$f(x)\leqslant f(a)$，即 $f(x)-f(a)\leqslant 0$.

A、B 项：当 $x\in(a-\delta,\ a)$ 时，$x-a<0$，故 $(x-a)[f(x)-f(a)]\geqslant 0$；当 $x\in(a,\ a+\delta)$ 时，$x-a>0$，故 $(x-a)[f(x)-f(a)]\leqslant 0$，故 A、B 项错误．

C、D、E 项：由 $f(x)$ 在 $x=a$ 处连续，得 $\lim\limits_{t\to a}\dfrac{f(t)-f(x)}{(t-x)^2}=\dfrac{f(a)-f(x)}{(a-x)^2}\geqslant 0\ (x\neq a)$，$\lim\limits_{t\to a}\dfrac{f(t)-f(x)}{t-x}=\dfrac{f(a)-f(x)}{a-x}$ ①，当 $x\in(a-\delta,\ a)$ 时，式① $\geqslant 0$；当 $x\in(a,\ a+\delta)$ 时，式① $\leqslant 0$. 故 C 项正确，D、E 项错误．

**7. C**

**【思路】**根据导函数的图形判断极值点，可先找出可能的极值点：驻点和不可导点，再利用极值的第一充分条件判断；根据导函数的图形判断拐点，可利用“函数图形的拐点是一阶导函数单调性发生变化的点（且函数在该点连续）”判断．

**【解析】考查极值点与拐点的定义、必要条件和充分条件，是一道难度中等的概念题．**

如题图所示，$f(x)$ 的驻点为 $x_1$，$x_3$，$x_5$，不可导点为 $x_2$，又上述点中，仅 $x_1$，$x_3$ 两侧（附近）$f'(x)$ 变号，故仅这两点为 $f(x)$ 的极值点．由于在点 $x_2$，$x_4$，$x_5$ 两侧（附近）$f'(x)$ 的单调性发生变化，因此这三点为 $y=f(x)$ 的拐点．

**8. C**

**【解析】考查函数与导函数极限的关系、拉格朗日中值定理，是一道难度中等的概念题．**

A、B 项：令 $f(x)=x$，则 $\lim\limits_{x\to+\infty}f(x)=+\infty$，$\lim\limits_{x\to-\infty}f(x)=-\infty$，但 $\lim\limits_{x\to+\infty}f'(x)=\lim\limits_{x\to-\infty}f'(x)=1$，故 A、B 项错误．

C 项：由 $\lim\limits_{x\to+\infty}f'(x)=+\infty$ 得，对于给定的 $M>0$，存在 $X>0$，当 $x>X$ 时，有 $f'(x)>M$. $f(x)$ 在 $[X,\ x]$ 用拉格朗日中值定理得 $f(x)-f(X)=f'(\xi)(x-X)$，其中 $\xi\in(X,\ x)$，则 $f(x)=f(X)+f'(\xi)(x-X)>f(X)+M(x-X)\to+\infty\ (x\to+\infty)$，得 $\lim\limits_{x\to+\infty}f(x)=+\infty$，故 C 项正确．

D 项：令 $f(x)=x^2$，则 $\lim\limits_{x\to-\infty}f'(x)=\lim\limits_{x\to-\infty}2x=-\infty$，但 $\lim\limits_{x\to-\infty}f(x)=\lim\limits_{x\to-\infty}x^2=+\infty$，故 D 项错误．

也可以用类似 C 项的推理证明 D 项错误．

由 $\lim\limits_{x\to-\infty}f'(x)=-\infty$ 得，对于给定的 $M>0$，存在 $X>0$，当 $x<-X$ 时，有 $f'(x)<-M$，又 $x+X<0$ 得 $f'(x)(x+X)>-M(x+X)$. $f(x)$ 在 $[x,\ -X]$ 用拉格朗日中值定理得 $f(-X)-f(x)=f'(\xi_1)(-X-x)$，其中 $\xi_1\in(x,\ -X)$，则 $f(x)=f(-X)+f'(\xi_1)(X+x)>f(-X)-M(X+x)\to+\infty\ (x\to-\infty)$，得 $\lim\limits_{x\to-\infty}f(x)=+\infty$.

E 项：令 $f(x)=1$，则 $\lim\limits_{x\to+\infty}f'(x)=0$，但 $\lim\limits_{x\to+\infty}f(x)=1$，故 E 项错误．

**9. E**

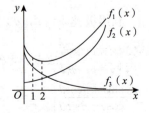

**【解析】考查凹凸性定理、拉格朗日中值定理和数列极限，是一道难度中等的概念题．**

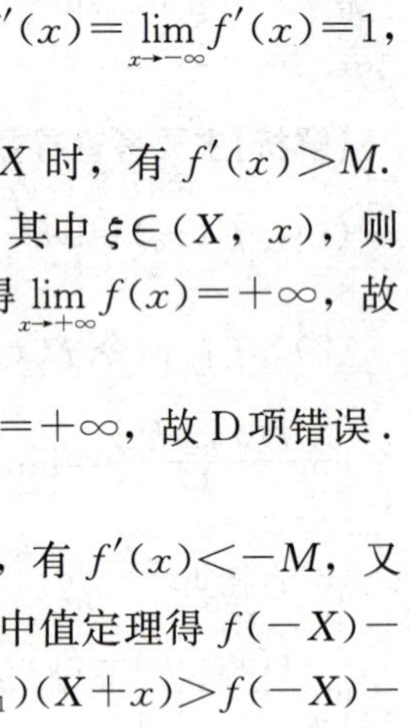


方法一：借助图形直观判断．

如图所示，$f''(x)>0$ 说明 $f(x)$ 的图形为凹的．当 $u_1>u_2$ 时，若 $f(x)$ 的图形是形如 $f_1(x)$ 的图形，则 $\{u_n\}$ 发散；若 $f(x)$ 的图形是形如

$f_3(x)$的图形，则$\{u_n\}$收敛．故(1)、(2)均错误．当$u_1<u_2$时，$f(x)$的图形只可能形如$f_2(x)$的图形，则$\{u_n\}$必发散，故(3)错误，(4)正确．

方法二：通过举反例证明结论错误，或通过推理证明结论正确．

(1)：令$f(x)=(x-2)^2$，则$f''(x)=2>0$，$u_1=1$，$u_2=0$，但$\{u_n\}$即$\{(n-2)^2\}$发散，故(1)错误．

(2)：令$f(x)=\dfrac{1}{x}$，则$f''(x)=\dfrac{2}{x^3}>0$，$u_1=1$，$u_2=\dfrac{1}{2}$，但$\{u_n\}$即$\left\{\dfrac{1}{n}\right\}$收敛，故(2)错误．

(3)、(4)：由拉格朗日中值定理得$u_2-u_1=f(2)-f(1)=f'(\xi_1)(1<\xi_1<2)$，又$u_1<u_2$得$f'(\xi_1)>0$. 当$n\geqslant 3$时，$u_n-u_2=f(n)-f(2)=f'(\xi_n)(n-2)(2<\xi_n<n)$，由$f''(x)>0$得$f'(x)$单调增加，故

$$u_n=u_2+f'(\xi_n)(n-2)>u_2+f'(\xi_1)(n-2)\to+\infty(n\to\infty),$$

即$\{u_n\}$发散，则(3)错误，(4)正确．

**10. D**

**【解析】考查泰勒公式，是一道难度中等的计算题．**

由于$f(0)=\sec 0=1$，$f'(0)=\sec x\tan x\big|_{x=0}=0$，$f''(0)=(\sec x\tan x)'\big|_{x=0}=(\sec x\tan^2x+\sec^3x)\big|_{x=0}=1$，故$f(x)=\sec x$在$x=0$处的2次泰勒多项式为$f(0)+f'(0)x+\dfrac{f''(0)}{2!}x^2=1+\dfrac{x^2}{2}=1+ax+bx^2$，故$a=0$，$b=\dfrac{1}{2}$.

**【总结】**(1)一般函数的泰勒公式．

若函数$f(x)$在点$x_0$存在直到$n$阶导数，则当$x\to x_0$时，有

$$f(x)=f(x_0)+f'(x_0)(x-x_0)+\frac{f''(x_0)}{2!}(x-x_0)^2+\cdots+\frac{f^{(n)}(x_0)}{n!}(x-x_0)^n+o((x-x_0)^n).$$

其中$o((x-x_0)^n)$称为佩亚诺余项，而等式右端除了余项外的多项式称为$f(x)$在点$x_0$处的$n$次泰勒多项式，上述公式称为$f(x)$在点$x_0$处的带有佩亚诺余项的$n$阶泰勒公式．

(2)具体函数的泰勒公式．

对于$x\to 0$时的具体函数的极限问题(常为“$\dfrac{0}{0}$”型)，若由条件所限无法使用洛必达法则，或能用但烦琐，则可考虑用如下泰勒公式计算：

①$e^x=1+x+\dfrac{x^2}{2!}+\dfrac{x^3}{3!}+o(x^3)$；　②$\sin x=x-\dfrac{x^3}{3!}+o(x^3)$；

③$\cos x=1-\dfrac{x^2}{2!}+\dfrac{x^4}{4!}+o(x^4)$；　④$\ln(1+x)=x-\dfrac{x^2}{2}+\dfrac{x^3}{3}+o(x^3)$；

⑤$(1+x)^\alpha=1+\alpha x+\dfrac{\alpha(\alpha-1)x^2}{2!}+o(x^2)$；　⑥$\arcsin x=x+\dfrac{x^3}{3!}+o(x^3)$；

⑦$\tan x=x+\dfrac{x^3}{3}+o(x^3)$；　⑧$\arctan x=x-\dfrac{x^3}{3}+o(x^3)$.

注意上述泰勒公式等号右侧写出多少项要视解题需要而定．

**11. D**

**【解析】考查定积分计算与数列极限计算，是一道难度中等的计算题．**

$a_n=\dfrac{3}{2n}\displaystyle\int_0^{\frac{n}{n+1}}(1+x^n)^{\frac{1}{2}}\mathrm{d}(x^n)=\dfrac{3}{2n}\cdot\dfrac{2}{3}(1+x^n)^{\frac{3}{2}}\Big|_0^{\frac{n}{n+1}}=\dfrac{1}{n}\left\{\left[1+\left(\dfrac{n}{n+1}\right)^n\right]^{\frac{3}{2}}-1\right\}$，故

$$\lim_{n\to\infty}na_n=\lim_{n\to\infty}\left[1+\left(\frac{n}{n+1}\right)^n\right]^{\frac{3}{2}}-1,$$

其中$\lim\limits_{n\to\infty}\left(\frac{n}{n+1}\right)^n=e^{\lim\limits_{n\to\infty}n\ln\left(\frac{n}{n+1}\right)}=e^{\lim\limits_{n\to\infty}n\left(\frac{n}{n+1}-1\right)}=e^{\lim\limits_{n\to\infty}\frac{-n}{n+1}}=e^{-1}$，故$\lim\limits_{n\to\infty}na_n=(1+e^{-1})^{\frac{3}{2}}-1$.

**12. C**

**【解析】主要考查不定积分的分部积分法，是一道难度较低的计算题.**

由 $f(x)f'(x)=x^3e^{x^2}$，等号两边求不定积分得$\int f(x)f'(x)\mathrm{d}x=\int x^3e^{x^2}\mathrm{d}x$.

故$\frac{f^2(x)}{2}=\int x^3e^{x^2}\mathrm{d}x=\frac{1}{2}\int x^2e^{x^2}\mathrm{d}(x^2)$，令 $x^2=t$，则

$$\int x^2e^{x^2}\mathrm{d}(x^2)=\int te^t\mathrm{d}t=\int t\mathrm{d}(e^t)=te^t-\int e^t\mathrm{d}t=(t-1)e^t+C=(x^2-1)e^{x^2}+C.$$

故$\frac{f^2(x)}{2}=\frac{1}{2}(x^2-1)e^{x^2}+\frac{C}{2}$，再由$f(1)=0$得$C=0$，故$\frac{f^2(x)}{2}=\frac{1}{2}(x^2-1)e^{x^2}$，又$f(x)>0$，

则 $f(x)=\sqrt{(x^2-1)e^{x^2}}$.

**13. B**

**【解析】考查利用定积分定义计算极限，是一道难度中等的计算题.**

根据定积分定义$\lim\limits_{n\to\infty}\ln\sqrt[n]{\left(1+\frac{1}{n}\right)^2\left(1+\frac{2}{n}\right)^2\cdots\left(1+\frac{n}{n}\right)^2}=2\lim\limits_{n\to\infty}\frac{1}{n}\sum\limits_{i=1}^{n}\ln\left(1+\frac{i}{n}\right)=2\int_1^2\ln x\,\mathrm{d}x$.

**【注意】**$2\lim\limits_{n\to\infty}\frac{1}{n}\sum\limits_{i=1}^{n}\ln\left(1+\frac{i}{n}\right)=2\int_1^2\ln x\,\mathrm{d}x$ 利用的公式是 $\lim\limits_{n\to\infty}\sum\limits_{i=1}^{n}f\left[a+\frac{i(b-a)}{n}\right]\frac{b-a}{n}=\int_a^b f(x)\mathrm{d}x$. 此外，也可以用$\lim\limits_{n\to\infty}\sum\limits_{i=1}^{n}f\left(\frac{i}{n}\right)\frac{1}{n}=\int_0^1 f(x)\mathrm{d}x$ 计算，可得

$$2\lim_{n\to\infty}\frac{1}{n}\sum_{i=1}^{n}\ln\left(1+\frac{i}{n}\right)=2\int_0^1\ln(1+x)\mathrm{d}x\xlongequal{令 1+x=t}2\int_1^2\ln t\,\mathrm{d}t.$$

**14. D**

**【解析】考查对称区间的定积分结论和分段函数的定积分计算，是一道难度较低的计算题.**

令 $x^2=1-x^2$，解得分段点为 $x=\pm\frac{\sqrt{2}}{2}$. 又 $\max\{x^2,1-x^2\}$为偶函数，故由对称区间奇偶函数的定积分结论得

$$\int_{-1}^{1}\max\{x^2,1-x^2\}\mathrm{d}x=2\int_0^1\max\{x^2,1-x^2\}\mathrm{d}x=2\left[\int_0^{\frac{\sqrt{2}}{2}}(1-x^2)\mathrm{d}x+\int_{\frac{\sqrt{2}}{2}}^{1}x^2\mathrm{d}x\right]$$
$$=2\left(\frac{\sqrt{2}}{2}-\frac{x^3}{3}\bigg|_0^{\frac{\sqrt{2}}{2}}+\frac{x^3}{3}\bigg|_{\frac{\sqrt{2}}{2}}^{1}\right)=\frac{2(1+\sqrt{2})}{3}.$$

**15. D**

**【解析】主要考查变限积分求导、连续及导数定义，是一道难度中等的计算题.**

A、B、C 项：由 $\lim\limits_{x\to0}\frac{f(x)}{x}=A$ 得 $\lim\limits_{x\to0}f(x)=0$，又由 $f(x)$ 连续得 $f(0)=0$，则 $f'(0)=\lim\limits_{x\to0}\frac{f(x)-f(0)}{x}=\lim\limits_{x\to0}\frac{f(x)}{x}=A$，$\varphi(0)=\int_0^1 f(0)\mathrm{d}t=0$，故 A、B、C 项正确.

D 项：当 $x\neq0$ 时，令 $xt=u$，则 $t=\frac{u}{x}$，$\mathrm{d}t=\frac{1}{x}\mathrm{d}u$，故 $\varphi(x)=\frac{1}{x}\int_0^x f(u)\mathrm{d}u$，则 $\varphi'(0)=\lim\limits_{x\to0}\frac{\varphi(x)-\varphi(0)}{x}=\lim\limits_{x\to0}\frac{\int_0^x f(u)\mathrm{d}u}{x^2}=\lim\limits_{x\to0}\frac{f(x)}{2x}=\frac{A}{2}$，故 D 项错误.

E 项：当 $x \neq 0$ 时，$\varphi'(x)=\left[\dfrac{\int_0^x f(u)\mathrm{d}u}{x}\right]'=\dfrac{x f(x)-\int_0^x f(u)\mathrm{d}u}{x^2}$，故

$$\lim_{x\to 0}\varphi'(x)=\lim_{x\to 0}\frac{f(x)x-\int_0^x f(u)\mathrm{d}u}{x^2}=\lim_{x\to 0}\frac{f(x)}{x}-\lim_{x\to 0}\frac{\int_0^x f(u)\mathrm{d}u}{x^2}$$

$$=A-\lim_{x\to 0}\frac{f(x)}{2x}=A-\frac{A}{2}=\frac{A}{2}=\varphi'(0),$$

故 $\varphi'(x)$在点 $x=0$ 连续，则 E 项正确.

**16. D**

**【解析】考查定积分的几何意义及计算，是一道难度较低的计算题.**

由 $y=-x^3+x^2+2x=-x(x-2)(x+1)$得该函数的零点为$-1$，0，2，再结合定积分的几何意义得 $A=\int_{-1}^2 |-x^3+x^2+2x|\mathrm{d}x$.

又 $|-x^3+x^2+2x|=|x(x-2)(x+1)|=\begin{cases}x(x-2)(x+1), & -1\leqslant x<0,\\ -x(x-2)(x+1), & 0\leqslant x\leqslant 2,\end{cases}$ 则

$$A=\int_{-1}^0 (x^3-x^2-2x)\mathrm{d}x+\int_0^2(-x^3+x^2+2x)\mathrm{d}x$$

$$=\left(\frac{x^4}{4}-\frac{x^3}{3}-x^2\right)\Bigg|_{-1}^0+\left(-\frac{x^4}{4}+\frac{x^3}{3}+x^2\right)\Bigg|_0^2=\frac{37}{12}.$$

**17. B**

**【解析】考查旋转体体积，是一道难度中等的计算题.**

如图所示，相应于$[a, b]$上任一小区间$[x, x+\mathrm{d}x]$的薄片的体积元为(底面半径为 $m-g(x)$，高为 $\mathrm{d}x$ 的大圆柱体积，减去底面半径为 $m-f(x)$，高为 $\mathrm{d}x$ 的小圆柱体积)

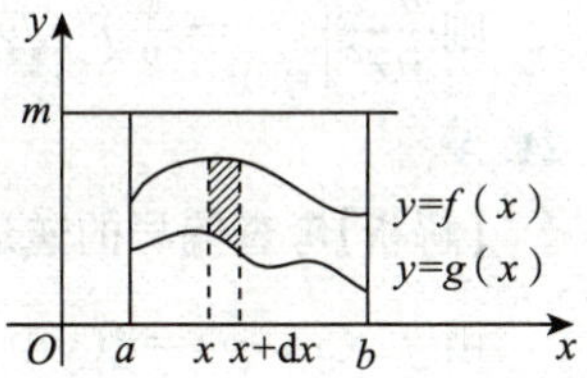


$$\mathrm{d}V=\pi\{[m-g(x)]^2-[m-f(x)]^2\}\mathrm{d}x$$

$$=\pi[2m-f(x)-g(x)][f(x)-g(x)]\mathrm{d}x,$$

则所求体积为 $V=\int_a^b \pi[2m-f(x)-g(x)][f(x)-g(x)]\mathrm{d}x$.

**18. E**

**【解析】考查二重极限的存在性，是一道难度中等的概念题.**

A 项：令 $y=kx$，则 $\lim\limits_{\substack{(x,y)\to(0,0)\\ y=kx}}\dfrac{\sqrt{|xy|}}{x+y}=\lim\limits_{x\to 0}\dfrac{\sqrt{|kx^2|}}{x+kx}=\dfrac{\sqrt{|k|}}{1+k}\lim\limits_{x\to 0}\dfrac{|x|}{x}$，当 $x\to 0^+$ 时该极限为$\dfrac{\sqrt{|k|}}{1+k}$，与 $k$ 有关，故该二重极限不存在；同理得 B 项的二重极限不存在.

C 项：当 $x\neq 0$ 时，$0\leqslant\left|\dfrac{x^3}{x^2+y^2}\right|=\dfrac{|x^3|}{x^2+y^2}\leqslant\dfrac{x^2|x|}{x^2}=|x|$；当 $x=0$，$y\neq 0$ 时，不等式 $0\leqslant\left|\dfrac{x^3}{x^2+y^2}\right|\leqslant|x|$ 仍成立. 又 $\lim\limits_{(x,y)\to(0,0)}|x|=0$，故由夹逼准则得 $\lim\limits_{(x,y)\to(0,0)}\dfrac{x^3}{x^2+y^2}=0$.

D 项：由 C 项的分析结果得 $\lim\limits_{(x,y)\to(0,0)}\dfrac{x^2+y^2}{x^3}=\dfrac{1}{\lim\limits_{(x,y)\to(0,0)}\dfrac{x^3}{x^2+y^2}}=\infty$. 也可取特殊路径说明该极限

不存在．令 $y=kx$，则 $\lim\limits_{\substack{(x,y)\to(0,0)\\y=kx}}\dfrac{x^2+y^2}{x^3}=\lim\limits_{x\to0}\dfrac{x^2+k^2x^2}{x^3}=\lim\limits_{x\to0}\dfrac{1+k^2}{x}=\infty$.

E 项：令 $y=kx^{\frac{1}{3}}$，则 $\lim\limits_{\substack{(x,y)\to(0,0)\\y=kx^{\frac{1}{3}}}}\dfrac{xy^3}{x^2+y^6}=\lim\limits_{x\to0}\dfrac{k^3x^2}{x^2+k^6x^2}=\dfrac{k^3}{1+k^6}$，与 $k$ 有关，故该二重极限不存在．

**19. E**

**【解析】考查二重极限、二元函数的连续性与偏导数，是一道难度较低的计算题．**

A、B 项：由 $\lim\limits_{(x,y)\to(0,0)}z(x,y)=\lim\limits_{(x,y)\to(0,0)}xy\sin\dfrac{1}{\sqrt{x^2+y^2}}=0=z(0,0)$（无穷小×有界量=无穷小），得 $z(x,y)$ 在点 $(0,0)$ 处连续，故 A、B 项错误．

C、D、E 项：由 $\lim\limits_{x\to0}\dfrac{z(x,0)-z(0,0)}{x}=\lim\limits_{x\to0}\dfrac{0-0}{x}=0$，得 $z'_x(0,0)=0$.

由 $\lim\limits_{y\to0}\dfrac{z(0,y)-z(0,0)}{y}=\lim\limits_{y\to0}\dfrac{0-0}{y}=0$，得 $z'_y(0,0)=0$，故 C、D 项错误，E 项正确．

**20. C**

**【解析】主要考查多元复合函数求导法则，是一道难度较低的计算题．**

$$\frac{\partial z}{\partial x}=f'(\sqrt{x^2+y^2})\cdot\frac{x}{\sqrt{x^2+y^2}};$$

$$\frac{\partial^2 z}{\partial x^2}=f''(\sqrt{x^2+y^2})\cdot\left(\frac{x}{\sqrt{x^2+y^2}}\right)^2+f'(\sqrt{x^2+y^2})\cdot\frac{\sqrt{x^2+y^2}-\dfrac{x^2}{\sqrt{x^2+y^2}}}{x^2+y^2}.$$

则 $\left.\dfrac{\partial^2 z}{\partial x^2}\right|_{(1,1)}=\dfrac{1}{2}f''(\sqrt{2})+\dfrac{\sqrt{2}}{4}f'(\sqrt{2})$.

**21. A**

**【解析】考查偏导的逆运算和多元极值的必要条件和充分条件，是一道难度中等的计算题．**

由 $f''_{xy}(x,y)=2(y+1)e^x$，对 $y$ 求积分，得 $f'_x(x,y)=\int 2(y+1)e^x\,dy=(y+1)^2e^x+g(x)$，又已知 $f'_x(x,0)=(x+1)e^x$，故 $e^x+g(x)=(x+1)e^x$，则 $g(x)=xe^x$，故 $f'_x(x,y)=(y+1)^2e^x+xe^x$，再对 $x$ 求积分，得

$f(x,y)=\int[(y+1)^2e^x+xe^x]\,dx=(y+1)^2e^x+(x-1)e^x+h(y)=(y^2+2y+x)e^x+h(y)$，

又已知 $f(0,y)=y^2+2y$，故 $h(y)=0$，则 $f(x,y)=(y^2+2y+x)e^x$. 求偏导得

$$f'_y(x,y)=2(y+1)e^x,\ f''_{xx}(x,y)=(y^2+2y+x+2)e^x,\ f''_{yy}(x,y)=2e^x.$$

令 $f'_x(x,y)=0$，$f'_y(x,y)=0$，解得驻点 $(0,-1)$，在该点处 $A=f''_{xx}(0,-1)=1$，$B=f''_{xy}(0,-1)=0$，$C=f''_{yy}(0,-1)=2$，则 $AC-B^2>0$ 且 $A>0$，故 $f(x,y)$ 有极小值 $f(0,-1)=-1$.

**22. B**

**【解析】考查行列式的性质和上三角行列式的计算公式，是一道难度较低的计算题．**

方法一：直接三角化．

将第 $2\sim n$ 行的元素加至第 1 行，再提公因子得

$$\begin{vmatrix}1+a&1&1&\cdots&1\\2&2+a&2&\cdots&2\\3&3&3+a&\cdots&3\\\vdots&\vdots&\vdots&&\vdots\\n&n&n&\cdots&n+a\end{vmatrix}=\left[\frac{(1+n)n}{2}+a\right]\begin{vmatrix}1&1&1&\cdots&1\\2&2+a&2&\cdots&2\\3&3&3+a&\cdots&3\\\vdots&\vdots&\vdots&&\vdots\\n&n&n&\cdots&n+a\end{vmatrix}$$

$$=\left[\frac{(1+n)n}{2}+a\right]\begin{vmatrix}1&1&1&\cdots&1\\0&a&0&\cdots&0\\0&0&a&\cdots&0\\\vdots&\vdots&\vdots&&\vdots\\0&0&0&\cdots&a\end{vmatrix}=\left[\frac{(1+n)n}{2}+a\right]a^{n-1}.$$

方法二：化爪形行列式．

将第 1 行的 $-i$ 倍依次加到第 $i$ 行（$i=2,3,\cdots,n$），再将第 $i$ 列（$i=2,3,\cdots,n$）的 $i$ 倍依次加到第 1 列，得

$$\begin{vmatrix}1+a&1&1&\cdots&1\\2&2+a&2&\cdots&2\\3&3&3+a&\cdots&3\\\vdots&\vdots&\vdots&&\vdots\\n&n&n&\cdots&n+a\end{vmatrix}=\begin{vmatrix}1+a&1&1&\cdots&1\\-2a&a&&&\\-3a&&a&&\\\vdots&&&\ddots&\\-na&&&&a\end{vmatrix}$$

$$=\begin{vmatrix}\frac{n(n+1)}{2}+a&1&1&\cdots&1\\0&a&&&\\0&&a&&\\\vdots&&&\ddots&\\0&&&&a\end{vmatrix}=\left[\frac{(1+n)n}{2}+a\right]a^{n-1}.$$

**23. E**

**【解析】主要考查矩阵的运算和可交换矩阵的性质，是一道难度较低的概念题．**

A 项：由 $\boldsymbol{A}$ 与 $\boldsymbol{A}$ 可交换，得 $\boldsymbol{A}$ 的多项式 $\boldsymbol{A}+\boldsymbol{E}$ 与 $\boldsymbol{A}-\boldsymbol{E}$ 可交换，故 A 项正确．

B 项：根据方阵的幂的定义得 $\boldsymbol{A}^p\boldsymbol{A}^q=\boldsymbol{A}^{p+q}=\boldsymbol{A}^q\boldsymbol{A}^p$，故 B 项正确．

C 项：$\boldsymbol{AB}=\boldsymbol{BA}$，即 $\boldsymbol{A}$ 与 $\boldsymbol{B}$ 可交换，则 $\boldsymbol{A}$ 的多项式 $\boldsymbol{A}^p$ 与 $\boldsymbol{B}$ 的多项式 $\boldsymbol{B}^q$ 可交换，故 C 项正确．

D 项：由 $\boldsymbol{A}$ 与 $\boldsymbol{B}$ 可交换，则可对 $\boldsymbol{A}$ 与 $\boldsymbol{B}$ 用完全平方差公式，故 D 项正确．

E 项：$(\boldsymbol{A}+\boldsymbol{B})^2=(\boldsymbol{A}+\boldsymbol{B})(\boldsymbol{A}+\boldsymbol{B})=\boldsymbol{A}^2+\boldsymbol{AB}+\boldsymbol{BA}+\boldsymbol{B}^2\xlongequal{\boldsymbol{AB}=\boldsymbol{O}}\boldsymbol{A}^2+\boldsymbol{BA}+\boldsymbol{B}^2$，由于 $\boldsymbol{AB}=\boldsymbol{O}$ 推不出 $\boldsymbol{BA}=\boldsymbol{O}$，如 $\boldsymbol{A}=\begin{pmatrix}0&1\\0&0\end{pmatrix}$，$\boldsymbol{B}=\begin{pmatrix}1&0\\0&0\end{pmatrix}$，则 $\boldsymbol{AB}=\boldsymbol{O}$，但 $\boldsymbol{BA}=\begin{pmatrix}0&1\\0&0\end{pmatrix}$，因此 $(\boldsymbol{A}+\boldsymbol{B})^2=\boldsymbol{A}^2+\boldsymbol{B}^2$ 不一定成立．

**【总结】**(1)常见的可交换的矩阵：

$\boldsymbol{A}$ 与同阶零矩阵，$\boldsymbol{A}$ 与同阶 $k\boldsymbol{E}$，$\boldsymbol{A}$ 与 $\boldsymbol{A}^*$，$\boldsymbol{A}$ 与 $\boldsymbol{A}^{-1}$（$\boldsymbol{A}$ 可逆时），$\boldsymbol{A}$ 与 $f(\boldsymbol{A})$，两个同阶对角阵．其中，$\boldsymbol{A}$ 为 $n$ 阶方阵；$k$ 为实数；$f(\boldsymbol{A})$ 为将 $\boldsymbol{A}$ 代入多项式 $f(x)$ 中所得的矩阵，称为 $\boldsymbol{A}$ 的多项式，如 $f(x)=x^2+2x+3$，则 $f(\boldsymbol{A})=\boldsymbol{A}^2+2\boldsymbol{A}+3\boldsymbol{E}$.

(2)可交换矩阵的常用性质：

①若 $\boldsymbol{A}$ 与 $\boldsymbol{B}$ 可交换，则 $\boldsymbol{A}$ 的多项式 $f(\boldsymbol{A})$ 与 $\boldsymbol{B}$ 的多项式 $g(\boldsymbol{B})$ 可交换；

②若 $\boldsymbol{A}$ 与 $\boldsymbol{B}$，$\boldsymbol{A}$ 与 $\boldsymbol{C}$ 均可交换，则 $\boldsymbol{A}$ 与 $\boldsymbol{B}+\boldsymbol{C}$，$\boldsymbol{A}$ 与 $\boldsymbol{BC}$ 均可交换；

③若 $\boldsymbol{A}$，$\boldsymbol{B}$ 可交换，则代数学的公式(如平方差公式、完全平方公式等)适用于 $\boldsymbol{A}$，$\boldsymbol{B}$，否则不适用.

**24. C**

**【解析】考查分块矩阵的运算和秩，是一道难度中等的计算题.**

对 $\begin{pmatrix}\boldsymbol{O} & \boldsymbol{A}\\ \boldsymbol{BC} & \boldsymbol{E}\end{pmatrix}$ 先施以初等行变换，再施以初等列变换，并结合 $\boldsymbol{ABC}=\boldsymbol{O}$ 得 $\begin{pmatrix}\boldsymbol{O} & \boldsymbol{A}\\ \boldsymbol{BC} & \boldsymbol{E}\end{pmatrix}\sim\begin{pmatrix}\boldsymbol{O} & \boldsymbol{O}\\ \boldsymbol{BC} & \boldsymbol{E}\end{pmatrix}\sim\begin{pmatrix}\boldsymbol{O} & \boldsymbol{O}\\ \boldsymbol{O} & \boldsymbol{E}\end{pmatrix}$，上述变换过程可用分块矩阵乘积表示为 $\begin{pmatrix}\boldsymbol{E} & -\boldsymbol{A}\\ \boldsymbol{O} & \boldsymbol{E}\end{pmatrix}\begin{pmatrix}\boldsymbol{O} & \boldsymbol{A}\\ \boldsymbol{BC} & \boldsymbol{E}\end{pmatrix}\begin{pmatrix}\boldsymbol{E} & \boldsymbol{O}\\ -\boldsymbol{BC} & \boldsymbol{E}\end{pmatrix}=\begin{pmatrix}\boldsymbol{O} & \boldsymbol{O}\\ \boldsymbol{O} & \boldsymbol{E}\end{pmatrix}$(类似于对非分块矩阵进行初等变换，相当于对其乘初等矩阵，满足“左行右列”法则)，由于初等变换不改变矩阵的秩，因此 $R\begin{pmatrix}\boldsymbol{O} & \boldsymbol{A}\\ \boldsymbol{BC} & \boldsymbol{E}\end{pmatrix}=R\begin{pmatrix}\boldsymbol{O} & \boldsymbol{O}\\ \boldsymbol{O} & \boldsymbol{E}\end{pmatrix}=n$.

**25. B**

**【解析】考查矩阵秩的性质与方阵的可逆性，是一道难度中等的概念题.**

由 $\boldsymbol{A}$ 是 $m\times n$ 矩阵，$\boldsymbol{B}$ 是 $n\times m$ 矩阵，故 $\boldsymbol{AB}$ 为 $m\times m$ 矩阵.

A、B 项：当 $m>n$ 时，$R(\boldsymbol{AB})\leqslant R(\boldsymbol{A})\leqslant n<m$，则 $\boldsymbol{AB}$ 不可逆，故 A 项错误，B 项正确.

C、D 项：当 $n>m$ 时，$R(\boldsymbol{AB})\leqslant R(\boldsymbol{A})\leqslant m$，此时 $R(\boldsymbol{AB})<m$ 和 $R(\boldsymbol{AB})=m$ 均有可能成立.

如令 $\boldsymbol{A}=\begin{pmatrix}1 & 0 & 0\\ 0 & 0 & 1\end{pmatrix}$，$\boldsymbol{B}=\begin{pmatrix}0 & 0\\ 0 & 0\\ 0 & 0\end{pmatrix}$，则 $\boldsymbol{AB}=\boldsymbol{O}$，$R(\boldsymbol{AB})<2$；令 $\boldsymbol{A}=\begin{pmatrix}1 & 0 & 0\\ 0 & 0 & 1\end{pmatrix}$，$\boldsymbol{B}=\begin{pmatrix}1 & 0\\ 0 & 0\\ 0 & 1\end{pmatrix}$，

则 $\boldsymbol{AB}=\boldsymbol{E}$，$R(\boldsymbol{AB})=2$. 故 C、D 项错误.

**26. C**

**【解析】考查线性方程组解的判定定理，是一道难度较低的计算题.**

记原方程组 $\boldsymbol{Ax}=\boldsymbol{b}$，则 $\boldsymbol{Ax}=\boldsymbol{b}$ 有解 $\Leftrightarrow R(\boldsymbol{A})=R(\boldsymbol{A},\boldsymbol{b})$，又

$$(\boldsymbol{A},\boldsymbol{b})=\begin{pmatrix}1 & 1 & 0 & 0 & -a_1\\ 0 & 1 & 1 & 0 & a_2\\ 0 & 0 & 1 & 1 & -a_3\\ 1 & 0 & 0 & 1 & a_4\end{pmatrix}\sim\begin{pmatrix}1 & 1 & 0 & 0 & -a_1\\ 0 & 1 & 1 & 0 & a_2\\ 0 & 0 & 1 & 1 & -a_3\\ 0 & 0 & 0 & 0 & a_1+a_2+a_3+a_4\end{pmatrix},$$

要使 $R(\boldsymbol{A})=R(\boldsymbol{A},\boldsymbol{b})$，则 $a_1+a_2+a_3+a_4=0$.

**27. B**

**【解析】考查两向量组的线性表示，是一道难度较低的计算题.**

$\boldsymbol{\alpha}_1$，$\boldsymbol{\alpha}_2$，$\boldsymbol{\alpha}_3$ 不能由 $\boldsymbol{\beta}_1$，$\boldsymbol{\beta}_2$，$\boldsymbol{\beta}_3$ 线性表示 $\Leftrightarrow R(\boldsymbol{\beta}_1,\boldsymbol{\beta}_2,\boldsymbol{\beta}_3)\neq R(\boldsymbol{\beta}_1,\boldsymbol{\beta}_2,\boldsymbol{\beta}_3,\boldsymbol{\alpha}_1,\boldsymbol{\alpha}_2,\boldsymbol{\alpha}_3)\Rightarrow$ $|\boldsymbol{\beta}_1,\boldsymbol{\beta}_2,\boldsymbol{\beta}_3|=0$，又

$$|\boldsymbol{\beta}_1,\boldsymbol{\beta}_2,\boldsymbol{\beta}_3|=\begin{vmatrix}1 & 1 & a\\ 1 & a & 1\\ a & 1 & 1\end{vmatrix}=(a+2)\begin{vmatrix}1 & 1 & 1\\ 0 & a-1 & 0\\ a-1 & 0 & 0\end{vmatrix}=-(a+2)(a-1)^2,$$

故 $-(a+2)(a-1)^2=0$，则 $a=-2$ 或 1. 由此可排除 A、C、D、E 项.

进一步验证：当 $a=1$ 时，$(\boldsymbol{\beta}_1, \boldsymbol{\beta}_2, \boldsymbol{\beta}_3, \boldsymbol{\alpha}_1, \boldsymbol{\alpha}_2, \boldsymbol{\alpha}_3) \sim \begin{pmatrix} 1 & 1 & 1 & 1 & -2 & -2 \\ 0 & 0 & 0 & 0 & 3 & 3 \\ 0 & 0 & 0 & 0 & 0 & -3 \end{pmatrix}$，得 $R(\boldsymbol{\beta}_1, \boldsymbol{\beta}_2, \boldsymbol{\beta}_3)=1$，$R(\boldsymbol{\beta}_1, \boldsymbol{\beta}_2, \boldsymbol{\beta}_3, \boldsymbol{\alpha}_1, \boldsymbol{\alpha}_2, \boldsymbol{\alpha}_3)=3$，则 $\boldsymbol{\alpha}_1, \boldsymbol{\alpha}_2, \boldsymbol{\alpha}_3$ 不能由 $\boldsymbol{\beta}_1, \boldsymbol{\beta}_2, \boldsymbol{\beta}_3$ 线性表示；

当 $a=-2$ 时，$(\boldsymbol{\beta}_1, \boldsymbol{\beta}_2, \boldsymbol{\beta}_3, \boldsymbol{\alpha}_1, \boldsymbol{\alpha}_2, \boldsymbol{\alpha}_3) \sim \begin{pmatrix} 1 & 1 & -2 & 1 & -2 & -2 \\ 0 & -3 & 3 & 0 & 0 & 0 \\ 0 & 0 & 0 & 0 & 0 & -6 \end{pmatrix}$，得 $R(\boldsymbol{\beta}_1, \boldsymbol{\beta}_2, \boldsymbol{\beta}_3)=2$，$R(\boldsymbol{\beta}_1, \boldsymbol{\beta}_2, \boldsymbol{\beta}_3, \boldsymbol{\alpha}_1, \boldsymbol{\alpha}_2, \boldsymbol{\alpha}_3)=3$，则 $\boldsymbol{\alpha}_1, \boldsymbol{\alpha}_2, \boldsymbol{\alpha}_3$ 不能由 $\boldsymbol{\beta}_1, \boldsymbol{\beta}_2, \boldsymbol{\beta}_3$ 线性表示．

**28. E**

**【解析】考查向量组的线性相关与线性表示、向量组的秩，是一道难度较低的概念题．**

由 $R(\mathrm{I})=R(\mathrm{II})=3$，$R(\mathrm{III})=4$，得向量组(Ⅰ)、(Ⅲ)线性无关，(Ⅱ)线性相关．根据向量组相关表示的定理得，$\boldsymbol{\alpha}_4$ 能由(Ⅰ)线性表示，$\boldsymbol{\alpha}_5$ 不能由(Ⅰ)线性表示，故 $\boldsymbol{\alpha}_5-\boldsymbol{\alpha}_4$ 不能由(Ⅰ)线性表示，可得 $\boldsymbol{\alpha}_1, \boldsymbol{\alpha}_2, \boldsymbol{\alpha}_3, \boldsymbol{\alpha}_5-\boldsymbol{\alpha}_4$ 线性无关，故 $R(\boldsymbol{\alpha}_1, \boldsymbol{\alpha}_2, \boldsymbol{\alpha}_3, \boldsymbol{\alpha}_5-\boldsymbol{\alpha}_4)=4$.

**29. E**

**【解析】考查全概率公式，是一道难度较低的计算题．**

用事件 $A_i$ 表示“报名表来自第 $i(i=1, 2, 3)$ 个地区”，用事件 $B$ 表示“取到的是男生报名表”，则由题意知 $P(A_i)=\frac{1}{3}(i=1, 2, 3)$，$P(B|A_1)=\frac{7}{10}$，$P(B|A_2)=\frac{8}{15}$，$P(B|A_3)=\frac{4}{5}$，由全概率公式得所求概率为

$$P(B)=\sum_{i=1}^{3} P(A_i)P(B|A_i)=\frac{1}{3}\times\left(\frac{7}{10}+\frac{8}{15}+\frac{4}{5}\right)=\frac{61}{90}.$$

**30. C**

**【解析】主要考查概率的性质和随机事件相互独立的定义，是一道难度中等的计算题．**

由已知条件结合事件相互独立的定义可知 $P(AC)=P(A)P(C)$，$P(BC)=P(B)P(C)$，而 $A\cup B$ 与 $C$ 相互独立，即 $P[(A\cup B)C]=P(A\cup B)P(C)$. 又由加法公式得

$$\begin{aligned} P[(A\cup B)C] &= P(AC\cup BC)=P(AC)+P(BC)-P(ABC) \\ &= P(A)P(C)+P(B)P(C)-P(ABC), \end{aligned}$$

$$\begin{aligned} P(A\cup B)P(C) &= [P(A)+P(B)-P(AB)]P(C) \\ &= P(A)P(C)+P(B)P(C)-P(AB)P(C), \end{aligned}$$

代入化简得 $A\cup B$ 与 $C$ 相互独立的充要条件是 $P(ABC)=P(AB)P(C)$，即 $AB$ 与 $C$ 相互独立，故C项正确．由于仅根据事件的概率式推不出事件由集合定义的关系式，因此B、D项错误．由已知条件并结合上述分析得不出 $A$ 与 $B$ 相互独立、$AC$ 与 $B$ 相互独立，故A、E项错误．

**31. C**

**【解析】考查概率密度、分布函数和数学期望，是一道难度中等的计算题．**

由题意知 $F(x)=\int_{-\infty}^{x} f(t)\mathrm{d}t=\begin{cases} 0, & x<0, \\ \frac{x^2}{4}, & 0\leqslant x<2, \\ 1, & x\geqslant 2, \end{cases}$ $E(X)=\int_{-\infty}^{+\infty} x f(x)\mathrm{d}x=\frac{1}{2}\int_{0}^{2} x^2\mathrm{d}x=\frac{4}{3}$，

又由$f(x)$的正密度区间知$0<X<2$，故$F(X)=\frac{X^2}{4}$，则

$$P\{F(X)>E(X)-1\}=P\left\{\frac{X^2}{4}>\frac{1}{3}\right\}=P\left\{X>\frac{2}{\sqrt{3}}\right\}=\int_{\frac{2}{\sqrt{3}}}^{2}\frac{x}{2}\mathrm{d}x=\frac{x^2}{4}\bigg|_{\frac{2}{\sqrt{3}}}^{2}=\frac{2}{3}.$$

**32. E**

**【解析】考查概率密度的规范性和常用积分公式，是一道难度中等的计算题．**

由概率密度的规范性得$\int_{-\infty}^{+\infty}f(x)\mathrm{d}x=1$，其中$\int_{-\infty}^{+\infty}f(x)\mathrm{d}x=\int_{\mu}^{+\infty}\frac{A}{\sigma}\mathrm{e}^{-\frac{(x-\mu)^2}{2\sigma^2}}\mathrm{d}x$，令$\frac{x-\mu}{\sqrt{2}\sigma}=t$，

并利用积分公式$\int_{-\infty}^{+\infty}\mathrm{e}^{-x^2}\mathrm{d}x=2\int_{0}^{+\infty}\mathrm{e}^{-x^2}\mathrm{d}x=\sqrt{\pi}$，得$\int_{-\infty}^{+\infty}f(x)\mathrm{d}x=\sqrt{2}A\int_{0}^{+\infty}\mathrm{e}^{-t^2}\mathrm{d}t=\frac{A\sqrt{2\pi}}{2}=1$，

故$A=\sqrt{\frac{2}{\pi}}$．

**33. C**

**【解析】主要考查指数分布和随机变量函数的期望公式，是一道难度中等的计算题．**

由$X\sim E(1)$可知$X$的概率密度$f(x)=\begin{cases}\mathrm{e}^{-x}, & x>0,\\ 0, & \text{其他},\end{cases}$期望$E(X)=1$，则根据随机变量函数的期望公式得

$$\begin{aligned}E[\,|X-E(X)|\,]&=\int_{-\infty}^{+\infty}|x-1|f(x)\mathrm{d}x\\&=\int_{0}^{+\infty}|x-1|\mathrm{e}^{-x}\mathrm{d}x=\int_{0}^{1}(1-x)\mathrm{e}^{-x}\mathrm{d}x+\int_{1}^{+\infty}(x-1)\mathrm{e}^{-x}\mathrm{d}x\\&=-\int_{0}^{1}(1-x)\mathrm{d}(\mathrm{e}^{-x})-\int_{1}^{+\infty}(x-1)\mathrm{d}(\mathrm{e}^{-x})\\&=-(1-x)\mathrm{e}^{-x}\Big|_{0}^{1}-\int_{0}^{1}\mathrm{e}^{-x}\mathrm{d}x-(x-1)\mathrm{e}^{-x}\Big|_{1}^{+\infty}+\int_{1}^{+\infty}\mathrm{e}^{-x}\mathrm{d}x=2\mathrm{e}^{-1}.\end{aligned}$$

**34. C**

**【解析】考查泊松分布的分布律和期望方差，是一道难度较低的计算题．**

由$X\sim P(1)$得$X$的分布律为$P\{X=k\}=\frac{1^k}{k!}\mathrm{e}^{-1}$，$k=0,1,2,\cdots$，$E(X)=D(X)=1$，则

$$\begin{aligned}P\{E(X)-1\leqslant X<D(X)+1\}&=P\{0\leqslant X<2\}=P\{X=0\}+P\{X=1\}\\&=\frac{1^0}{0!}\mathrm{e}^{-1}+\frac{1^1}{1!}\mathrm{e}^{-1}=2\mathrm{e}^{-1}.\end{aligned}$$

**35. D**

**【解析】考查概率的计算、分布律和期望方差，是一道难度较低的计算题．**

用$X$表示在取到正品之前已取出的废品只数，则$X$的可能取值为0，1，2，相应概率为

$$P\{X=0\}=\frac{8}{10}=\frac{4}{5},\ P\{X=1\}=\frac{2}{10}\times\frac{8}{9}=\frac{8}{45},\ P\{X=2\}=\frac{2}{10}\times\frac{1}{9}\times\frac{8}{8}=\frac{1}{45},$$

由方差计算公式，得$D(X)=E(X^2)-[E(X)]^2$，其中

$$E(X)=0\times\frac{4}{5}+1\times\frac{8}{45}+2\times\frac{1}{45}=\frac{2}{9},\ E(X^2)=0^2\times\frac{4}{5}+1^2\times\frac{8}{45}+2^2\times\frac{1}{45}=\frac{4}{15},$$

故$D(X)=\frac{4}{15}-\left(\frac{2}{9}\right)^2=\frac{88}{405}$．

**绝密★启用前**

# 全国硕士研究生招生考试
# 经济类综合能力试题
# 数学·模拟卷8

（科目代码：396）

考试时间：8：30—11：30

（数学建议用时84分钟内）

## 考生注意事项

1. 答题前，考生须在试题册指定位置上填写考生姓名和考生编号；在答题卡指定位置上填写报考单位、考生姓名和考生编号，并涂写考生编号信息点。
2. 选择题的答案必须涂写在答题卡相应题号的选项上，非选择题的答案必须书写在答题卡指定位置的边框区域内。超出答题区域书写的答案无效；在草稿纸、试题册上答题无效。
3. 填(书)写部分必须使用黑色字迹签字笔或者钢笔书写，字迹工整、笔迹清楚；涂写部分必须使用2B铅笔填涂。
4. 考试结束，将答题卡和试题册按规定交回。

| 考生编号 | | | | | | | | | | | | | | | |
|---|---|---|---|---|---|---|---|---|---|---|---|---|---|---|---|
| 考生姓名 | | | | | | | | | | | | | | | |

**数学基础**：第 1～35 小题，每小题 2 分，共 70 分．下列每题给出的五个选项中，只有一个选项是最符合试题要求的．

**1.** 设 $f\left(\frac{1}{x}\right)=x+\sqrt{1+x^2}$，则 $\lim\limits_{x\to 0}f(x)$（　　）.

A. 等于 0　　B. 等于 1　　C. 为 $+\infty$　　D. 为 $-\infty$　　E. 不存在但不为 $\infty$

**2.** 已知实数 $a$，$b$ 满足 $\lim\limits_{x\to+\infty}\left[(ax+b)e^{\frac{1}{x}}-x\right]=2$，则 $a$，$b$ 的值分别为（　　）.

A. 1，0　　B. 1，1　　C. 1，2　　D. 2，0　　E. 2，1

**3.** 设函数 $f(x)$ 在区间 $[-1,1]$ 上连续，则 $x=0$ 是 $g(x)=\dfrac{\int_0^{x^2}f(t)\mathrm{d}t}{\tan x^2}$ 的（　　）.

A. 连续点　　B. 可去间断点　　C. 跳跃间断点　　D. 无穷间断点　　E. 振荡间断点

**4.** 设函数 $f(x)$ 满足 $\lim\limits_{x\to 1}\dfrac{f(x)}{\ln x}=1$，则下列结论中错误的个数为（　　）.

(1) $f(1)=0$；(2) $\lim\limits_{x\to 1}f(x)=0$；(3) $f'(1)=1$；(4) $\lim\limits_{x\to 1}f'(x)=1$.

A. 0　　B. 1　　C. 2　　D. 3　　E. 4

**5.** 设 $f(t)=\lim\limits_{x\to\infty}t\left(\dfrac{x+t}{x-t}\right)^x$，则 $f'(t)=$（　　）.

A. $te^{2t}$　　B. $2te^{2t}$　　C. $(2t+1)e^{2t}$　　D. $(2t-1)e^{2t}$　　E. $(2t+1)e^{t}$

**6.** 已知曲线 $f(x)=x^3+ax$ 与 $g(x)=bx^2+c$ 都通过点 $(-1,0)$，且在该点有公共切线，则 $a$，$b$，$c$ 的值分别为（　　）.

A. $-1$，$-1$，$-1$　　B. $-1$，$-1$，1　　C. $-1$，1，$-1$

D. $-1$，1，1　　E. 1，$-1$，1

**7.** 若 $3a^2-5b<0$，则方程 $x^5+2ax^3+3bx+4c=0$ 的实根个数为（　　）.

A. 0　　B. 1　　C. 2　　D. 3　　E. 4

**8.** 设函数 $f(x)=(x^2+a)e^x$，若 $f(x)$ 没有极值点，但曲线 $y=f(x)$ 有拐点，则 $a$ 的取值范围是（　　）.

A. $(0,1)$　　B. $[0,1)$　　C. $(1,2)$　　D. $[1,2)$　　E. $[2,+\infty)$

**9.** 函数 $f(x)=e^{2x\ln x}$ 在区间 $(0,1]$ 上（　　）.

A. 最小值点为 1　　B. 最大值点为 $e^{-1}$　　C. 最大值为 1

D. 无最小值　　E. 无最大值

**10.** 设某产品的需求函数为 $Q=Q(p)$，收益函数为 $R=pQ$，其中 $p$ 为产品价格，$Q$ 为需求量（产品的产量），$Q(p)$ 是单调减少函数．如果当价格为 $p_0$，对应产量为 $Q_0$ 时，边际收益 $\left.\dfrac{\mathrm{d}R}{\mathrm{d}Q}\right|_{Q=Q_0}=a>0$，需求对价格的弹性为 $E_p=b>1$，则 $p_0=$（　　）.

A. $\dfrac{a}{b-1}$　　B. $\dfrac{b}{b-1}$　　C. $\dfrac{ab}{b-1}$　　D. $\dfrac{b-1}{b}$　　E. $\dfrac{b-1}{ab}$

11. $\int e^{ax}\sin bx\,dx=($　　$)$，$a\neq 0$，$b\neq 0$，$C$ 为任意常数.

A. $\dfrac{e^{ax}(a\sin bx-b\cos bx)}{a^2+b^2}+C$　　B. $\dfrac{e^{ax}(a\sin bx+b\cos bx)}{a^2+b^2}+C$

C. $\dfrac{e^{ax}(b\sin bx-b\cos bx)}{a^2+b^2}+C$　　D. $\dfrac{e^{ax}(b\sin bx+b\cos bx)}{a^2+b^2}+C$

E. $\dfrac{a^2e^{ax}(a\sin bx-b\cos bx)}{a^2+b^2}+C$

12. $\int_0^{-\frac{1}{2}}\sqrt{\dfrac{1}{4}-x^2}\,dx=($　　$)$.

A. $\dfrac{\pi}{16}$　　B. $\dfrac{\pi}{8}$　　C. $\dfrac{\pi}{4}$　　D. $-\dfrac{\pi}{8}$　　E. $-\dfrac{\pi}{16}$

13. 设 $f(x)=\int_{-1}^{x}(1-|t|)dt\,(x\geqslant -1)$，则当 $x\geqslant 0$ 时，$f(x)=($　　$)$.

A. $-\dfrac{1}{2}x^2+x+\dfrac{3}{2}$　　B. $-\dfrac{1}{2}x^2+x-\dfrac{3}{2}$　　C. $-\dfrac{1}{2}x^2+x$

D. $-\dfrac{1}{2}x^2+x+\dfrac{1}{2}$　　E. $-\dfrac{1}{2}x^2+x-\dfrac{1}{2}$

14. 设某公司在 $t$ 时刻的资产为连续函数 $f(t)$，从 0 时刻到 $t$ 时刻的平均资产等于 $\dfrac{f(t)}{t}-t$，则 $f(t)$ 满足(　　).

A. $f'(t)+f(t)=2t$　　B. $f'(t)+f(t)=-2t$

C. $f'(t)-f(t)=2t$　　D. $f'(t)-f(t)=-2t$

E. $f'(t)-f(t)=t$

15. 如图所示，在曲线 $y=x^2(x\geqslant 0)$ 上点 $A$ 处作一切线，使之与曲线以及 $x$ 轴所围图形的面积为 $\dfrac{1}{12}$，则切点 $A$ 的横坐标为(　　).

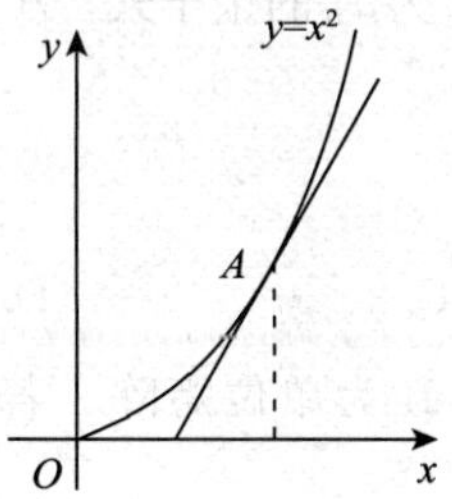


A. $\dfrac{1}{4}$　　B. $\dfrac{1}{2}$　　C. 1　　D. 2　　E. 4

16. 设封闭曲线 $L$ 的极坐标方程为 $r=\cos 3\theta\left(-\dfrac{\pi}{6}\leqslant\theta\leqslant\dfrac{\pi}{6}\right)$，则 $L$ 所围平面图形的面积是(　　).

A. $\dfrac{\pi}{3}$　　B. $\dfrac{\pi}{6}$　　C. $\dfrac{\pi}{9}$　　D. $\dfrac{\pi}{12}$　　E. $\dfrac{\pi}{24}$

17. 曲线 $y=\int_{-\sqrt{3}}^{x}\sqrt{3-t^2}\,\mathrm{d}t$ 的弧长为(　　).

A. $\frac{2\pi}{3}$　　B. $\frac{4\pi}{3}$　　C. $\frac{2\pi}{3}+\frac{\sqrt{3}}{2}$　　D. $\frac{4\pi}{3}+\sqrt{3}$　　E. $\sqrt{3}$

18. 设 $u=\mathrm{e}^{-x}\sin\frac{x}{y}$，则$\frac{\partial^2 u}{\partial x\partial y}$在点$\left(2,\ \frac{1}{\pi}\right)$处的值为(　　).

A. $\left(\frac{\mathrm{e}}{\pi}\right)^2$　　B. $\left(\frac{\pi}{\mathrm{e}}\right)^2$　　C. $\frac{\pi}{\mathrm{e}}$　　D. $(\pi\mathrm{e})^2$　　E. $\pi\mathrm{e}$

19. 设函数 $z=f[xy,\ yg(x)]$，其中函数 $f$ 具有二阶连续偏导数，函数$g(x)$可导，且在 $x=1$ 处取得极值 $g(1)=1$，则$\left.\frac{\partial^2 z}{\partial x\partial y}\right|_{\substack{x=1\\y=1}}=$(　　).

A. $f_1'(1,\ 1)$　　B. $f_{11}''(1,\ 1)$

C. $f_{12}''(1,\ 1)$　　D. $f_1'(1,\ 1)+f_{11}''(1,\ 1)$

E. $f_1'(1,\ 1)+f_{11}''(1,\ 1)+f_{12}''(1,\ 1)$

20. 设函数 $f(x,\ y)=x\mathrm{e}^{\cos y}+\frac{x^2}{2}$，则 $f(x,\ y)$(　　).

A. 没有极值点　　B. 仅有 1 个极小值点　　C. 仅有 1 个极大值点

D. 极小值点个数多于 1　　E. 极大值点个数多于 1

21. 已知函数 $f(x,\ y)$在点(0，0)的某个邻域内连续，且 $\lim\limits_{(x,y)\to(0,0)}\frac{f(x,\ y)-xy}{(x^2+y^2)^2}=1$，则点(0，0)(　　).

A. 不是 $f(x,\ y)$的零点　　B. 不是 $f(x,\ y)$的驻点

C. 不是 $f(x,\ y)$的极值点　　D. 是 $f(x,\ y)$的极大值点

E. 是 $f(x,\ y)$的极小值点

22. 行列式 $D=\begin{vmatrix}a_{11}&a_{12}&a_{13}\\a_{21}&a_{22}&a_{23}\\a_{31}&a_{32}&a_{33}\end{vmatrix}$，$M_{ij}$为$a_{ij}$的余子式，$A_{ij}$为$a_{ij}$的代数余子式，则满足 $M_{ij}\neq A_{ij}$ 的元素 $a_{ij}$ 至多有(　　)个.

A. 1　　B. 2　　C. 3　　D. 4　　E. 5

23. 已知矩阵 $\boldsymbol{A}$ 和 $\boldsymbol{E}-\boldsymbol{A}$ 可逆，其中 $\boldsymbol{E}$ 为单位矩阵．若矩阵 $\boldsymbol{B}$ 满足$[\boldsymbol{E}-(\boldsymbol{E}-\boldsymbol{A})^{-1}]\boldsymbol{B}=\boldsymbol{A}$，则 $\boldsymbol{B}-\boldsymbol{A}=$(　　).

A. $\boldsymbol{O}$　　B. $\boldsymbol{E}$　　C. $-\boldsymbol{E}$　　D. $2\boldsymbol{E}$　　E. $-2\boldsymbol{E}$

24. 设 $\boldsymbol{A}$ 为 $m\times n(m<n)$矩阵，$R(\boldsymbol{A})=m$，则以下结论正确的个数为(　　).

(1)$\boldsymbol{A}$ 中有且仅有一个 $m$ 阶非零子式；　　(2)$\boldsymbol{A}$ 的行向量组线性无关；

(3)$\boldsymbol{A}$ 的任意 $m$ 个列向量线性无关；　　(4)$\boldsymbol{A}$ 的任意 $m+1$ 个列向量线性相关.

A. 0　　B. 1　　C. 2　　D. 3　　E. 4

**25.** 设矩阵$\begin{pmatrix} a & -1 & -1 \\ -1 & a & -1 \\ -1 & -1 & a \end{pmatrix}$与$\begin{pmatrix} 1 & 1 & 0 \\ 0 & -1 & 1 \\ 1 & 0 & 1 \end{pmatrix}$等价，则$a=$(　　).

A. $-2$　　B. $-1$　　C. 0　　D. 1　　E. 2

**26.** 已知方程组$\begin{pmatrix} 1 & 2 & 1 \\ 2 & 3 & a+2 \\ 1 & a & -2 \end{pmatrix}\begin{pmatrix} x_1 \\ x_2 \\ x_3 \end{pmatrix}=\begin{pmatrix} 1 \\ 3 \\ 0 \end{pmatrix}$无解，则$a=$(　　).

A. $-3$　　B. $-1$　　C. 0　　D. 1　　E. 3

**27.** 设$\boldsymbol{\alpha}_1$，$\boldsymbol{\alpha}_2$，…，$\boldsymbol{\alpha}_s(s\geqslant 2)$均为$n$维列向量，则下列结论不正确的是(　　).

A. 若对于任意一组不全为零的数$k_1$，$k_2$，…，$k_s$都有$k_1\boldsymbol{\alpha}_1+k_2\boldsymbol{\alpha}_2+\cdots+k_s\boldsymbol{\alpha}_s\neq\mathbf{0}$，则$\boldsymbol{\alpha}_1$，$\boldsymbol{\alpha}_2$，…，$\boldsymbol{\alpha}_s$线性无关

B. 若$\boldsymbol{\alpha}_1$，$\boldsymbol{\alpha}_2$，…，$\boldsymbol{\alpha}_s$线性相关，则对于任意一组不全为零的数$k_1$，$k_2$，…，$k_s$有$k_1\boldsymbol{\alpha}_1+k_2\boldsymbol{\alpha}_2+\cdots+k_s\boldsymbol{\alpha}_s=\mathbf{0}$

C. $\boldsymbol{\alpha}_1$，$\boldsymbol{\alpha}_2$，…，$\boldsymbol{\alpha}_s$线性无关的充要条件是此向量组的秩为$s$

D. $\boldsymbol{\alpha}_1$，$\boldsymbol{\alpha}_2$，…，$\boldsymbol{\alpha}_s$线性无关的充要条件是其中不存在向量能被其余向量线性表示

E. $\boldsymbol{\alpha}_1$，$\boldsymbol{\alpha}_2$，…，$\boldsymbol{\alpha}_s$线性无关的必要条件是其中任意两个向量线性无关

**28.** 已知矩阵$\boldsymbol{A}=\begin{pmatrix} 1 & -1 & -1 \\ 2 & 1 & 1 \\ -1 & 1 & 1 \end{pmatrix}$，$\boldsymbol{B}=\begin{pmatrix} 2 & 2 \\ 1 & 1 \\ -2 & -2 \end{pmatrix}$，则满足$\boldsymbol{AX}=\boldsymbol{B}$的所有矩阵$\boldsymbol{X}=$(　　).

($k_1$，$k_2\in\mathbf{R}$)

A. $\begin{pmatrix} 1 & 1 \\ -k_1-1 & k_2-1 \\ k_1 & k_2 \end{pmatrix}$　　B. $\begin{pmatrix} 1 & 1 \\ -k_1-1 & k_2+1 \\ k_1 & k_2 \end{pmatrix}$

C. $\begin{pmatrix} 1 & 1 \\ -k_1-1 & -k_2-1 \\ k_1 & k_2 \end{pmatrix}$　　D. $\begin{pmatrix} 1 & 1 \\ -k_1-1 & -k_2+1 \\ k_1 & k_2 \end{pmatrix}$

E. $\begin{pmatrix} 1 & 1 \\ -k_1-1 & -k_2-1 \\ k_1 & k_2-1 \end{pmatrix}$

**29.** 设$A$，$B$，$C$为随机事件，且$A$与$B$互不相容，$A$与$C$互不相容，$B$与$C$相互独立，$P(A)=P(B)=P(C)=\dfrac{1}{3}$，则$P(B\cup C\mid A\cup B\cup C)=$(　　).

A. $\dfrac{5}{9}$　　B. $\dfrac{8}{9}$　　C. $\dfrac{3}{8}$　　D. $\dfrac{5}{8}$　　E. $\dfrac{7}{8}$

**30.** 设随机变量 $X$ 与 $Y$ 相互独立，且 $X\sim B\left(1,\ \frac{1}{3}\right)$，$Y\sim B\left(2,\ \frac{1}{2}\right)$，则 $P\{X=Y\}=$(　　).

A. $\frac{1}{2}$　　B. $\frac{1}{3}$　　C. $\frac{2}{3}$　　D. $\frac{1}{4}$　　E. $\frac{3}{4}$

**31.** 设随机变量 $X$ 的概率密度为 $f_X(x)=\frac{a\mathrm{e}^x}{(1+\mathrm{e}^x)^2}$，$-\infty<x<+\infty$，其中 $a$ 为常数．令 $Y=\mathrm{e}^X$，则以下结论中正确的个数为(　　).

(1)$a=1$；　　(2)$X$ 的分布函数 $F_X(x)=\frac{\mathrm{e}^x}{1+\mathrm{e}^x}$；

(3)$Y$ 的概率密度为 $f_Y(y)=\frac{1}{(1+y)^2}$；　　(4)$Y$ 的期望不存在．

A. 0　　B. 1　　C. 2　　D. 3　　E. 4

**32.** 甲、乙两个盒子中各装有 2 个红球和 2 个白球，先从甲盒中任取一球，观察颜色后放入乙盒中，再从乙盒中任取一球．令 $X$，$Y$ 分别表示从甲盒和从乙盒中取到的红球个数，则以下错误的是(　　).

A. $P\{Y=1\}=\frac{1}{2}$　　B. $D(X)=\frac{1}{4}$　　C. $D(Y)=\frac{1}{4}$

D. $X$，$Y$ 同分布　　E. $E(XY)=\frac{1}{4}$

**33.** 设相互独立的随机变量 $X$，$Y$ 具有同一分布律，且 $P\{X=0\}=\frac{1}{4}$，$P\{X=1\}=\frac{3}{4}$，随机变量 $Z=\min\{X,\ Y\}$，则 $D(Z)=$(　　).

A. $\frac{3}{4}$　　B. $\frac{7}{16}$　　C. $\frac{9}{16}$　　D. $\frac{63}{256}$　　E. $\frac{81}{256}$

**34.** 设随机变量 $X_1$ 与 $X_2$ 相互独立且均服从正态分布 $N(\mu,\ \sigma^2)$，其中 $\sigma(\sigma>0)$ 为未知参数．记 $Y=a\,|X_1-X_2|$，若 $E(Y)=\sigma$，则 $a=$(　　).

A. $\frac{\sqrt{\pi}}{2}$　　B. $\frac{\sqrt{2\pi}}{2}$　　C. $\sqrt{\pi}$　　D. $\sqrt{2\pi}$　　E. $2\sqrt{\pi}$

**35.** 已知随机变量 $X$ 服从标准正态分布 $N(0,\ 1)$，则方差 $D(|X|)=$(　　).

A. 0　　B. 1　　C. $\frac{2}{\pi}$　　D. $1+\frac{2}{\pi}$　　E. $1-\frac{2}{\pi}$

# 答案速查

## 数学基础

| | | | | | | | |
|---|---|---|---|---|---|---|---|
| 1～5 | EBBDC | 6～10 | BBDCC | 11～15 | AEDCC | 16～20 | DDBED |
| 21～25 | CDCCE | 26～30 | BBCDB | 31～35 | DEDAE | | |

# 答案详解

## 数学基础

**1. E**

**【解析】考查复合函数和单侧极限，是一道难度较低的计算题．**

令$\frac{1}{x}=t$，则 $f(t)=\frac{1}{t}+\sqrt{1+\frac{1}{t^2}}=\frac{1}{t}+\frac{\sqrt{t^2+1}}{|t|}$，故$\lim\limits_{x\to0^+}f(x)=\lim\limits_{x\to0^+}\frac{1+\sqrt{x^2+1}}{x}=+\infty$，

$\lim\limits_{x\to0^-}f(x)=\lim\limits_{x\to0^-}\frac{1-\sqrt{x^2+1}}{x}=\lim\limits_{x\to0^-}\frac{-\frac{1}{2}x^2}{x}=0$，则$\lim\limits_{x\to0}f(x)$不存在但不为$\infty$.

**2. B**

**【解析】考查极限计算及对商的极限式的分析，是一道难度中等计算题．**

令$\frac{1}{x}=t$，则

$$\lim_{x\to+\infty}\left[(ax+b)e^{\frac{1}{x}}-x\right]=\lim_{t\to0^+}\left[\left(\frac{a}{t}+b\right)e^t-\frac{1}{t}\right]=\lim_{t\to0^+}\frac{(a+bt)e^t-1}{t}=2,$$

有$\lim\limits_{t\to0^+}[(a+bt)e^t-1]=0$,则 $a=1$，故$\lim\limits_{t\to0^+}\frac{(1+bt)e^t-1}{t}\xlongequal{\text{洛必达}}\lim\limits_{t\to0^+}(1+b+bt)e^t=1+b=2$，则 $b=1$.

**3. B**

**【解析】考查间断点的类型、变限积分求导和极限计算，是一道难度较低的计算题．**

由于 $x=0$ 是$g(x)$无定义的点，因此不是$g(x)$的连续点．又由已知可得

$$\lim_{x\to0}g(x)=\lim_{x\to0}\frac{\int_0^{x^2}f(t)\mathrm{d}t}{\tan x^2}=\lim_{x\to0}\frac{\int_0^{x^2}f(t)\mathrm{d}t}{x^2}=\lim_{x\to0}\frac{2xf(x^2)}{2x}=\lim_{x\to0}f(x^2)=f(0),$$

故 $x=0$ 是$g(x)$的可去间断点．

**4. D**

**【解析】考查对极限式的分析、连续定义和导数定义，是一道难度较低的概念题．**

由$\lim\limits_{x\to1}\frac{f(x)}{\ln x}=1$得$\lim\limits_{x\to1}f(x)=0$，故(2)正确．由于函数在一点处的极限值与函数值无关，且题目

并未给出$f(x)$的连续性和可导性，因此推不出 $f(1)=0$，$f'(1)=1$ 和$\lim\limits_{x\to1}f'(x)=1$，故(1)、(3)、(4)错误.

也可举反例证明其错误．令$f(x)=\ln x$（$x>0$ 且 $x\neq1$），则$f(x)$满足题设，但 $f(1)=0$ 和 $f'(1)=1$ 均不成立，故(1)、(3)错误.

令$f(x)=\ln x+(x-1)^2\sin\dfrac{1}{x-1}$，则

$$\lim_{x\to1}\frac{f(x)}{\ln x}=\lim_{x\to1}\left[1+\frac{(x-1)^2\sin\frac{1}{x-1}}{\ln x}\right]=1+\lim_{x\to1}\frac{(x-1)^2\sin\frac{1}{x-1}}{x-1}=1+\lim_{x\to1}(x-1)\sin\frac{1}{x-1}=1,$$

但$\lim\limits_{x\to1}f'(x)=\lim\limits_{x\to1}\left[\dfrac{1}{x}+2(x-1)\sin\dfrac{1}{x-1}-\cos\dfrac{1}{x-1}\right]=1-\lim\limits_{x\to1}\cos\dfrac{1}{x-1}$不存在，故(4)错误.

**5. C**

**【解析】考查幂指函数极限及导数计算，是一道难度较低的计算题.**

由于 $\lim\limits_{x\to\infty}\left(\dfrac{x+t}{x-t}\right)^x=e^{\lim\limits_{x\to\infty}x\ln\frac{x+t}{x-t}}$，其中 $\lim\limits_{x\to\infty}x\ln\dfrac{x+t}{x-t}=\lim\limits_{x\to\infty}x\left(\dfrac{x+t}{x-t}-1\right)=\lim\limits_{x\to\infty}\dfrac{2tx}{x-t}=2t$，因此 $\lim\limits_{x\to\infty}\left(\dfrac{x+t}{x-t}\right)^x=e^{2t}$，则 $f(t)=t\cdot\lim\limits_{x\to\infty}\left(\dfrac{x+t}{x-t}\right)^x=te^{2t}$，故 $f'(t)=e^{2t}+2te^{2t}=(2t+1)e^{2t}$.

**6. B**

**【解析】考查导数的几何意义，是一道难度较低的计算题.**

由题意得 $f(-1)=-1-a=0$①，且 $g(-1)=b+c=0$②，又由两曲线在点$(-1,0)$有公共切线得 $f'(-1)=(3x^2+a)\big|_{x=-1}=3+a=g'(-1)=2bx\big|_{x=-1}=-2b$，即 $3+a=-2b$③，联立式①、②、③，解得 $a=-1$，$b=-1$，$c=1$.

**7. B**

**【解析】考查零点定理和单调性定理，是一道难度中等的计算题.**

令$f(x)=x^5+2ax^3+3bx+4c$，则 $f(x)$ 在$(-\infty,+\infty)$上连续，且 $\lim\limits_{x\to-\infty}f(x)=-\infty$，$\lim\limits_{x\to+\infty}f(x)=+\infty$，由零点定理得$f(x)$存在零点.

由 $f'(x)=5x^4+6ax^2+3b\xlongequal{x^2=t}5t^2+6at+3b$，$\Delta=36a^2-60b=12(3a^2-5b)<0$，可知 $f'(x)>0$，故 $f(x)$单调增加，其零点唯一．故原方程的实根个数为 1.

【结论】任一实系数奇次方程至少有一个实根．本题也可利用该结论得到$f(x)$存在零点.

**8. D**

**【解析】主要考查极值与拐点，是一道难度中等的计算题.**

由$f(x)=(x^2+a)e^x$ 得 $f'(x)=(x^2+2x+a)e^x$．要使$f(x)$没有极值点，则$f(x)$的单调性不改变，故 $f'(x)$不变号，则对于 $x\in\mathbf{R}$，有 $x^2+2x+a\geqslant0$ 恒成立，故 $\Delta=4-4a\leqslant0$，解得 $a\geqslant1$.

又 $f''(x)=(x^2+4x+a+2)e^x$，要使曲线 $y=f(x)$有拐点，则 $f''(x)$有零点，且在该零点的某去心邻域内 $f''(x)$异号，故 $x^2+4x+a+2=0$ 有两个不相等的实根，则 $\Delta=16-4(a+2)>0$，解得 $a<2$.

综上，$a$ 的取值范围是$[1,2)$.

**9. C**

**【解析】考查一元函数最值，是一道难度较低的计算题.**

由已知条件得 $f'(x)=2e^{2x\ln x}(\ln x+1)$，令 $f'(x)=0$，解得 $x=e^{-1}$，$f(e^{-1})=e^{-\frac{2}{e}}$.

又 $f(1)=1$，$\lim\limits_{x\to0^+}f(x)=\lim\limits_{x\to0^+}e^{2x\ln x}=e^{\lim\limits_{x\to0^+}2x\ln x}$，其中 $\lim\limits_{x\to0^+}2x\ln x=\lim\limits_{x\to0^+}2\dfrac{\ln x}{\dfrac{1}{x}}=\lim\limits_{x\to0^+}2\dfrac{\dfrac{1}{x}}{-\dfrac{1}{x^2}}=0$，故

$\lim\limits_{x\to0^+}f(x)=e^0=1$，比较上述函数值或极限值得 $\max\{e^{-\frac{2}{e}},1,1\}=1$（点 $x=1$ 处的函数值），$\min\{e^{-\frac{2}{e}},1,1\}=e^{-\frac{2}{e}}$（点 $x=e^{-1}$ 处的函数值），故 $f(x)$ 在区间 $(0,1]$ 上的最大值为 $f(1)=1$，最小值为 $f(e^{-1})=e^{-\frac{2}{e}}$.

**10. C**

**【解析】考查边际收益和弹性，是一道难度中等的计算题.**

当价格为 $p_0$，对应产量为 $Q_0$ 时，有

$$\left.\frac{dR}{dQ}\right|_{Q=Q_0}=\left.\left(\frac{dp}{dQ}Q+p\right)\right|_{Q=Q_0}=\left.\frac{dp}{dQ}\right|_{Q=Q_0}\cdot Q_0+p_0=a①,$$

由 $E_p=-\left.\dfrac{p}{Q}\dfrac{dQ}{dp}\right|_{p=p_0}=b$ 得 $\left.\dfrac{dp}{dQ}\right|_{Q=Q_0}=\dfrac{1}{\left.\dfrac{dQ}{dp}\right|_{p=p_0}}=-\dfrac{p_0}{bQ_0}$，代入式①得 $-\dfrac{p_0}{b}+p_0=a$，解得

$p_0=\dfrac{ab}{b-1}$.

**11. A**

**【解析】考查分部积分法，是一道难度中等的计算题.**

$$\int e^{ax}\sin bx\,dx=\frac{1}{a}\int\sin bx\,d(e^{ax})=\frac{e^{ax}\sin bx}{a}-\frac{b}{a}\int e^{ax}\cos bx\,dx=\frac{e^{ax}\sin bx}{a}-\frac{b}{a^2}\int\cos bx\,d(e^{ax})$$

$$=\frac{e^{ax}\sin bx}{a}-\frac{b\,e^{ax}\cos bx}{a^2}-\frac{b^2}{a^2}\int e^{ax}\sin bx\,dx,$$

故 $\displaystyle\int e^{ax}\sin bx\,dx=\frac{e^{ax}(a\sin bx-b\cos bx)}{a^2+b^2}+C$.

**12. E**

**【解析】考查定积分的几何意义，是一道难度较低的计算题.**

$$\int_0^{-\frac{1}{2}}\sqrt{\frac{1}{4}-x^2}\,dx=-\int_{-\frac{1}{2}}^0\sqrt{\frac{1}{4}-x^2}\,dx.$$

根据定积分的几何意义计算：被积函数为 $y=\sqrt{\dfrac{1}{4}-x^2}\left(-\dfrac{1}{2}\leqslant x\leqslant0\right)\Rightarrow x^2+y^2=\dfrac{1}{4}\left(-\dfrac{1}{2}\leqslant x\leqslant0,\ y\geqslant0\right)$，表示以 $(0,0)$ 为圆心、$\dfrac{1}{2}$ 为半径的 $\dfrac{1}{4}$ 圆周（除两点外位于第二象限），

故其与坐标轴所围图形的面积为 $\displaystyle\int_{-\frac{1}{2}}^0\sqrt{\frac{1}{4}-x^2}\,dx=\frac{1}{4}\pi\times\left(\frac{1}{2}\right)^2=\frac{\pi}{16}$，则

$$\int_0^{-\frac{1}{2}}\sqrt{\frac{1}{4}-x^2}\,dx=-\frac{\pi}{16}.$$

**13. D**

**【解析】考查分段函数的定积分计算，是一道难度较低的计算题.**

由定积分关于积分区间的可加性得，当 $x \geqslant 0$ 时，有

$$f(x)=\int_{-1}^{x}(1-|t|)\mathrm{d}t=\int_{-1}^{0}(1+t)\mathrm{d}t+\int_{0}^{x}(1-t)\mathrm{d}t$$

$$=1+\frac{t^2}{2}\bigg|_{-1}^{0}+\left(t-\frac{t^2}{2}\right)\bigg|_{0}^{x}=-\frac{1}{2}x^2+x+\frac{1}{2}.$$

**【注意】** 当 $x \geqslant 0$ 时，$f(x)=\int_{-1}^{x}(1-|t|)\mathrm{d}t \neq \int_{-1}^{x}(1-t)\mathrm{d}t$，由于 $t\in[-1, x)$，$x\geqslant 0$，因此 $1-|t|=\begin{cases}1+t, & t\in[-1, 0),\\ 1-t, & t\in[0, x).\end{cases}$

**14. C**

**【解析】考查函数的平均值和变限积分求导，是一道难度较低的计算题.**

由题意结合连续函数在区间上的平均值定义得 $\dfrac{\int_0^t f(x)\mathrm{d}x}{t-0}=\dfrac{f(t)}{t}-t$，则 $\int_0^t f(x)\mathrm{d}x=f(t)-t^2$，或 $\int_0^t f(x)\mathrm{d}x+t^2=f(t)$，由该式左端可导可知右端的 $f(t)$ 可导，则两端关于 $x$ 求导得 $f(t)+2t=f'(t)$，即 $f'(t)-f(t)=2t$.

**15. C**

**【解析】考查切线、面积和定积分计算，是一道难度较低的计算题.**

设切点 $A$ 的坐标为 $(x_0, x_0^2)$，则过点 $A$ 的切线斜率为 $y'|_{x=x_0}=2x_0$，故切线方程为 $y-x_0^2=2x_0(x-x_0)$，令 $y=0$，解得切线与 $x$ 轴交点的横坐标为 $\dfrac{x_0}{2}$，则该切线、曲线及 $x$ 轴所围图形的面积为 $S=\int_0^{x_0}x^2\mathrm{d}x-\dfrac{1}{2}\times\dfrac{x_0}{2}\times x_0^2=\dfrac{x_0^3}{3}-\dfrac{x_0^3}{4}=\dfrac{x_0^3}{12}$. 又已知 $S=\dfrac{1}{12}$，故切点 $A$ 的横坐标 $x_0=1$.

**16. D**

**【解析】考查极坐标面积公式和定积分计算，是一道难度较低的计算题.**

由极坐标系下的面积公式得

$$S=\frac{1}{2}\int_{\alpha}^{\beta}r^2(\theta)\mathrm{d}\theta=\frac{1}{2}\int_{-\frac{\pi}{6}}^{\frac{\pi}{6}}(\cos 3\theta)^2\mathrm{d}\theta=\int_0^{\frac{\pi}{6}}\frac{1+\cos 6\theta}{2}\mathrm{d}\theta=\frac{1}{2}\left(\frac{\pi}{6}+\frac{1}{6}\sin 6\theta\bigg|_0^{\frac{\pi}{6}}\right)=\frac{\pi}{12}.$$

**17. D**

**【解析】主要考查变限积分求导、弧长公式和换元法，是一道难度中等的计算题.**

由 $3-t^2\geqslant 0$ 得 $-\sqrt{3}\leqslant t\leqslant\sqrt{3}$，又 $y'=\sqrt{3-x^2}$，结合弧长公式得所求弧长

$$s=\int_{-\sqrt{3}}^{\sqrt{3}}\sqrt{1+[y'(x)]^2}\,\mathrm{d}x=\int_{-\sqrt{3}}^{\sqrt{3}}\sqrt{4-x^2}\,\mathrm{d}x=2\int_0^{\sqrt{3}}\sqrt{4-x^2}\,\mathrm{d}x.$$

令 $x=2\sin t$，$t\in\left[0, \dfrac{\pi}{3}\right]$，则

$$\int_0^{\sqrt{3}}\sqrt{4-x^2}\,\mathrm{d}x=4\int_0^{\frac{\pi}{3}}\cos^2 t\,\mathrm{d}t=4\int_0^{\frac{\pi}{3}}\frac{1+\cos 2t}{2}\mathrm{d}t=2\left(\frac{\pi}{3}+\frac{1}{2}\sin 2t\bigg|_0^{\frac{\pi}{3}}\right)=\frac{2\pi}{3}+\frac{\sqrt{3}}{2}.$$

代入计算得 $s=\dfrac{4\pi}{3}+\sqrt{3}$.

**18. B**

**【解析】考查具体函数求偏导，是一道难度较低的计算题.**

由 $u=\mathrm{e}^{-x}\sin\dfrac{x}{y}$ 得 $\dfrac{\partial u}{\partial x}=-\mathrm{e}^{-x}\sin\dfrac{x}{y}+\dfrac{\mathrm{e}^{-x}}{y}\cos\dfrac{x}{y}$，则

$$\frac{\partial^2 u}{\partial x\partial y}=\frac{\partial}{\partial y}\left(\frac{\partial u}{\partial x}\right)=\frac{x\mathrm{e}^{-x}}{y^2}\cos\frac{x}{y}-\frac{\mathrm{e}^{-x}}{y^2}\cos\frac{x}{y}+\frac{x\mathrm{e}^{-x}}{y^3}\sin\frac{x}{y},$$

故 $\left.\dfrac{\partial^2 u}{\partial x\partial y}\right|_{(2,\frac{1}{\pi})}=\left(\dfrac{\pi}{\mathrm{e}}\right)^2$.

**19. E**

**【解析】考查多元复合函数求偏导和一元函数极值的必要条件，是一道难度中等的计算题.**

$g(x)$可导，且在 $x=1$ 处取得极值，根据极值的必要条件得 $g'(1)=0$.

由 $z=f[xy,\ yg(x)]$ 得 $\dfrac{\partial z}{\partial x}=yf'_1+yg'(x)f'_2$，其中 $f'_1=f'_1[xy,\ yg(x)]$，$f'_2=f'_2[xy,\ yg(x)]$，再对 $y$ 求偏导得

$$\frac{\partial^2 z}{\partial x\partial y}=f'_1+y[xf''_{11}+g(x)f''_{12}]+g'(x)f'_2+yg'(x)[xf''_{21}+g(x)f''_{22}],$$

故 $\left.\dfrac{\partial^2 z}{\partial x\partial y}\right|_{\substack{x=1\\y=1}}=f'_1(1,\ 1)+f''_{11}(1,\ 1)+f''_{12}(1,\ 1)$.

**20. D**

**【解析】考查多元函数极值的必要条件和充分条件，是一道难度中等的计算题.**

由 $f(x,\ y)=x\mathrm{e}^{\cos y}+\dfrac{x^2}{2}$ 得 $f'_x=\mathrm{e}^{\cos y}+x$，$f'_y=-x\mathrm{e}^{\cos y}\sin y$，令 $\begin{cases}f'_x=0,\\f'_y=0,\end{cases}$ 解得驻点为 $(-\mathrm{e},\ 2k\pi)$，$(-\mathrm{e}^{-1},\ (2k+1)\pi)$，其中 $k\in\mathbf{Z}$.

又 $f''_{xx}=1$，$f''_{xy}=-\mathrm{e}^{\cos y}\sin y$，$f''_{yy}=x\mathrm{e}^{\cos y}(\sin^2 y-\cos y)$.

在点$(-\mathrm{e},\ 2k\pi)$处，$A=f''_{xx}=1$，$B=f''_{xy}=0$，$C=f''_{yy}=\mathrm{e}^2$，则 $AC-B^2>0$ 且 $A>0$，故点$(-\mathrm{e},\ 2k\pi)$为 $f(x,\ y)$的极小值点，则 A、B 项错误，D 项正确.

在点$(-\mathrm{e}^{-1},\ (2k+1)\pi)$处，$A=f''_{xx}=1$，$B=f''_{xy}=0$，$C=f''_{yy}=-\mathrm{e}^{-2}$，则 $AC-B^2<0$，故点$(-\mathrm{e}^{-1},\ (2k+1)\pi)$不是 $f(x,\ y)$的极值点，则 C、E 项错误.

**21. C**

**【解析】主要考查极值的定义，是一道难度中等的概念题.**

A、B、D、E 项：令 $f(x,\ y)=xy+(x^2+y^2)^2$，则 $f(0,\ 0)=0$，故点$(0,\ 0)$是零点，A 项错误. $f'_x(0,\ 0)=[y+4x(x^2+y^2)]|_{(0,0)}=0$，$f'_y(0,\ 0)=[x+4y(x^2+y^2)]|_{(0,0)}=0$，故点$(0,\ 0)$是驻点，B 项错误. 在点$(0,\ 0)$的充分小的去心邻域内，令 $y=0$，则 $f(x,\ 0)=x^4>0$；令 $y=-x$，则 $f(x,\ -x)=-x^2+4x^4<0$. 又 $f(0,\ 0)=0$，故点$(0,\ 0)$不是 $f(x,\ y)$的极值点，则 D、E 项错误.

C 项：由 $\lim\limits_{(x,y)\to(0,0)}\dfrac{f(x,\ y)-xy}{(x^2+y^2)^2}=1$ 及 $f(x,\ y)$在点$(0,\ 0)$连续得 $\lim\limits_{(x,y)\to(0,0)}[f(x,\ y)-xy]=f(0,\ 0)=0$. 由极限与无穷小的关系得，当$(x,\ y)\to(0,\ 0)$时，$\dfrac{f(x,\ y)-xy}{(x^2+y^2)^2}=1+\alpha\Rightarrow$

$f(x, y)=xy+(1+\alpha)(x^2+y^2)^2$，其中 $\alpha$ 为无穷小．在点$(0, 0)$的充分小的去心邻域内，令 $y=0$，有 $f(x, 0)=(1+\alpha)x^4>0$；令 $y=-x$，有 $f(x, -x)=-x^2+4(1+\alpha)x^4<0$. 又 $f(0, 0)=0$，故点$(0, 0)$不是 $f(x, y)$的极值点．

**22. D**

**【解析】考查余子式与代数余子式的定义，是一道难度较低的计算题．**

根据余子式与代数余子式的定义可知 $A_{ij}=(-1)^{i+j}M_{ij}$，则 $M_{ij}\neq A_{ij}\Leftrightarrow M_{ij}\neq(-1)^{i+j}M_{ij}\Leftrightarrow M_{ij}[1-(-1)^{i+j}]\neq 0\Leftrightarrow M_{ij}\neq 0$ 且 $i+j$ 为奇数，由于满足 $i+j$ 为奇数的 $a_{ij}$ 有 $a_{12}$，$a_{21}$，$a_{23}$，$a_{32}$，且由已知条件无法判断满足 $M_{ij}\neq 0$ 的 $a_{ij}$ 有多少个，因此所求的 $a_{ij}$ 至多有 4 个．

**23. C**

**【解析】考查矩阵运算，是一道难度中等的计算题．**

方法一：由矩阵运算及运算律得

$$[\boldsymbol{E}-(\boldsymbol{E}-\boldsymbol{A})^{-1}]\boldsymbol{B}=\boldsymbol{A}\Leftrightarrow\boldsymbol{B}-(\boldsymbol{E}-\boldsymbol{A})^{-1}\boldsymbol{B}=\boldsymbol{A}\Leftrightarrow\boldsymbol{B}-\boldsymbol{A}=(\boldsymbol{E}-\boldsymbol{A})^{-1}\boldsymbol{B},$$

上式等号两端左乘 $\boldsymbol{E}-\boldsymbol{A}$ 得$(\boldsymbol{E}-\boldsymbol{A})(\boldsymbol{B}-\boldsymbol{A})=\boldsymbol{B}\Leftrightarrow\boldsymbol{B}-\boldsymbol{A}-\boldsymbol{AB}+\boldsymbol{A}^2=\boldsymbol{B}\Leftrightarrow-\boldsymbol{A}=\boldsymbol{A}(\boldsymbol{B}-\boldsymbol{A})$，由于 $\boldsymbol{A}$ 可逆，上式等号两端左乘 $\boldsymbol{A}^{-1}$ 得 $\boldsymbol{B}-\boldsymbol{A}=-\boldsymbol{E}$.

方法二：利用单位矩阵变形得

$$[\boldsymbol{E}-(\boldsymbol{E}-\boldsymbol{A})^{-1}]\boldsymbol{B}=\boldsymbol{A}\Rightarrow[(\boldsymbol{E}-\boldsymbol{A})(\boldsymbol{E}-\boldsymbol{A})^{-1}-(\boldsymbol{E}-\boldsymbol{A})^{-1}]\boldsymbol{B}=\boldsymbol{A}$$
$$\Rightarrow(\boldsymbol{E}-\boldsymbol{A}-\boldsymbol{E})(\boldsymbol{E}-\boldsymbol{A})^{-1}\boldsymbol{B}=\boldsymbol{A}\Rightarrow-\boldsymbol{A}(\boldsymbol{E}-\boldsymbol{A})^{-1}\boldsymbol{B}=\boldsymbol{A},$$

上式等号两端左乘 $\boldsymbol{A}^{-1}$ 得 $-(\boldsymbol{E}-\boldsymbol{A})^{-1}\boldsymbol{B}=\boldsymbol{E}$，再左乘 $\boldsymbol{E}-\boldsymbol{A}$ 得 $-\boldsymbol{B}=\boldsymbol{E}-\boldsymbol{A}$，则 $\boldsymbol{B}-\boldsymbol{A}=-\boldsymbol{E}$.

**24. C**

**【解析】主要考查秩的定义和向量组的线性相关性，是一道难度较低的概念题．**

(1)、(3)：令 $\boldsymbol{A}=\begin{pmatrix}1&0&1\\0&1&0\end{pmatrix}$，则 $R(\boldsymbol{A})=2$，但 $\boldsymbol{A}$ 有 2 个 2 阶非零子式 $\begin{vmatrix}1&0\\0&1\end{vmatrix}$ 和 $\begin{vmatrix}0&1\\1&0\end{vmatrix}$，$\boldsymbol{A}$ 的第 1、3 列线性相关，故(1)、(3)错误；

(2)：$R(\boldsymbol{A})=m$ 得 $\boldsymbol{A}$ 的行向量组的秩为 $m$，等于 $\boldsymbol{A}$ 的行数，故 $\boldsymbol{A}$ 的行向量组线性无关，则(2)正确；

(4)：$R(\boldsymbol{A})=m$ 得 $\boldsymbol{A}$ 的列向量组的秩为 $m$，故 $\boldsymbol{A}$ 的任意 $m+1$ 个列向量线性相关，则(4)正确.

综上，正确结论的个数为 2.

**25. E**

**【解析】考查矩阵等价的性质，是一道难度较低的计算题．**

已知两个矩阵等价，故二者秩相等．

由 $\begin{pmatrix}1&1&0\\0&-1&1\\1&0&1\end{pmatrix}\sim\begin{pmatrix}1&1&0\\0&-1&1\\0&-1&1\end{pmatrix}\sim\begin{pmatrix}1&1&0\\0&-1&1\\0&0&0\end{pmatrix}$，可得 $R\begin{pmatrix}1&1&0\\0&-1&1\\1&0&1\end{pmatrix}=2$.

故 $R\begin{pmatrix}a&-1&-1\\-1&a&-1\\-1&-1&a\end{pmatrix}=2$，则

$$\begin{vmatrix} a & -1 & -1 \\ -1 & a & -1 \\ -1 & -1 & a \end{vmatrix}=(a-2)\begin{vmatrix} 1 & 1 & 1 \\ -1 & a & -1 \\ -1 & -1 & a \end{vmatrix}$$

$$=(a-2)\begin{vmatrix} 1 & 1 & 1 \\ 0 & a+1 & 0 \\ 0 & 0 & a+1 \end{vmatrix}=(a-2)(a+1)^2=0,$$

故 $a=2$ 或 $-1$.

当 $a=-1$ 时，$R\begin{pmatrix} -1 & -1 & -1 \\ -1 & -1 & -1 \\ -1 & -1 & -1 \end{pmatrix}=1\neq 2$，舍去；当 $a=2$ 时，$R\begin{pmatrix} 2 & -1 & -1 \\ -1 & 2 & -1 \\ -1 & -1 & 2 \end{pmatrix}=2$.

综上，$a=2$.

**26. B**

**【解析】考查线性方程组解的判定，是一道难度较低的计算题.**

由 $|\boldsymbol{A}|=\begin{vmatrix} 1 & 2 & 1 \\ 2 & 3 & a+2 \\ 1 & a & -2 \end{vmatrix}=\begin{vmatrix} 1 & 2 & 1 \\ 0 & -1 & a \\ 0 & a-2 & -3 \end{vmatrix}=(3-a)(1+a)=0$，解得 $a=-1$ 或 $3$，此时原方程组无解或有无穷多解.

当 $a=-1$ 时，$(\boldsymbol{A},\boldsymbol{b})=\begin{pmatrix} 1 & 2 & 1 & 1 \\ 2 & 3 & 1 & 3 \\ 1 & -1 & -2 & 0 \end{pmatrix}\sim\begin{pmatrix} 1 & 2 & 1 & 1 \\ 0 & -1 & -1 & 1 \\ 0 & 0 & 0 & -4 \end{pmatrix}$，$R(\boldsymbol{A})\neq R(\boldsymbol{A},\boldsymbol{b})$，故无解.

当 $a=3$ 时，$(\boldsymbol{A},\boldsymbol{b})=\begin{pmatrix} 1 & 2 & 1 & 1 \\ 2 & 3 & 5 & 3 \\ 1 & 3 & -2 & 0 \end{pmatrix}\sim\begin{pmatrix} 1 & 2 & 1 & 1 \\ 0 & -1 & 3 & 1 \\ 0 & 0 & 0 & 0 \end{pmatrix}$，$R(\boldsymbol{A})=R(\boldsymbol{A},\boldsymbol{b})=2$，故有无穷多解，不符合题意，舍去.

综上，$a=-1$.

**27. B**

**【解析】考查向量组的线性相关与线性表示、向量组的秩，是一道难度较低的概念题.**

A 项：对向量组 $\boldsymbol{\alpha}_1,\boldsymbol{\alpha}_2,\cdots,\boldsymbol{\alpha}_s$，总有 $0\boldsymbol{\alpha}_1+0\boldsymbol{\alpha}_2+\cdots+0\boldsymbol{\alpha}_s=\boldsymbol{0}$ 成立，在此前提下，对任意一组不全为零的数 $k_1,k_2,\cdots,k_s$ 都有 $k_1\boldsymbol{\alpha}_1+k_2\boldsymbol{\alpha}_2+\cdots+k_s\boldsymbol{\alpha}_s\neq\boldsymbol{0}\Leftrightarrow$要使 $k_1\boldsymbol{\alpha}_1+k_2\boldsymbol{\alpha}_2+\cdots+k_s\boldsymbol{\alpha}_s=\boldsymbol{0}$，则 $k_1=k_2=\cdots=k_s=0\Leftrightarrow\boldsymbol{\alpha}_1,\boldsymbol{\alpha}_2,\cdots,\boldsymbol{\alpha}_s$ 线性无关，故 A 项正确.

B 项：令 $s=n=2$，$\boldsymbol{\alpha}_1=(1,0)^{\mathrm{T}}$，$\boldsymbol{\alpha}_2=(2,0)^{\mathrm{T}}$，则 $\boldsymbol{\alpha}_1,\boldsymbol{\alpha}_2$ 线性相关，但对于不全为零的数 $k_1=k_2=1$，有 $k_1\boldsymbol{\alpha}_1+k_2\boldsymbol{\alpha}_2=(3,0)^{\mathrm{T}}\neq\boldsymbol{0}$，故 B 项错误.

C 项：$\boldsymbol{\alpha}_1,\boldsymbol{\alpha}_2,\cdots,\boldsymbol{\alpha}_s$ 线性无关$\Leftrightarrow\boldsymbol{\alpha}_1,\boldsymbol{\alpha}_2,\cdots,\boldsymbol{\alpha}_s$ 的最大无关组为自身$\Leftrightarrow R(\boldsymbol{\alpha}_1,\boldsymbol{\alpha}_2,\cdots,\boldsymbol{\alpha}_s)=s$，故 C 项正确.

D 项：$\boldsymbol{\alpha}_1,\boldsymbol{\alpha}_2,\cdots,\boldsymbol{\alpha}_s$ 线性相关$\Leftrightarrow$其中存在向量能被其余向量线性表示，等效表述为 $\boldsymbol{\alpha}_1$，

$\boldsymbol{\alpha}_2$，…，$\boldsymbol{\alpha}_s$ 线性无关⇔其中不存在向量能被其余向量线性表示，故 D 项正确．

E 项：$\boldsymbol{\alpha}_1$，$\boldsymbol{\alpha}_2$，…，$\boldsymbol{\alpha}_s$ 线性无关，由定理“整体无关，则部分无关”得任意两个向量线性无关，故 E 项正确．

**28. C**

**【解析】考查求解矩阵方程，是一道难度较低的计算题．**

设 $\boldsymbol{X}=(\boldsymbol{x}_1,\ \boldsymbol{x}_2)$，$\boldsymbol{B}=(\boldsymbol{b}_1,\ \boldsymbol{b}_2)$，则

$$\boldsymbol{AX}=\boldsymbol{B}\Leftrightarrow\boldsymbol{A}(\boldsymbol{x}_1,\ \boldsymbol{x}_2)=(\boldsymbol{b}_1,\ \boldsymbol{b}_2)\Leftrightarrow(\boldsymbol{Ax}_1,\ \boldsymbol{Ax}_2)=(\boldsymbol{b}_1,\ \boldsymbol{b}_2)\Leftrightarrow\boldsymbol{Ax}_1=\boldsymbol{b}_1\text{ 且 }\boldsymbol{Ax}_2=\boldsymbol{b}_2.$$

由$(\boldsymbol{A},\ \boldsymbol{b}_1,\ \boldsymbol{b}_2)\sim\begin{pmatrix}1&-1&-1&2&2\\2&1&1&1&1\\-1&1&1&-2&-2\end{pmatrix}\sim\begin{pmatrix}1&0&0&1&1\\0&1&1&-1&-1\\0&0&0&0&0\end{pmatrix}$，对应的齐次线性方程组为

$\begin{cases}x_1=0,\\x_2+x_3=0,\end{cases}$ 令 $x_3=1$ 得基础解系为$(0,\ -1,\ 1)^{\mathrm{T}}$.

对应的两个非齐次线性方程组为$\begin{cases}x_1=1,\\x_2+x_3=-1\end{cases}$和$\begin{cases}x_1=1,\\x_2+x_3=-1,\end{cases}$令 $x_3=0$ 得两个特解为$(1,\ -1,\ 0)^{\mathrm{T}}$和$(1,\ -1,\ 0)^{\mathrm{T}}$，故 $\boldsymbol{Ax}_1=\boldsymbol{b}_1$ 的通解为 $\boldsymbol{x}_1=k_1(0,\ -1,\ 1)^{\mathrm{T}}+(1,\ -1,\ 0)^{\mathrm{T}}=(1,\ -k_1-1,\ k_1)^{\mathrm{T}}$，$\boldsymbol{Ax}_2=\boldsymbol{b}_2$的通解为 $\boldsymbol{x}_2=k_2(0,\ -1,\ 1)^{\mathrm{T}}+(1,\ -1,\ 0)^{\mathrm{T}}=(1,\ -k_2-1,\ k_2)^{\mathrm{T}}$.

故满足 $\boldsymbol{AX}=\boldsymbol{B}$ 的所有矩阵 $\boldsymbol{X}=\begin{pmatrix}1&1\\-k_1-1&-k_2-1\\k_1&k_2\end{pmatrix}$.

【注意】本题也可以将选项代入 $\boldsymbol{AX}=\boldsymbol{B}$ 中，排除干扰项后得出正确选项．

**29. D**

**【解析】考查条件概率公式和加法公式，是一道难度较低的计算题．**

由已知条件可知 $P(AB)=0$，$P(AC)=0$，$P(BC)=P(B)P(C)$.

由条件概率定义得 $P(B\cup C\mid A\cup B\cup C)=\dfrac{P[(B\cup C)\cap(A\cup B\cup C)]}{P(A\cup B\cup C)}=\dfrac{P(B\cup C)}{P(A\cup B\cup C)}$①，其中由加法公式结合已知条件得

$$P(B\cup C)=P(B)+P(C)-P(BC)=\frac{1}{3}+\frac{1}{3}-\frac{1}{3}\times\frac{1}{3}=\frac{5}{9},$$

$$\begin{aligned}P(A\cup B\cup C)&=P(A)+P(B)+P(C)-P(AB)-P(BC)-P(AC)+P(ABC)\\&=\frac{1}{3}+\frac{1}{3}+\frac{1}{3}-\frac{1}{3}\times\frac{1}{3}=\frac{8}{9},\end{aligned}$$

代入式①计算得 $P(B\cup C\mid A\cup B\cup C)=\dfrac{\frac{5}{9}}{\frac{8}{9}}=\dfrac{5}{8}$.

**30. B**

**【解析】考查二项分布和随机变量的独立性，是一道难度较低的计算题．**

由 $X$ 与 $Y$ 的分布知 $X$ 的可能取值为 0，1；$Y$ 的可能取值为 0，1，2. 故

$$P\{X=Y\}=P\{X=0,\ Y=0\}+P\{X=1,\ Y=1\}①.$$

其中根据 $X$ 与 $Y$ 相互独立及二项分布的概率计算公式得

$$P\{X=0, Y=0\}=P\{X=0\}P\{Y=0\}=\frac{2}{3}\times C_2^0\times\left(\frac{1}{2}\right)^0\times\left(1-\frac{1}{2}\right)^2=\frac{1}{6},$$

$$P\{X=1, Y=1\}=P\{X=1\}P\{Y=1\}=\frac{1}{3}\times C_2^1\times\left(\frac{1}{2}\right)^1\times\left(1-\frac{1}{2}\right)^1=\frac{1}{6},$$

代入式①计算得 $P\{X=Y\}=\frac{1}{6}+\frac{1}{6}=\frac{1}{3}$.

**31. D**

**【解析】考查分布函数、概率密度和期望，是一道难度中等的计算题.**

(1)：由概率密度的规范性得 $\int_{-\infty}^{+\infty} f_X(x)\mathrm{d}x=a\int_{-\infty}^{+\infty}\frac{\mathrm{e}^x}{(1+\mathrm{e}^x)^2}\mathrm{d}x=\left.\frac{-a}{1+\mathrm{e}^x}\right|_{-\infty}^{+\infty}=a=1$，故(1)正确.

(2)：根据分布函数的定义得 $F_X(x)=\int_{-\infty}^{x} f_X(t)\mathrm{d}t=\int_{-\infty}^{x}\frac{\mathrm{e}^t}{(1+\mathrm{e}^t)^2}\mathrm{d}t=-\left.\frac{1}{1+\mathrm{e}^t}\right|_{-\infty}^{x}=\frac{\mathrm{e}^x}{1+\mathrm{e}^x}$，故(2)正确.

(3)：根据分布函数的定义，$Y$ 的分布函数 $F_Y(y)=P\{Y\leqslant y\}=P\{\mathrm{e}^X\leqslant y\}$. 当 $y\leqslant 0$ 时，$F_Y(y)=0$；当 $y>0$ 时，$F_Y(y)=P\{X\leqslant \ln y\}=\int_{-\infty}^{\ln y}\frac{\mathrm{e}^t}{(1+\mathrm{e}^t)^2}\mathrm{d}t=-\left.\frac{1}{1+\mathrm{e}^t}\right|_{-\infty}^{\ln y}=1-\frac{1}{1+y}$. 则

$$f_Y(y)=F'_Y(y)=\begin{cases}\dfrac{1}{(1+y)^2}, & y>0,\\ 0, & y\leqslant 0,\end{cases}$$ 故(3)错误.

(4)：由期望定义可知，$E(Y)$ 存在须满足 $\int_{-\infty}^{+\infty}|y|f_Y(y)\mathrm{d}y<+\infty$，又 $\int_{-\infty}^{+\infty}|y|f_Y(y)\mathrm{d}y=\int_0^{+\infty}\frac{y}{(1+y)^2}\mathrm{d}y=\int_0^{+\infty}\frac{y+1-1}{(1+y)^2}\mathrm{d}y=\int_0^{+\infty}\left[\frac{1}{1+y}-\frac{1}{(1+y)^2}\right]\mathrm{d}y=\left.\left[\ln(1+y)+\frac{1}{1+y}\right]\right|_0^{+\infty}=+\infty$，故 $Y$ 的期望不存在，(4) 正确.

综上，正确结论的个数为 3.

**32. E**

**【解析】考查分布律、期望和方差，是一道难度较低的计算题.**

A、D 项：由题意知 $X$ 的可能取值为 0，1，相应概率为 $P\{X=0\}=P\{X=1\}=\frac{1}{2}$.

$Y$ 的可能取值为 0，1，由全概率公式得

$$P\{Y=0\}=P\{X=0\}P\{Y=0\mid X=0\}+P\{X=1\}P\{Y=0\mid X=1\}=\frac{1}{2}\times\frac{3}{5}+\frac{1}{2}\times\frac{2}{5}=\frac{1}{2},$$

$$P\{Y=1\}=1-P\{Y=0\}=\frac{1}{2},$$

故 A、D 项正确.

B、C 项：由以上计算可知 $X$，$Y$ 均服从参数为 $\frac{1}{2}$ 的 $0-1$ 分布，根据该常见分布的方差结论得 $D(X)=D(Y)=\frac{1}{2}\times\left(1-\frac{1}{2}\right)=\frac{1}{4}$，故 B、C 项正确.

E 项：由于 $XY$ 的可能取值为 0，1，因此

$$E(XY)=0\times P\{XY=0\}+1\times P\{XY=1\}=P\{X=1, Y=1\}$$

$$=P\{X=1\}P\{Y=1\mid X=1\}=\frac{1}{2}\times\frac{3}{5}=\frac{3}{10},$$

故 E 项错误 .

**33. D**

**【解析】考查最值的分布、方差，是一道难度较低的计算题 .**

$Z=\min\{X, Y\}$的所有可能取值为 0，1，且

$$P\{Z=1\}=P\{\min\{X, Y\}=1\}=P\{X=1, Y=1\}=P\{X=1\}P\{Y=1\}=\frac{3}{4}\times\frac{3}{4}=\frac{9}{16},$$

$$P\{Z=0\}=1-P\{Z=1\}=1-\frac{9}{16}=\frac{7}{16},$$

则 $E(Z)=0\times\frac{7}{16}+1\times\frac{9}{16}=\frac{9}{16}$，$E(Z^2)=0^2\times\frac{7}{16}+1^2\times\frac{9}{16}=\frac{9}{16}$，故

$$D(Z)=E(Z^2)-[E(Z)]^2=\frac{9}{16}-\left(\frac{9}{16}\right)^2=\frac{63}{256}.$$

**34. A**

**【解析】考查正态分布的性质和随机变量函数的期望，是一道难度中等的计算题 .**

记 $Z=X_1-X_2$，由题意及正态分布的性质得 $Z\sim N(0, 2\sigma^2)$，则

$$E(Y)=aE(|Z|)=a\int_{-\infty}^{+\infty}|z|\frac{1}{2\sqrt{\pi}\sigma}e^{-\frac{z^2}{4\sigma^2}}dz=\frac{a}{\sqrt{\pi}\sigma}\int_0^{+\infty}ze^{-\frac{z^2}{4\sigma^2}}dz$$

$$=\frac{-2\sigma a}{\sqrt{\pi}}\int_0^{+\infty}e^{-\frac{z^2}{4\sigma^2}}d\left(-\frac{z^2}{4\sigma^2}\right)=\frac{-2\sigma a}{\sqrt{\pi}}e^{-\frac{z^2}{4\sigma^2}}\Big|_0^{+\infty}=\frac{2\sigma a}{\sqrt{\pi}}.$$

又已知 $E(Y)=\sigma$，故$\frac{2\sigma a}{\sqrt{\pi}}=\sigma$，解得 $a=\frac{\sqrt{\pi}}{2}$.

**35. E**

**【解析】考查正态分布、期望和方差的计算公式，是一道难度中等的计算题 .**

由 $X\sim N(0, 1)$可知 $E(X)=0$，$D(X)=1$，概率密度 $\varphi(x)=\frac{1}{\sqrt{2\pi}}e^{-\frac{x^2}{2}}$.

由方差的计算公式得 $D(|X|)=E(|X|^2)-[E(|X|)]^2$，其中

$$E(|X|^2)=E(X^2)=D(X)+[E(X)]^2=1+0^2=1,$$

$$E(|X|)=\int_{-\infty}^{+\infty}|x|\frac{1}{\sqrt{2\pi}}e^{-\frac{x^2}{2}}dx=\frac{2}{\sqrt{2\pi}}\int_0^{+\infty}xe^{-\frac{x^2}{2}}dx$$

$$=\frac{-2}{\sqrt{2\pi}}\int_0^{+\infty}e^{-\frac{x^2}{2}}d\left(-\frac{x^2}{2}\right)=-\sqrt{\frac{2}{\pi}}e^{-\frac{x^2}{2}}\Big|_0^{+\infty}=\sqrt{\frac{2}{\pi}},$$

代入计算得 $D(|X|)=1-\left(\sqrt{\frac{2}{\pi}}\right)^2=1-\frac{2}{\pi}$.

绝密★启用前

# 全国硕士研究生招生考试
# 经济类综合能力试题
# 数学·模拟卷 9

（科目代码：396）

考试时间：8：30—11：30

（数学建议用时 84 分钟内）

## 考生注意事项

1. 答题前，考生须在试题册指定位置上填写考生姓名和考生编号；在答题卡指定位置上填写报考单位、考生姓名和考生编号，并涂写考生编号信息点。
2. 选择题的答案必须涂写在答题卡相应题号的选项上，非选择题的答案必须书写在答题卡指定位置的边框区域内。超出答题区域书写的答案无效；在草稿纸、试题册上答题无效。
3. 填(书)写部分必须使用黑色字迹签字笔或者钢笔书写，字迹工整、笔迹清楚；涂写部分必须使用 2B 铅笔填涂。
4. 考试结束，将答题卡和试题册按规定交回。

| 考生编号 | | | | | | | | | | | | | | | |
|---|---|---|---|---|---|---|---|---|---|---|---|---|---|---|---|
| 考生姓名 | | | | | | | | | | | | | | | |

**数学基础**：第 1～35 小题，每小题 2 分，共 70 分．下列每题给出的五个选项中，只有一个选项是最符合试题要求的．

**1.** 下列各式中错误的有(　　)个．

(1) $\lim\limits_{x\to 0^+}\left(1+\dfrac{1}{x}\right)^x=1$；　　(2) $\lim\limits_{x\to 0^+}(1+x)^{\frac{1}{x}}=1$；

(3) $\lim\limits_{x\to\infty}\left(1-\dfrac{1}{x}\right)^x=-\mathrm{e}$；　　(4) $\lim\limits_{x\to\infty}\left(1+\dfrac{1}{x}\right)^{-x}=\mathrm{e}$．

A. 0　　B. 1　　C. 2　　D. 3　　E. 4

**2.** 若 $\lim\limits_{x\to 0}\left[\dfrac{1}{x}-\left(\dfrac{1}{x}-a\right)\mathrm{e}^x\right]=1$，则 $a=$(　　)．

A. 0　　B. 1　　C. 2　　D. 3　　E. 4

**3.** 已知 $f(x)=\sqrt{\dfrac{1+\sqrt{x}}{1-x}}-1$，$g(x)=\sqrt{\dfrac{1+\sqrt{x}}{1+x}}-1$，$h(x)=\ln\dfrac{1+\sqrt{x}}{1-x}$，$w(x)=\ln\dfrac{1+\sqrt{x}}{1+x}$，则 $f(x)$，$g(x)$，$h(x)$，$w(x)$ 中与 $\sqrt{x}$ 在 $x\to 0^+$ 时是等价无穷小量的有(　　)．

A. 0 个　　B. 1 个　　C. 2 个　　D. 3 个　　E. 4 个

**4.** 下列函数中，在 $x=0$ 处不可导的是(　　)．

A. $f(x)=|x|\sin x$　　B. $f(x)=|x|\sin|x|$

C. $f(x)=|x|\sin\sqrt{|x|}$　　D. $f(x)=\cos|x|$

E. $f(x)=\cos\sqrt{|x|}$

**5.** 设 $f(x)=\begin{cases}x^2\cos\dfrac{1}{x}, & x\neq 0,\\ 0, & x=0,\end{cases}$ 则下列结论中正确的个数为(　　)．

(1) $\lim\limits_{x\to 0}f(x)$ 存在；　　(2) $f(x)$ 在 $x=0$ 处连续；

(3) $f(x)$ 在 $x=0$ 处可导；　　(4) $f'(x)$ 在 $x=0$ 处连续．

A. 0　　B. 1　　C. 2　　D. 3　　E. 4

**6.** 已知函数 $f(x)=x^{x^x}$，$x>1$，则 $f'(x)=$(　　)．

A. $x^{x^x}[x^{x-1}+x^x(\ln x+1)]$　　B. $x^{x^x}[x^{x-1}+x^x(\ln x-1)]$

C. $x^{x^x}[x^{x-1}+x^x\ln x(\ln x+1)]$　　D. $x^{x^x}[x^{x-1}+x^x\ln x(\ln x-1)]$

E. $x^{x^x}[x^{x-1}+x^x\ln x(\ln x+2)]$

**7.** 已知曲线 $f(x)=x^n$ 在点(1，1)处的切线与 $x$ 轴的交点为 $(\xi_n,\ 0)$，则 $\lim\limits_{n\to\infty}f(\xi_n)=$(　　)．

A. $\mathrm{e}^{-1}$　　B. $2\mathrm{e}^{-1}$　　C. $\mathrm{e}^{-2}$　　D. $2\mathrm{e}^{-2}$　　E. 1

**8.** 设函数 $y=y(x)$ 由方程 $2y^3-2y^2+2xy-x^2=1$ 所确定，则(　　)．

A. $x=1$ 不是 $y=y(x)$ 的驻点　　B. $x=-1$ 是 $y=y(x)$ 的驻点

C. $x=1$ 是 $y=y(x)$ 的极大值点　　D. $x=-1$ 是 $y=y(x)$ 的极大值点

E. 以上均不成立

**9.** 将长为 $a$ 的铁丝切成两段，长为 $x$ 的一段围成正方形，另一段围成圆形，则 $x=$(　　)时，正方形与圆形的面积之和最小.

A. $\dfrac{a}{1+\pi}$　　B. $\dfrac{2a}{2+\pi}$　　C. $\dfrac{\pi a}{2+\pi}$

D. $\dfrac{\pi a}{4+\pi}$　　E. $\dfrac{4a}{4+\pi}$

**10.** 设某商品的需求函数为 $p=\dfrac{100}{\sqrt{x}}$，其中 $x$ 为产量(假定等于需求量)，$p$ 为价格，则收益的价格弹性为(　　).

A. $-2$　　B. $-\dfrac{3}{2}$　　C. $-1$　　D. $-\dfrac{1}{2}$　　E. 1

**11.** 已知 $\int f(x)2^{-x}\,\mathrm{d}x=x2^{-x}+C$，则 $f'(0)=$(　　).

A. 1　　B. 0　　C. $\ln2$　　D. $-\ln2$　　E. $2\ln2$

**12.** $\int\dfrac{x^3}{\sqrt{1+x^2}}\,\mathrm{d}x=$(　　)，其中 $C$ 为任意常数.

A. $\dfrac{1}{3}(1+x^2)^{\frac{3}{2}}+C$　　B. $-(1+x^2)^{\frac{1}{2}}+C$

C. $\dfrac{1}{3}(1+x^2)^{\frac{3}{2}}+(1+x^2)^{\frac{1}{2}}+C$　　D. $\dfrac{1}{3}(1+x^2)^{\frac{3}{2}}-(1+x^2)^{\frac{1}{2}}+C$

E. $-\dfrac{1}{3}(1+x^2)^{\frac{3}{2}}-(1+x^2)^{\frac{1}{2}}+C$

**13.** 设 $y=f(x)$的图形过点(0，0)，且与 $y=2^x$ 相切于点(1，2)，则 $\int_0^1 xf''(x)\mathrm{d}x=$(　　).

A. $\ln2$　　B. $\ln2+2$　　C. $\ln2-2$　　D. $2\ln2+2$　　E. $2\ln2-2$

**14.** 设$f(x)=\cos\dfrac{x}{2}+\sin x\cdot\int_0^{\pi}f(x)\mathrm{d}x$，则 $f\left(\dfrac{\pi}{2}\right)=$(　　).

A. $\dfrac{\sqrt{2}}{2}-1$　　B. $1-\dfrac{\sqrt{2}}{2}$　　C. $\dfrac{\sqrt{2}}{2}-2$　　D. $2-\dfrac{\sqrt{2}}{2}$　　E. $\dfrac{\sqrt{2}}{2}$

**15.** 设$f(x)=\begin{cases}x, & 0\leqslant x\leqslant 1,\\ 2-x, & 1<x\leqslant 2,\end{cases}$则 $\int_2^4 f(x-2)\mathrm{e}^{-x}\mathrm{d}x=$(　　).

A. $\dfrac{(\mathrm{c}-1)^2}{\mathrm{e}}$　　B. $\dfrac{(\mathrm{e}-1)^2}{\mathrm{e}^2}$　　C. $\dfrac{(\mathrm{e}-1)^2}{\mathrm{e}^4}$　　D. $\dfrac{(\mathrm{e}+1)^2}{\mathrm{e}}$　　E. $\dfrac{(\mathrm{e}+1)^2}{\mathrm{e}^2}$

**16.** 设函数$f(x)=\int_{x^2}^{0}(x-t)\sin t^2\,\mathrm{d}t+\int_0^x\cos(x-t)\mathrm{d}t$，则 $f'(x)=$(　　).

A. $\int_{x^2}^{0}\sin t^2\,\mathrm{d}t+2x^2(x-1)\cos x^4+\cos x$　　B. $\int_{x^2}^{0}\sin t^2\,\mathrm{d}t+2x^2(x-1)\sin x^4+\cos x$

C. $\int_0^{x^2}\sin t^2\,\mathrm{d}t+2x^2(x-1)\sin x^4+\cos x$　　D. $\int_{x^2}^{0}\sin t^2\,\mathrm{d}t-\cos x$

E. $\int_{x^2}^{0}\sin t^2\,\mathrm{d}t-\sin x$

**17.** 由 $y=\sin x(0\leqslant x\leqslant 2\pi)$ 和 $x$ 轴所围成区域绕 $y$ 轴旋转一周所得旋转体的体积为(　　).

A. $4\pi$　　B. $4\pi^2$　　C. $8\pi$　　D. $8\pi^2$　　E. $16\pi$

**18.** 已知函数为 $f(x,y)=\ln(y+|x\sin y|)$，则(　　).

A. $\left.\frac{\partial f}{\partial x}\right|_{(0,1)}$ 不存在，$\left.\frac{\partial f}{\partial y}\right|_{(0,1)}$ 存在　　B. $\left.\frac{\partial f}{\partial x}\right|_{(0,1)}$ 存在，$\left.\frac{\partial f}{\partial y}\right|_{(0,1)}$ 不存在

C. $\left.\frac{\partial f}{\partial x}\right|_{(0,1)}$，$\left.\frac{\partial f}{\partial y}\right|_{(0,1)}$ 均存在且相等　　D. $\left.\frac{\partial f}{\partial x}\right|_{(0,1)}$，$\left.\frac{\partial f}{\partial y}\right|_{(0,1)}$ 均存在但不相等

E. $\left.\frac{\partial f}{\partial x}\right|_{(0,1)}$，$\left.\frac{\partial f}{\partial y}\right|_{(0,1)}$ 均不存在

**19.** 已知函数 $f(x,y)$ 满足 $\mathrm{d}f(x,y)=\frac{x\mathrm{d}y-y\mathrm{d}x}{x^2+y^2}(x>0,\ y>0)$，$f(1,1)=\frac{\pi}{4}$，则 $f(\sqrt{3},3)=$(　　).

A. $\frac{\pi}{6}$　　B. $\frac{\pi}{3}$　　C. $\frac{\pi}{2}$　　D. $\frac{2\pi}{3}$　　E. $\frac{3\pi}{4}$

**20.** 函数 $f(u,v)$ 由关系式 $f[xg(y),y]=x+g(y)$ 确定，其中函数 $g(y)$ 可微，且 $g(y)\neq 0$，则 $\frac{\partial^2 f}{\partial u\partial v}=$(　　).

A. $\frac{g'(v)}{g(v)}$　　B. $-\frac{g'(v)}{g(v)}$　　C. $\frac{g'(v)}{g^2(v)}$　　D. $-\frac{g'(v)}{g^2(v)}$　　E. $-\frac{g^2(v)}{g'(v)}$

**21.** 设二元函数 $f(x,y)$ 在区域 $D$ 上有定义，点 $(x_0,y_0)\in D$，则下列描述错误的是(　　).

A. 若 $f'_x(x_0,y_0)$，$f'_y(x_0,y_0)$ 均不存在，则点 $(x_0,y_0)$ 仍可能是 $f(x,y)$ 的极值点

B. 若 $f'_x(x_0,y_0)=f'_y(x_0,y_0)=0$，则点 $(x_0,y_0)$ 可能不是 $f(x,y)$ 的极值点

C. 若 $f'_x(x_0,y_0)=0$，$f'_y(x_0,y_0)=a(a\neq 0)$，则点 $(x_0,y_0)$ 不是 $f(x,y)$ 的极值点

D. 若点 $(x_0,y_0)$ 是 $f(x,y)$ 的极值点，则未必有 $f'_x(x_0,y_0)=f'_y(x_0,y_0)=0$

E. 若点 $(x_0,y_0)$ 是 $f(x,y)$ 在 $D$ 上的最值点，则 $(x_0,y_0)$ 是 $f(x,y)$ 的极值点

**22.** 设 $-a_{4i}a_{13}a_{34}a_{2j}$ 为四阶行列式 $\begin{vmatrix} a_{11} & a_{12} & a_{13} & a_{14} \\ a_{21} & a_{22} & a_{23} & a_{24} \\ a_{31} & a_{32} & a_{33} & a_{34} \\ a_{41} & a_{42} & a_{43} & a_{44} \end{vmatrix}$ 中的一项，则 $i$，$j$ 的值分别为(　　).

A. 1，2　　B. 2，1　　C. 3，4　　D. 4，3　　E. 1，3

**23.** 设 $\boldsymbol{A}=\begin{pmatrix} a & b \\ c & d \end{pmatrix}$，则下列结论正确的有(　　)个.

(1) $2\boldsymbol{A}=\begin{pmatrix} 2a & 2b \\ 2c & 2d \end{pmatrix}$；　　(2) $2|\boldsymbol{A}|=\begin{vmatrix} 2a & 2b \\ 2c & 2d \end{vmatrix}$；

(3) $\boldsymbol{A}^2=\begin{pmatrix} a^2 & b^2 \\ c^2 & d^2 \end{pmatrix}$；　　(4) $|\boldsymbol{A}|^2=\begin{vmatrix} a^2 & b^2 \\ c^2 & d^2 \end{vmatrix}$.

A. 0　　B. 1　　C. 2　　D. 3　　E. 4

24. 设矩阵 $\boldsymbol{A}$ 和 $\boldsymbol{B}$ 满足 $\boldsymbol{AB}=\boldsymbol{A}+2\boldsymbol{B}$，其中 $\boldsymbol{A}=\begin{pmatrix}3&0&1\\1&1&0\\0&1&4\end{pmatrix}$，则矩阵 $\boldsymbol{B}=$(　　).

A. $\begin{pmatrix}2&-1&-1\\2&-2&-1\\-1&1&1\end{pmatrix}$　　B. $\begin{pmatrix}3&0&1\\1&1&0\\0&1&4\end{pmatrix}$　　C. $\begin{pmatrix}5&-2&-2\\4&-3&-2\\-2&2&-3\end{pmatrix}$

D. $\begin{pmatrix}5&-2&-2\\4&-3&-2\\-2&-2&3\end{pmatrix}$　　E. $\begin{pmatrix}5&-2&-2\\4&-3&-2\\-2&2&3\end{pmatrix}$

25. 设 $\boldsymbol{A}=\begin{pmatrix}1&0&0\\2&2&0\\3&4&5\end{pmatrix}$，$\boldsymbol{A}^*$ 是 $\boldsymbol{A}$ 的伴随矩阵，则 $(\boldsymbol{A}^*)^{-1}=$(　　).

A. $\dfrac{1}{10}\begin{pmatrix}1&0&0\\2&2&0\\3&4&5\end{pmatrix}$　　B. $\dfrac{1}{5}\begin{pmatrix}1&0&0\\2&2&0\\3&4&5\end{pmatrix}$　　C. $\begin{pmatrix}1&0&0\\2&2&0\\3&4&5\end{pmatrix}$

D. $\begin{pmatrix}1&0&0\\\frac{1}{2}&\frac{1}{2}&0\\\frac{1}{3}&\frac{1}{4}&\frac{1}{5}\end{pmatrix}$　　E. $\dfrac{1}{10}\begin{pmatrix}1&0&0\\\frac{1}{2}&\frac{1}{2}&0\\\frac{1}{3}&\frac{1}{4}&\frac{1}{5}\end{pmatrix}$

26. 设线性方程组 $\begin{pmatrix}a&1&1\\1&a&1\\1&1&a\end{pmatrix}\begin{pmatrix}x_1\\x_2\\x_3\end{pmatrix}=\begin{pmatrix}1\\1\\-2\end{pmatrix}$ 有无穷多解，则 $a=$(　　).

A. $-2$　　B. $-1$　　C. 0　　D. 1　　E. 2

27. 已知向量组 $\boldsymbol{\alpha}_1=(1,1,2,3)^{\mathrm{T}}$，$\boldsymbol{\alpha}_2=(-1,1,4,-1)^{\mathrm{T}}$，$\boldsymbol{\alpha}_3=(5,-1,t,9)^{\mathrm{T}}$ 的秩为 2，则 $t=$(　　).

A. $-16$　　B. $-8$　　C. 0　　D. 8　　E. 16

28. 设 $\boldsymbol{\alpha}_1$，$\boldsymbol{\alpha}_2$，$\boldsymbol{\alpha}_3$ 是四元非齐次线性方程组 $\boldsymbol{Ax}=\boldsymbol{\beta}$ 的三个线性无关的解，且 $\boldsymbol{A}$ 有一个二阶非零子式，则 $R(\boldsymbol{A})=$(　　).

A. 0　　B. 1　　C. 2　　D. 3　　E. 4

29. 在区间$[0,2]$中随机地取两个数，则这两个数之积不小于 1 的概率为(　　).

A. $\dfrac{3}{4}$　　B. $\dfrac{\ln 2}{2}$　　C. $\dfrac{3+2\ln 2}{4}$　　D. $\dfrac{3-2\ln 2}{4}$　　E. $\dfrac{3-\ln 2}{4}$

**30.** 设$A$，$B$为随机事件，若$0<P(A)<1$，$0<P(B)<1$，则$P(A\mid B)>P(A\mid \overline{B})$的充分必要条件是(　　).

A. $P(B\mid A)>P(B\mid \overline{A})$　　B. $P(B\mid A)<P(B\mid \overline{A})$　　C. $P(\overline{B}\mid A)>P(B\mid \overline{A})$

D. $P(\overline{B}\mid A)<P(B\mid \overline{A})$　　E. $P(B\mid A)>P(\overline{B}\mid \overline{A})$

**31.** 设随机变量$X$的概率密度为$f(x)=a\mathrm{e}^{-|x|}$，分布函数为$F(x)$，则$F(1)-F(0)=$(　　).

A. $\mathrm{e}^{-1}$　　B. $1-\mathrm{e}^{-1}$　　C. $\frac{1}{2}\mathrm{e}^{-1}$　　D. $\frac{1}{2}(1-\mathrm{e}^{-1})$　　E. $\frac{1}{2}$

**32.** 设随机变量$X$的概率密度$f_X(x)$为连续函数，则$Y=1-X$的概率密度为(　　).

A. $f_X(x)$　　B. $f_X(-x)$　　C. $f_X(1-x)$　　D. $f_X(1+x)$　　E. $1-f_X(x)$

**33.** 设$A$，$B$为随机事件，且$P(A)=\frac{1}{2}$，$P(B\mid A)=\frac{2}{3}$，$P(A\mid B)=\frac{1}{2}$，令

$X=\begin{cases}1, & A\text{ 发生},\\ 0, & A\text{ 不发生},\end{cases}$　$Y=\begin{cases}1, & B\text{ 发生},\\ 0, & B\text{ 不发生},\end{cases}$　则$P\{X=Y\}=$(　　).

A. $\frac{1}{2}$　　B. $\frac{1}{3}$　　C. $\frac{2}{3}$　　D. $\frac{1}{4}$　　E. $\frac{3}{4}$

**34.** 设$X$服从区间$\left(-\frac{\pi}{2},\frac{\pi}{2}\right)$上的均匀分布，$Y=\max\{1,X\}$，则$E(Y)=$(　　).

A. $\frac{\pi}{8}+\frac{1}{2\pi}+\frac{1}{2}$　　B. $\frac{\pi}{8}+\frac{1}{2\pi}-\frac{1}{2}$　　C. $\frac{\pi}{8}-\frac{1}{2\pi}+\frac{1}{2}$

D. $\frac{\pi}{8}-\frac{1}{2\pi}-\frac{1}{2}$　　E. $-\frac{\pi}{8}+\frac{1}{2\pi}+\frac{1}{2}$

**35.** 设随机变量$X$服从区间$(-2,3)$上的均匀分布，随机变量$Y=\begin{cases}-1, & X\leqslant 0,\\ 1, & 0<X<1,\\ 2, & X\geqslant 1,\end{cases}$则$D(Y)=$(　　).

A. $\frac{1}{5}$　　B. $\frac{1}{25}$　　C. $\frac{24}{25}$　　D. 1　　E. $\frac{46}{25}$

# 答案速查

**数学基础**

| | | | | | | | |
|---|---|---|---|---|---|---|---|
| 1～5 | DCCED | 6～10 | CAEEC | 11～15 | DDECC | 16～20 | BDABD |
| 21～25 | EBBEA | 26～30 | ABCDA | 31～35 | DCAAE | | |

# 答案详解

**数学基础**

**1. D**

**【解析】考查幂指函数极限计算，是一道难度较低的计算题．**

(1)：原式$=e^{\lim\limits_{x\to0^+}x\ln\left(1+\frac{1}{x}\right)}$，其中令$\frac{1}{x}=t$，则

$$\lim_{x\to0^+}x\ln\left(1+\frac{1}{x}\right)=\lim_{t\to+\infty}\frac{\ln(1+t)}{t}=\lim_{t\to+\infty}\frac{1}{1+t}=0,$$

故原式$=e^0=1$，则(1)正确．

(2)：原式$=e^{\lim\limits_{x\to0^+}\frac{\ln(1+x)}{x}}=e^{\lim\limits_{x\to0^+}\frac{1}{1+x}}=e$，则(2)错误．

(3)：原式$=e^{\lim\limits_{x\to0^+}x\ln\left(1-\frac{1}{x}\right)}=e^{\lim\limits_{x\to0^+}x\left(-\frac{1}{x}\right)}=e^{-1}$，则(3)错误．

(4)：原式$=e^{\lim\limits_{x\to0^+}(-x)\ln\left(1+\frac{1}{x}\right)}=e^{\lim\limits_{x\to0^+}(-x)\frac{1}{x}}=e^{-1}$，则(4)错误．

综上，错误的式子有 3 个．

**2. C**

**【解析】考查"$\infty-\infty$"型未定式和洛必达法则，是一道难度较低的计算题．**

$$\lim_{x\to0}\left[\frac{1}{x}-\left(\frac{1}{x}-a\right)e^x\right]=\lim_{x\to0}\frac{1-(1-ax)e^x}{x}=\lim_{x\to0}\frac{ae^x-(1-ax)e^x}{1}=a-1=1，则 a=2.$$

**3. C**

**【解析】考查等价无穷小，是一道难度较低的计算题．**

当$x\to0^+$时，有

$$f(x)=\left(1+\frac{1+\sqrt{x}}{1-x}-1\right)^{\frac{1}{2}}-1\sim\frac{1}{2}\left(\frac{1+\sqrt{x}}{1-x}-1\right)=\frac{1}{2}\frac{\sqrt{x}(1+\sqrt{x})}{1-x}\sim\frac{\sqrt{x}}{2};$$

$$g(x)=\left(1+\frac{1+\sqrt{x}}{1+x}-1\right)^{\frac{1}{2}}-1\sim\frac{1}{2}\left(\frac{1+\sqrt{x}}{1+x}-1\right)=\frac{1}{2}\frac{\sqrt{x}(1-\sqrt{x})}{1+x}\sim\frac{\sqrt{x}}{2};$$

$$h(x)=\ln\left(1+\frac{1+\sqrt{x}}{1-x}-1\right)\sim\frac{1+\sqrt{x}}{1-x}-1=\frac{\sqrt{x}(1+\sqrt{x})}{1-x}\sim\sqrt{x};$$

$$w(x)=\ln\left(1+\frac{1+\sqrt{x}}{1+x}-1\right)\sim\frac{1+\sqrt{x}}{1+x}-1=\frac{\sqrt{x}(1-\sqrt{x})}{1+x}\sim\sqrt{x}.$$

综上，与$\sqrt{x}$在$x\to0^+$时是等价无穷小量的有 2 个．

**4. E**

**【解析】考查导数定义，是一道难度较低的计算题．**

A 项：由$\lim\limits_{x\to0}\frac{f(x)-f(0)}{x}=\lim\limits_{x\to0}\frac{|x|\sin x}{x}=0$，得$f(x)$在$x=0$处可导．

B 项：由$\lim\limits_{x\to0}\frac{f(x)-f(0)}{x}=\lim\limits_{x\to0}\frac{|x|\sin|x|}{x}=\lim\limits_{x\to0}\frac{|x|^2}{x}=0$，得$f(x)$在$x=0$处可导．

C 项：由$\lim\limits_{x\to0}\frac{f(x)-f(0)}{x}=\lim\limits_{x\to0}\frac{|x|\sin\sqrt{|x|}}{x}=\lim\limits_{x\to0}\frac{|x|\cdot\sqrt{|x|}}{x}=0$，得$f(x)$在$x=0$处可导．

D 项：由$\lim\limits_{x\to0}\frac{f(x)-f(0)}{x}=\lim\limits_{x\to0}\frac{\cos|x|-1}{x}=\lim\limits_{x\to0}\frac{-|x|^2}{2x}=0$，得$f(x)$在$x=0$处可导．

E 项：由$\lim\limits_{x\to0}\frac{f(x)-f(0)}{x}=\lim\limits_{x\to0}\frac{\cos\sqrt{|x|}-1}{x}=\lim\limits_{x\to0}\frac{-(\sqrt{|x|})^2}{2x}=-\frac{1}{2}\lim\limits_{x\to0}\frac{|x|}{x}$不存在，得$f(x)$在$x=0$处不可导．故选 E 项．

**5. D**

**【解析】主要考查极限计算、连续性与导数定义，是一道难度较低的计算题．**

(1)、(2)：由$\lim\limits_{x\to0}f(x)=\lim\limits_{x\to0}x^2\cos\frac{1}{x}=0=f(0)$(无穷小×有界量=无穷小)，可知$\lim\limits_{x\to0}f(x)$存在，且$f(x)$在$x=0$处连续，故(1)、(2)正确．

(3)：由$\lim\limits_{x\to0}\frac{f(x)-f(0)}{x-0}=\lim\limits_{x\to0}\frac{x^2\cos\frac{1}{x}-0}{x-0}=\lim\limits_{x\to0}x\cos\frac{1}{x}=0$，得$f'(0)=0$，故(3)正确．

(4)：当$x\neq0$时，$f'(x)=\left(x^2\cos\frac{1}{x}\right)'=2x\cos\frac{1}{x}+\sin\frac{1}{x}$，则由$\lim\limits_{x\to0}f'(x)=\lim\limits_{x\to0}\left(2x\cos\frac{1}{x}+\sin\frac{1}{x}\right)=\lim\limits_{x\to0}\sin\frac{1}{x}$不存在，得$f'(x)$在$x=0$处不连续，故(4)错误．

综上，正确结论的个数为 3.

**6. C**

**【解析】考查幂指函数求导，是一道难度中等的计算题．**

已知函数为幂指函数，故先用对数恒等式转化为$f(x)=x^{x^x}=e^{x^x\ln x}=e^{e^{x\ln x}\ln x}$，再求导，可得

$$\begin{aligned}f'(x)&=e^{e^{x\ln x}\ln x}(e^{x\ln x}\ln x)'=e^{e^{x\ln x}\ln x}\left[e^{x\ln x}(\ln x+1)\ln x+\frac{1}{x}e^{x\ln x}\right]\\&=x^{x^x}[x^{x-1}+x^x\ln x(\ln x+1)].\end{aligned}$$

**7. A**

**【解析】考查切线与极限计算，是一道难度较低的计算题．**

由$f(x)=x^n$得$f'(1)=nx^{n-1}|_{x=1}=n$，则该曲线在点(1，1)处的切线方程为$y-1=n(x-1)$，令$y=0$，解得$\xi_n=1-\dfrac{1}{n}$，故

$$\lim_{n\to\infty}f(\xi_n)=\lim_{n\to\infty}\left(1-\frac{1}{n}\right)^n=e^{\lim\limits_{n\to\infty}n\ln\left(1-\frac{1}{n}\right)}=e^{\lim\limits_{n\to\infty}n\left(-\frac{1}{n}\right)}=e^{-1}.$$

**8. E**

**【解析】主要考查隐函数求导、极值的必要条件和充分条件，是一道难度较低的计算题．**

原方程两端对$x$求导得$6y^2y'-4yy'+2y+2xy'-2x=0$，上式令$y'=0$得$y=x$，代入原方程得$2x^3-x^2-1=0$，故$(x-1)(2x^2+x+1)=0$，解得$x=1$为$y=y(x)$的唯一驻点，故A、B、D项错误．一阶导方程两端对$x$求导得

$$12y(y')^2+6y^2y''-4(y')^2-4yy''+2y'+2y'+2xy''-2=0,$$

将$x=1$，$y=1$，$y'=0$代入上式得$y''(1)=\dfrac{1}{2}>0$，故$x=1$为$y=y(x)$的极小值点，则C项错误．

**9. E**

**【解析】考查有实际背景的最值，是一道难度较低的计算题．**

由题意知正方形和圆形的周长分别为$x$，$a-x(0<x<a)$，则正方形与圆形的面积之和为$S(x)=\left(\dfrac{x}{4}\right)^2+\pi\left(\dfrac{a-x}{2\pi}\right)^2=\dfrac{x^2}{16}+\dfrac{(a-x)^2}{4\pi}$．由$S'(x)=\dfrac{x}{8}-\dfrac{a-x}{2\pi}=0$，解得$x=\dfrac{4a}{\pi+4}$，又由$S''\left(\dfrac{4a}{\pi+4}\right)=\dfrac{1}{8}+\dfrac{1}{2\pi}>0$且$S(x)$连续可知，$x=\dfrac{4a}{\pi+4}$为$S(x)$的最小值点，即$x=\dfrac{4a}{\pi+4}$时，正方形与圆形的面积之和最小．

**10. C**

**【解析】考查弹性公式，是一道难度较低的计算题．**

由$p=\dfrac{100}{\sqrt{x}}$得$x=\dfrac{10\ 000}{p^2}$，故收益$R=px=p\dfrac{10\ 000}{p^2}=\dfrac{10\ 000}{p}$，则$\dfrac{dR}{dp}=-\dfrac{10\ 000}{p^2}$，故收益的价格弹性为$\dfrac{p}{R}\dfrac{dR}{dp}=\dfrac{p}{\dfrac{10\ 000}{p}}\cdot\left(-\dfrac{10\ 000}{p^2}\right)=-1.$

**11. D**

**【解析】主要考查不定积分的性质，是一道难度较低的计算题．**

$\int f(x)2^{-x}\,dx=x2^{-x}+C$等号两边求导得$f(x)2^{-x}=2^{-x}-x2^{-x}\ln2$，则$f(x)=1-\ln2\cdot x$，故$f'(0)=-\ln2.$

**12. D**

【解析】考查不定积分的线性性质和凑微分法，是一道难度较低的计算题．

$$\begin{aligned}\int \frac{x^3}{\sqrt{1+x^2}}\mathrm{d}x &= \int \frac{x^3+x-x}{\sqrt{1+x^2}}\mathrm{d}x = \int x\sqrt{1+x^2}\,\mathrm{d}x - \int \frac{x}{\sqrt{1+x^2}}\mathrm{d}x \\ &= \frac{1}{2}\int (1+x^2)^{\frac{1}{2}}\,\mathrm{d}(1+x^2) - \frac{1}{2}\int (1+x^2)^{-\frac{1}{2}}\,\mathrm{d}(1+x^2) \\ &= \frac{1}{3}(1+x^2)^{\frac{3}{2}} - (1+x^2)^{\frac{1}{2}} + C.\end{aligned}$$

**13. E**

【解析】主要考查两曲线相切和分部积分法，是一道难度较低的计算题．

由 $y=f(x)$ 的图形过点 $(0,0)$ 知 $f(0)=0$，由 $y=f(x)$ 的图形与 $y=2^x$ 相切于点 $(1,2)$ 知在点 $(1,2)$ 处，两曲线的函数值和导数值相等，即

$$f(1)=2,\ f'(1)=(2^x)'\big|_{x=1}=2\ln 2.$$

由分部积分法得

$$\begin{aligned}\int_0^1 xf''(x)\mathrm{d}x &= \int_0^1 x\,\mathrm{d}[f'(x)] = xf'(x)\Big|_0^1 - \int_0^1 f'(x)\mathrm{d}x = f'(1) - f(x)\Big|_0^1 \\ &= f'(1) - f(1) + f(0) = 2\ln 2 - 2.\end{aligned}$$

**14. C**

【解析】考查定积分计算，是一道难度较低的计算题．

记 $\int_0^{\pi} f(x)\mathrm{d}x = A$，则 $f(x)=\cos\frac{x}{2}+A\sin x$，该式两边从 0 到 π 积分得

$$\begin{aligned}A &= \int_0^{\pi} f(x)\mathrm{d}x = \int_0^{\pi}\left(\cos\frac{x}{2}+A\sin x\right)\mathrm{d}x \\ &= \int_0^{\pi}\cos\frac{x}{2}\mathrm{d}x + A\int_0^{\pi}\sin x\,\mathrm{d}x = 2\sin\frac{x}{2}\Big|_0^{\pi} - A\cos x\Big|_0^{\pi} = 2+2A,\end{aligned}$$

解得 $A=-2$，故 $f(x)=\cos\frac{x}{2}-2\sin x$，则 $f\left(\frac{\pi}{2}\right)=\frac{\sqrt{2}}{2}-2$.

**15. C**

【解析】考查定积分的性质和计算，是一道难度较低的计算题．

令 $x-2=t$，则

$$\begin{aligned}\int_2^4 f(x-2)\mathrm{e}^{-x}\mathrm{d}x &= \mathrm{e}^{-2}\int_0^2 f(t)\mathrm{e}^{-t}\mathrm{d}t = \mathrm{e}^{-2}\left[\int_0^1 t\mathrm{e}^{-t}\mathrm{d}t + \int_1^2 (2-t)\mathrm{e}^{-t}\mathrm{d}t\right] \\ &= \mathrm{e}^{-2}\left[-t\mathrm{e}^{-t}\Big|_0^1 + \int_0^1 \mathrm{e}^{-t}\mathrm{d}t - (2-t)\mathrm{e}^{-t}\Big|_1^2 - \int_1^2 \mathrm{e}^{-t}\mathrm{d}t\right] = \mathrm{e}^{-2}(1-\mathrm{e}^{-1})^2 = \frac{(\mathrm{e}-1)^2}{\mathrm{e}^4}.\end{aligned}$$

**16. B**

【解析】考查变限积分求导，是一道难度较低的计算题．

$\int_{x^2}^0 (x-t)\sin t^2\mathrm{d}t = \int_{x^2}^0 x\sin t^2\mathrm{d}t - \int_{x^2}^0 t\sin t^2\mathrm{d}t = x\int_{x^2}^0 \sin t^2\mathrm{d}t - \int_{x^2}^0 t\sin t^2\mathrm{d}t$；令 $x-t=u$ 得

$$\int_0^x \cos(x-t)\mathrm{d}t = -\int_x^0 \cos u\,\mathrm{d}u = \int_0^x \cos u\,\mathrm{d}u，故$$

$$f'(x) = \left(x\int_{x^2}^0 \sin t^2\,\mathrm{d}t\right)' - \left(\int_{x^2}^0 t\sin t^2\,\mathrm{d}t\right)' + \left(\int_0^x \cos u\,\mathrm{d}u\right)'$$

$$= \int_{x^2}^0 \sin t^2\,\mathrm{d}t - 2x^2\sin x^4 + 2x^3\sin x^4 + \cos x$$

$$= \int_{x^2}^0 \sin t^2\,\mathrm{d}t + 2x^2(x-1)\sin x^4 + \cos x.$$

**17. D**

**【解析】考查旋转体体积公式，是一道难度较低的计算题．**

$V_y = \int_a^b 2\pi x\,|f(x)|\,\mathrm{d}x = 2\pi\int_0^{2\pi} x\,|\sin x|\,\mathrm{d}x = 2\pi\int_0^{\pi} x\sin x\,\mathrm{d}x - 2\pi\int_{\pi}^{2\pi} x\sin x\,\mathrm{d}x$，其中

$$\int_0^{\pi} x\sin x\,\mathrm{d}x = -\int_0^{\pi} x\,\mathrm{d}(\cos x) = -x\cos x\Big|_0^{\pi} + \int_0^{\pi}\cos x\,\mathrm{d}x = \pi;$$

$$\int_{\pi}^{2\pi} x\sin x\,\mathrm{d}x = -\int_{\pi}^{2\pi} x\,\mathrm{d}(\cos x) = -x\cos x\Big|_{\pi}^{2\pi} + \int_{\pi}^{2\pi}\cos x\,\mathrm{d}x = -3\pi,$$

代入计算得 $V_y = 2\pi\times\pi - 2\pi\times(-3\pi) = 8\pi^2$.

**18. A**

**【解析】考查偏导数的定义，是一道难度较低的计算题．**

由 $\lim\limits_{x\to 0}\dfrac{f(x,1)-f(0,1)}{x} = \lim\limits_{x\to 0}\dfrac{\ln(1+|x\cdot\sin 1|)}{x} = \sin 1\cdot\lim\limits_{x\to 0}\dfrac{|x|}{x}$，该极限不存在，得 $\left.\dfrac{\partial f}{\partial x}\right|_{(0,1)}$ 不存在．

由 $\lim\limits_{y\to 1}\dfrac{f(0,y)-f(0,1)}{y-1} = \lim\limits_{y\to 1}\dfrac{\ln y}{y-1} = \lim\limits_{y\to 1}\dfrac{1}{y} = 1$，得 $\left.\dfrac{\partial f}{\partial y}\right|_{(0,1)}$ 存在且 $\left.\dfrac{\partial f}{\partial y}\right|_{(0,1)} = 1$.

**19. B**

**【解析】主要考查全微分计算公式和关于某个自变量的不定积分，是一道难度中等的计算题．**

由 $\mathrm{d}f(x,y) = \dfrac{x\mathrm{d}y - y\mathrm{d}x}{x^2+y^2}(x>0,\ y>0)$ 可知 $\dfrac{\partial f}{\partial x} = \dfrac{-y}{x^2+y^2}$，$\dfrac{\partial f}{\partial y} = \dfrac{x}{x^2+y^2}$. $\dfrac{\partial f}{\partial x} = \dfrac{-y}{x^2+y^2}$ 关于 $x$ 积分得 $f(x,y) = \displaystyle\int\dfrac{-y}{x^2+y^2}\,\mathrm{d}x = -\int\dfrac{1}{\left(\dfrac{x}{y}\right)^2+1}\,\mathrm{d}\left(\dfrac{x}{y}\right) = -\arctan\dfrac{x}{y} + g(y)$，关于 $y$ 求偏导得

$\dfrac{\partial f}{\partial y} = -\dfrac{-\dfrac{x}{y^2}}{1+\left(\dfrac{x}{y}\right)^2} + g'(y) = \dfrac{x}{x^2+y^2} + g'(y)$，又 $\dfrac{\partial f}{\partial y} = \dfrac{x}{x^2+y^2}$，则 $g'(y)=0$，故 $g(y)=C$，

代入得 $f(x,y) = -\arctan\dfrac{x}{y} + C$，又 $f(1,1) = \dfrac{\pi}{4}$ 得 $C = \dfrac{\pi}{2}$，则 $f(x,y) = -\arctan\dfrac{x}{y} + \dfrac{\pi}{2}$，故 $f(\sqrt{3},3) = \dfrac{\pi}{3}$.

**20. D**

**【解析】考查多元函数的复合求导法则，是一道难度较低的计算题.**

令 $u=xg(y)$，$v=y$，则 $x=\frac{u}{g(y)}=\frac{u}{g(v)}$，$f[xg(y),\ y]=x+g(y)$可化为 $f(u,\ v)=\frac{u}{g(v)}+g(v)$，故 $\frac{\partial f}{\partial u}=\frac{1}{g(v)}$，$\frac{\partial^2 f}{\partial u\,\partial v}=\frac{\partial}{\partial v}\left[\frac{1}{g(v)}\right]=-\frac{g'(v)}{g^2(v)}$.

**21. E**

**【解析】考查极值点等特殊点之间的关系，是一道难度较低的概念题.**

A、D项：由于 $f(x,\ y)$的极值点可能是驻点(满足 $f'_x(x_0,\ y_0)=f'_y(x_0,\ y_0)=0$ 的点$(x_0,\ y_0)$)，也可能是偏导不存在的点($f'_x(x_0,\ y_0)$，$f'_y(x_0,\ y_0)$至少有一个不存在的点$(x_0,\ y_0)$)，故A、D项正确.

B项：若 $f'_x(x_0,\ y_0)=f'_y(x_0,\ y_0)=0$，则点$(x_0,\ y_0)$为 $f(x,\ y)$的驻点，由于驻点可能是极值点，也可能不是，故B项正确.

C项：$f'_x(x_0,\ y_0)=0$，$f'_y(x_0,\ y_0)=a\ (a\neq 0)$，根据极值的必要条件得点$(x_0,\ y_0)$不是 $f(x,\ y)$的极值点，故C项正确.

E项：当点$(x_0,\ y_0)$是 $f(x,\ y)$在区域 $D$ 上的最值点时，若$(x_0,\ y_0)$在 $D$ 的内部，则$(x_0,\ y_0)$是 $f(x,\ y)$的极值点；若$(x_0,\ y_0)$在 $D$ 的边界，则$(x_0,\ y_0)$不是 $f(x,\ y)$的极值点.故E项错误.

**22. B**

**【解析】考查行列式的定义，是一道难度较低的计算题.**

由于 $a_{4i}a_{13}a_{34}a_{2j}$ 取自四阶行列式的不同列，因此 $i$，$j$ 的取值只可能为1，2，即有 $i=1$，$j=2$ 和 $i=2$，$j=1$ 两种情况，分类讨论：

①当 $i=1$，$j=2$ 时，$a_{4i}a_{13}a_{34}a_{2j}=a_{41}a_{13}a_{34}a_{22}=a_{13}a_{22}a_{34}a_{41}$，其行指标已按照从小到大的顺序排列，其列指标构成的排列的逆序数 $\tau(3241)=2+1+1=4$，故该项为$(-1)^{\tau(3241)}a_{13}a_{22}a_{34}a_{41}=a_{13}a_{22}a_{34}a_{41}$，与题意不符；

②当 $i=2$，$j=1$ 时，$a_{4i}a_{13}a_{34}a_{2j}=a_{42}a_{13}a_{34}a_{21}=a_{13}a_{21}a_{34}a_{42}$，其行指标已按照从小到大的顺序排列，其列指标构成的排列的逆序数 $\tau(3142)=2+1=3$，故该项为$(-1)^{\tau(3142)}a_{13}a_{21}a_{34}a_{42}=-a_{13}a_{21}a_{34}a_{42}$，与题意相符.

综上，$i=2$，$j=1$.

**23. B**

**【解析】考查矩阵和行列式的基本计算，是一道难度较低的计算题.**

(1)：根据矩阵数乘运算的定义知 $2\boldsymbol{A}=\begin{bmatrix}2a & 2b\\ 2c & 2d\end{bmatrix}$，故(1)正确.

(2)：$2|\boldsymbol{A}|=2(ad-bc)$，$\begin{vmatrix}2a & 2b\\ 2c & 2d\end{vmatrix}=4(ad-bc)$，故(2)错误.

(3)：$\boldsymbol{A}^2=\begin{pmatrix}a&b\\c&d\end{pmatrix}\begin{pmatrix}a&b\\c&d\end{pmatrix}=\begin{pmatrix}a^2+bc&ab+bd\\ca+dc&cb+d^2\end{pmatrix}$，该矩阵与$\begin{pmatrix}a^2&b^2\\c^2&d^2\end{pmatrix}$不一定相等，故(3)错误．

(4)：$|\boldsymbol{A}|^2=\begin{vmatrix}a&b\\c&d\end{vmatrix}^2=(ad-bc)^2$，$\begin{vmatrix}a^2&b^2\\c^2&d^2\end{vmatrix}=a^2d^2-b^2c^2$，两者不一定相等，故(4)错误．

综上，正确的结论有1个．

**24. E**

**【解析】考查矩阵及逆矩阵运算，是一道难度较低的计算题．**

由$\boldsymbol{AB}=\boldsymbol{A}+2\boldsymbol{B}$得$\boldsymbol{AB}-2\boldsymbol{B}=\boldsymbol{A}$，即$(\boldsymbol{A}-2\boldsymbol{E})\boldsymbol{B}=\boldsymbol{A}$，又$|\boldsymbol{A}-2\boldsymbol{E}|\neq0$，故$\boldsymbol{A}-2\boldsymbol{E}$可逆，在$(\boldsymbol{A}-2\boldsymbol{E})\boldsymbol{B}=\boldsymbol{A}$两端左乘$(\boldsymbol{A}-2\boldsymbol{E})^{-1}$得$\boldsymbol{B}=(\boldsymbol{A}-2\boldsymbol{E})^{-1}\boldsymbol{A}$，又

$$(\boldsymbol{A}-2\boldsymbol{E}\ \vdots\ \boldsymbol{E})=\left(\begin{array}{ccc:ccc}1&0&1&1&0&0\\1&-1&0&0&1&0\\0&1&2&0&0&1\end{array}\right)\sim\left(\begin{array}{ccc:ccc}1&0&0&2&-1&-1\\0&1&0&2&-2&-1\\0&0&1&-1&1&1\end{array}\right),$$

则$(\boldsymbol{A}-2\boldsymbol{E})^{-1}=\begin{pmatrix}2&-1&-1\\2&-2&-1\\-1&1&1\end{pmatrix}$，故

$$\boldsymbol{B}=(\boldsymbol{A}-2\boldsymbol{E})^{-1}\boldsymbol{A}=\begin{pmatrix}2&-1&-1\\2&-2&-1\\-1&1&1\end{pmatrix}\begin{pmatrix}3&0&1\\1&1&0\\0&1&4\end{pmatrix}=\begin{pmatrix}5&-2&-2\\4&-3&-2\\-2&2&3\end{pmatrix}.$$

**25. A**

**【解析】考查伴随矩阵，是一道难度较低的计算题．**

由$|\boldsymbol{A}|=\begin{vmatrix}1&0&0\\2&2&0\\3&4&5\end{vmatrix}=10\neq0$，得$\boldsymbol{A}^*=|\boldsymbol{A}|\boldsymbol{A}^{-1}=10\boldsymbol{A}^{-1}$，则

$$(\boldsymbol{A}^*)^{-1}=(10\boldsymbol{A}^{-1})^{-1}=\frac{1}{10}\boldsymbol{A}=\frac{1}{10}\begin{pmatrix}1&0&0\\2&2&0\\3&4&5\end{pmatrix}.$$

**26. A**

**【解析】主要考查线性方程组解的判定定理，是一道难度较低的计算题．**

由$|\boldsymbol{A}|=\begin{vmatrix}a&1&1\\1&a&1\\1&1&a\end{vmatrix}=(a+2)\begin{vmatrix}1&1&1\\1&a&1\\1&1&a\end{vmatrix}=(a+2)\begin{vmatrix}1&1&1\\0&a-1&0\\0&0&a-1\end{vmatrix}=(a+2)(a-1)^2=0$，

解得$a=-2$或1，根据线性方程组解的判定定理，此时原方程组无解或有无穷多解．

当$a=1$时，$(\boldsymbol{A},\boldsymbol{b})=\begin{pmatrix}1&1&1&1\\1&1&1&1\\1&1&1&-2\end{pmatrix}\sim\begin{pmatrix}1&1&1&1\\0&0&0&-3\\0&0&0&0\end{pmatrix}$，$R(\boldsymbol{A})\neq R(\boldsymbol{A},\boldsymbol{b})$，方程组无解；

当 $a=-2$ 时，$(\boldsymbol{A},\ \boldsymbol{b})=\begin{pmatrix}-2 & 1 & 1 & 1\\ 1 & -2 & 1 & 1\\ 1 & 1 & -2 & -2\end{pmatrix}\sim\begin{pmatrix}1 & -2 & 1 & 1\\ 0 & -3 & 3 & 3\\ 0 & 0 & 0 & 0\end{pmatrix}$，$R(\boldsymbol{A})=R(\boldsymbol{A},\ \boldsymbol{b})=2$，

方程组有无穷多解，故 $a=-2$.

**27. B**

**【解析】考查向量组的秩，是一道难度较低的计算题.**

方法一：用初等行变换计算.

由$(\boldsymbol{\alpha}_1,\ \boldsymbol{\alpha}_2,\ \boldsymbol{\alpha}_3)=\begin{pmatrix}1 & -1 & 5\\ 1 & 1 & -1\\ 2 & 4 & t\\ 3 & -1 & 9\end{pmatrix}\sim\begin{pmatrix}1 & -1 & 5\\ 0 & 2 & -6\\ 0 & 0 & t+8\\ 0 & 0 & 0\end{pmatrix}$，又已知 $R(\boldsymbol{\alpha}_1,\ \boldsymbol{\alpha}_2,\ \boldsymbol{\alpha}_3)=2$，故 $t+8=0$，

即 $t=-8$.

方法二：用子式计算.

由已知得矩阵$(\boldsymbol{\alpha}_1,\ \boldsymbol{\alpha}_2,\ \boldsymbol{\alpha}_3)$的秩为 2，可得该矩阵的任意三阶子式值为 0，则

$$\begin{vmatrix}1 & -1 & 5\\ 1 & 1 & -1\\ 2 & 4 & t\end{vmatrix}=\begin{vmatrix}1 & -1 & 5\\ 0 & 2 & -6\\ 0 & 6 & t-10\end{vmatrix}=2(t+8)=0\Rightarrow t=-8.$$

**28. C**

**【解析】考查线性方程组解的性质、基础解系和秩，是一道难度中等的概念题.**

由 $\boldsymbol{\alpha}_1$，$\boldsymbol{\alpha}_2$，$\boldsymbol{\alpha}_3$ 为 $\boldsymbol{A}\boldsymbol{x}=\boldsymbol{\beta}$ 的三个线性无关的解，根据线性方程组解的性质得 $\boldsymbol{\alpha}_1-\boldsymbol{\alpha}_2$，$\boldsymbol{\alpha}_2-\boldsymbol{\alpha}_3$ 为 $\boldsymbol{A}\boldsymbol{x}=\boldsymbol{0}$ 的解. 下面证明 $\boldsymbol{\alpha}_1-\boldsymbol{\alpha}_2$，$\boldsymbol{\alpha}_2-\boldsymbol{\alpha}_3$ 线性无关：由 $k_1(\boldsymbol{\alpha}_1-\boldsymbol{\alpha}_2)+k_2(\boldsymbol{\alpha}_2-\boldsymbol{\alpha}_3)=\boldsymbol{0}$ 得

$k_1\boldsymbol{\alpha}_1+(-k_1+k_2)\boldsymbol{\alpha}_2-k_2\boldsymbol{\alpha}_3=\boldsymbol{0}$，再由 $\boldsymbol{\alpha}_1$，$\boldsymbol{\alpha}_2$，$\boldsymbol{\alpha}_3$ 线性无关得$\begin{cases}k_1=0,\\ -k_1+k_2=0,\\ -k_2=0,\end{cases}$即 $k_1=k_2=0$，

故 $\boldsymbol{\alpha}_1-\boldsymbol{\alpha}_2$，$\boldsymbol{\alpha}_2-\boldsymbol{\alpha}_3$ 为 $\boldsymbol{A}\boldsymbol{x}=\boldsymbol{0}$ 的两个线性无关的解.

又 $n-R(\boldsymbol{A})$为 $\boldsymbol{A}\boldsymbol{x}=\boldsymbol{0}$ 的个数最多的线性无关解向量的个数，故 $n-R(\boldsymbol{A})\geqslant 2$，又 $n=4$ 得 $R(\boldsymbol{A})\leqslant 2$；再由 $\boldsymbol{A}$ 有一个二阶非零子式，可知 $R(\boldsymbol{A})\geqslant 2$，故 $R(\boldsymbol{A})=2$.

**29. D**

**【解析】考查几何概型，是一道难度中等的计算题.**

根据题意，该随机试验满足“无限且样本空间能用区域表示”和“等可能”，因此是几何概型. 其中样本空间 $\Omega=\{(x,\ y)\mid 0\leqslant x\leqslant 2,\ 0\leqslant y\leqslant 2\}$，面积 $S_\Omega=4$，随机事件“两个数之积不小于 1”可表示为$A=\{(x,\ y)\mid xy\geqslant 1,\ (x,\ y)\in\Omega\}=\left\{(x,\ y)\,\middle|\,\frac{1}{2}\leqslant x\leqslant 2,\ \frac{1}{x}\leqslant y\leqslant 2\right\}$，面积

$S_A=\int_{\frac{1}{2}}^{2}\left(2-\frac{1}{x}\right)\mathrm{d}x=3-\ln x\Big|_{\frac{1}{2}}^{2}=3-2\ln 2$，由几何概型的概率计算公式得所求概率为

$$P(A)=\frac{S_A}{S_\Omega}=\frac{3-2\ln 2}{4}.$$

**30. A**

**【解析】考查条件概率公式，是一道难度较低的计算题．**

A 项：根据条件概率公式，得

$$P(A\mid B)>P(A\mid \overline{B})\Leftrightarrow\frac{P(AB)}{P(B)}>\frac{P(A\overline{B})}{P(\overline{B})}\Leftrightarrow\frac{P(AB)}{P(B)}>\frac{P(A)-P(AB)}{1-P(B)}$$

$$\Leftrightarrow P(AB)-P(AB)P(B)>P(B)P(A)-P(B)P(AB)$$

$$\Leftrightarrow P(AB)>P(A)P(B),$$

综上，有 $P(A\mid B)>P(A\mid \overline{B})\Leftrightarrow P(AB)>P(A)P(B)$①，式①中 $A$，$B$ 互换得

$$P(B\mid A)>P(B\mid \overline{A})\Leftrightarrow P(BA)>P(B)P(A)②,$$

式①、②联立可知 $P(A\mid B)>P(A\mid \overline{B})\Leftrightarrow P(B\mid A)>P(B\mid \overline{A})$.

B、C、D、E 项：令 $A=B$，则 $P(A\mid B)=P(A\mid A)=1$，$P(A\mid \overline{B})=P(A\mid \overline{A})=0$，满足 $P(A\mid B)>P(A\mid \overline{B})$，但 $P(B\mid A)=P(A\mid A)=1$，$P(B\mid \overline{A})=P(A\mid \overline{A})=0$，则 $P(B\mid A)<P(B\mid \overline{A})$不成立，故 B 项不正确；

$P(\overline{B}\mid A)=P(\overline{A}\mid A)=0$，$P(B\mid \overline{A})=P(A\mid \overline{A})=0$，则 $P(\overline{B}\mid A)=P(B\mid \overline{A})$，故 C、D 项不正确；

$P(B\mid A)=P(A\mid A)=1$，$P(\overline{B}\mid \overline{A})=P(\overline{A}\mid \overline{A})=1$，则 $P(B\mid A)>P(\overline{B}\mid \overline{A})$不成立，故 E 项不正确．

**31. D**

**【解析】考查概率密度的性质和分布函数的定义，是一道难度较低的计算题．**

由概率密度的规范性得 $\int_{-\infty}^{+\infty}f(x)\mathrm{d}x=\int_{-\infty}^{+\infty}a\mathrm{e}^{-|x|}\mathrm{d}x=2a\int_{0}^{+\infty}\mathrm{e}^{-x}\mathrm{d}x=-2a\mathrm{e}^{-x}\Big|_{0}^{+\infty}=2a=1$，

故 $a=\frac{1}{2}$. 由分布函数的定义得

$$F(1)-F(0)=\int_{-\infty}^{1}f(x)\mathrm{d}x-\int_{-\infty}^{0}f(x)\mathrm{d}x=\int_{0}^{1}f(x)\mathrm{d}x=\frac{1}{2}\int_{0}^{1}\mathrm{e}^{-x}\mathrm{d}x=-\frac{1}{2}\mathrm{e}^{-x}\Big|_{0}^{1}=\frac{1}{2}(1-\mathrm{e}^{-1}).$$

**32. C**

**【解析】主要考查分布函数的定义及概率密度，是一道难度较低的计算题．**

$Y=1-X$ 的分布函数记为 $F_Y(y)$，概率密度为 $f_Y(y)$，则由分布函数的定义得 $F_Y(y)=P\{Y\leqslant y\}=P\{1-X\leqslant y\}=P\{X\geqslant 1-y\}=\int_{1-y}^{+\infty}f_X(x)\mathrm{d}x$，则

$$f_Y(y)=\left[\int_{1-y}^{+\infty}f_X(x)\mathrm{d}x\right]'=-f_X(1-y)\cdot(-1)=f_X(1-y),$$

或者 $f_Y(x)=f_X(1-x)$.

**33. A**

**【解析】考查概率的性质及随机变量与随机事件的关系，是一道难度较低的计算题.**

由已知条件得 $P(AB)=P(A)P(B\mid A)=\frac{1}{2}\times\frac{2}{3}=\frac{1}{3}$，则 $P(A\mid B)=\frac{P(AB)}{P(B)}=\frac{\frac{1}{3}}{P(B)}=\frac{1}{2}$，故 $P(B)=\frac{2}{3}$. 由事件的对偶律及概率的加法公式得

$$P\{X=0,\ Y=0\}=P(\overline{A}\cap\overline{B})=P(\overline{A\cup B})=1-P(A\cup B)$$
$$=1-P(A)-P(B)+P(AB)=1-\frac{1}{2}-\frac{2}{3}+\frac{1}{3}=\frac{1}{6}.$$
$$P\{X=1,\ Y=1\}=P(AB)=\frac{1}{3},$$

故 $P\{X=Y\}=P\{X=0,\ Y=0\}+P\{X=1,\ Y=1\}=\frac{1}{6}+\frac{1}{3}=\frac{1}{2}$.

**【注意】**也可以用下面的方法计算 $P\{X=0,\ Y=0\}$：由上述计算结果可知 $P(AB)=P(A)\cdot P(B)$，故$A$，$B$独立，则 $\overline{A}$，$\overline{B}$ 也独立，故

$$P\{X=0,\ Y=0\}=P(\overline{A}\cap\overline{B})=P(\overline{A})P(\overline{B})=\frac{1}{2}\times\frac{1}{3}=\frac{1}{6}.$$

**34. A**

**【解析】主要考查随机变量函数的期望公式，是一道难度较低的计算题.**

由 $X$ 服从区间$\left(-\frac{\pi}{2},\ \frac{\pi}{2}\right)$上的均匀分布，得 $X$ 的概率密度为$f(x)=\begin{cases}\frac{1}{\pi}, & x\in\left(-\frac{\pi}{2},\ \frac{\pi}{2}\right),\\ 0, & \text{其他}.\end{cases}$ 由随机变量函数的期望公式得

$$E(Y)=E(\max\{1,\ X\})=\int_{-\infty}^{+\infty}\max\{1,\ x\}f(x)\,dx=\frac{1}{\pi}\int_{-\frac{\pi}{2}}^{\frac{\pi}{2}}\max\{1,\ x\}\,dx$$
$$=\frac{1}{\pi}\left(\int_{-\frac{\pi}{2}}^{1}1\,dx+\int_{1}^{\frac{\pi}{2}}x\,dx\right)=\frac{\pi}{8}+\frac{1}{2\pi}+\frac{1}{2}.$$

**35. E**

**【解析】考查均匀分布、随机变量函数的分布和方差，是一道难度较低的计算题.**

由已知条件可知 $Y$ 的所有可能取值为$-1$，1，2，根据均匀分布的性质，计算相应的概率得

$$P\{Y=-1\}=P\{X\leqslant 0\}=\frac{0-(-2)}{3-(-2)}=\frac{2}{5},$$
$$P\{Y=1\}=P\{0<X<1\}=\frac{1-0}{3-(-2)}=\frac{1}{5},$$
$$P\{Y=2\}=1-P\{Y=-1\}-P\{Y=1\}=\frac{2}{5},$$

则 $E(Y)=-1\times\frac{2}{5}+1\times\frac{1}{5}+2\times\frac{2}{5}=\frac{3}{5}$，$E(Y^2)=(-1)^2\times\frac{2}{5}+1^2\times\frac{1}{5}+2^2\times\frac{2}{5}=\frac{11}{5}$.

故 $D(Y)=E(Y^2)-[E(Y)]^2=\frac{11}{5}-\left(\frac{3}{5}\right)^2=\frac{46}{25}$.

**绝密★启用前**

# 全国硕士研究生招生考试
# 经济类综合能力试题
# 数学·模拟卷 10

（科目代码：396）

考试时间：8：30—11：30

（数学建议用时 84 分钟内）

## 考生注意事项

1. 答题前，考生须在试题册指定位置上填写考生姓名和考生编号；在答题卡指定位置上填写报考单位、考生姓名和考生编号，并涂写考生编号信息点。
2. 选择题的答案必须涂写在答题卡相应题号的选项上，非选择题的答案必须书写在答题卡指定位置的边框区域内。超出答题区域书写的答案无效；在草稿纸、试题册上答题无效。
3. 填(书)写部分必须使用黑色字迹签字笔或者钢笔书写，字迹工整、笔迹清楚；涂写部分必须使用 2B 铅笔填涂。
4. 考试结束，将答题卡和试题册按规定交回。

| | | | | | | | | | | | | | | | |
|---|---|---|---|---|---|---|---|---|---|---|---|---|---|---|---|
| 考生编号 | | | | | | | | | | | | | | | |
| 考生姓名 | | | | | | | | | | | | | | | |

**数学基础**：第 1～35 小题，每小题 2 分，共 70 分．下列每题给出的五个选项中，只有一个选项是最符合试题要求的．

**1.** $\lim\limits_{x\to 0}\cot x\cdot\left(\dfrac{1}{\sin x}-\dfrac{1}{x}\right)=(\quad)$.

A. $-\dfrac{1}{3}$　B. $-\dfrac{1}{6}$　C. 0　D. $\dfrac{1}{6}$　E. $\dfrac{1}{3}$

**2.** 设当 $x\to x_0$ 时，函数 $f(x)\sim g(x)$，且 $f(x)\neq 0$，$g(x)\neq 0$，则当 $x\to x_0$ 时，下列结论中正确的个数为(　　).

(1) $f(x)-g(x)=o(f(x))$；　(2) $f^2(x)-g^2(x)=o(f^2(x))$；

(3) $o(f(x))+o(g(x))=o(f(x))$；　(4) $o(f(x))\cdot o(g(x))=o(f(x)g(x))$.

A. 0　B. 1　C. 2　D. 3　E. 4

**3.** 设函数 $f(x)=\begin{cases}-1, & x<0,\\ 1, & x\geqslant 0,\end{cases}$ $g(x)=\begin{cases}2-ax, & x\leqslant -1,\\ x, & -1<x<0,\\ x-b, & x\geqslant 0.\end{cases}$ 若 $f(x)+g(x)$ 在 $\mathbf{R}$ 上连续，则(　　).

A. $a=3$，$b=1$　B. $a=3$，$b=2$　C. $a=-3$，$b=1$

D. $a=-3$，$b=2$　E. $a=-3$，$b=-2$

**4.** 设函数 $f(x)=\begin{cases}\dfrac{e^x-1}{x}, & x\neq 0,\\ 1, & x=0,\end{cases}$ 则在 $x=0$ 处(　　).

A. $f(x)$ 连续且取得极大值　B. $f(x)$ 连续且取得极小值　C. $f(x)$ 可导且导数等于零

D. $f(x)$ 可导且导数不为零　E. $f'(x)$ 不连续

**5.** 设 $y=f(\ln x)e^{f(x)}$，其中 $f$ 可导，则 $y'=(\quad)$.

A. $e^{f(x)}[f'(\ln x)+f(x)f(\ln x)]$　B. $e^{f(x)}\left[\dfrac{1}{x}f'(\ln x)+f'(x)f(\ln x)\right]$

C. $e^{f(x)}\left[\dfrac{1}{x}f'(\ln x)+f(x)f(\ln x)\right]$　D. $e^{f(x)}[f'(\ln x)+f'(x)f(\ln x)]$

E. $e^{f(x)}\left[f'(\ln x)+\dfrac{1}{x}f'(x)f(\ln x)\right]$

**6.** 曲线 $\begin{cases}x=t-\sin t,\\ y=1-\cos t\end{cases}$ 在 $t=\dfrac{3\pi}{2}$ 对应点处的切线在 $y$ 轴上的截距为(　　).

A. $\dfrac{3\pi}{2}$　B. $\dfrac{3\pi}{2}-1$　C. $\dfrac{3\pi}{2}+1$　D. $\dfrac{3\pi}{2}-2$　E. $\dfrac{3\pi}{2}+2$

**7.** 已知方程 $x+p+q\cos x=0$ 恰有一个实根，其中 $p$，$q$ 为常数，且 $0<q<1$，则 $p$ 的可能取值有(　　)个．

A. 0　B. 1　C. 2　D. 3　E. 无穷多

8. 设 $y=f(x)$ 在 $x=x_0$ 的某邻域内具有三阶连续导数，若 $f'(x_0)=f''(x_0)=0$，$f'''(x_0)>0$，则(　　).

A. $f(x_0)$是$f(x)$的极大值　　B. $f(x_0)$是$f(x)$的极小值

C. $f'(x_0)$是 $f'(x)$的极大值　　D. $f'(x_0)$是 $f'(x)$的极小值

E. 点$(x_0, f(x_0))$不是 $y=f(x)$的拐点

9. 曲线 $y=(2x-1)e^{\frac{1}{x}}$ 的斜渐近线方程为(　　).

A. $y=-x+1$　B. $y=x+1$　C. $y=2x+1$　D. $y=2x-1$　E. $y=2x$

10. 以 $p_A$，$p_B$ 分别表示 A，B 两种产品的价格，设商品 A 的需求函数为 $Q_A=500-p_A^2-p_Ap_B+2p_B^2$，则当 $p_A=10$，$p_B=20$ 时，商品 A 的需求量对自身价格的弹性 $\eta_{AA}(\eta_{AA}>0)$为(　　).

A. 0.1　B. 0.2　C. 0.3　D. 0.4　E. 0.5

11. $\int\frac{\tan x}{\sqrt{\cos x}}dx=$(　　)，其中 $C$ 为任意常数.

A. $\frac{1}{\sqrt{\sin x}}+C$　B. $\frac{1}{\sqrt{\cos x}}+C$　C. $\frac{2}{\sqrt{\sin x}}+C$

D. $\frac{2}{\sqrt{\cos x}}+C$　E. $-\frac{2}{\sqrt{\cos x}}+C$

12. 函数$f(x)=\begin{cases}\frac{1}{\sqrt{1+x^2}}, & x\leqslant 0,\\ (x+1)\cos x, & x>0\end{cases}$ 的一个原函数为(　　).

A. $F(x)=\begin{cases}\ln(\sqrt{1+x^2}-x), & x\leqslant 0,\\ (x+1)\cos x-\sin x, & x>0\end{cases}$　B. $F(x)=\begin{cases}\ln(\sqrt{1+x^2}-x)+1, & x\leqslant 0,\\ (x+1)\cos x-\sin x, & x>0\end{cases}$

C. $F(x)=\begin{cases}\ln(\sqrt{1+x^2}+x), & x\leqslant 0,\\ (x+1)\sin x+\cos x, & x>0\end{cases}$　D. $F(x)=\begin{cases}\ln(\sqrt{1+x^2}+x)+1, & x\leqslant 0,\\ (x+1)\sin x-\cos x, & x>0\end{cases}$

E. $F(x)=\begin{cases}\ln(\sqrt{1+x^2}+x)+1, & x\leqslant 0,\\ (x+1)\sin x+\cos x, & x>0\end{cases}$

13. 设连续函数$f(x)$满足 $f(x+2)-f(x)=x$，$\int_0^2 f(x)dx=0$，则$\int_1^3 f(x)dx=$(　　).

A. $-2$　B. $-\frac{1}{2}$　C. 0　D. $\frac{1}{2}$　E. 2

14. $\int_1^4\frac{dx}{x(1+\sqrt{x})}=$(　　).

A. $4\ln\frac{2}{3}$　B. $4\ln\frac{3}{2}$　C. $2\ln\frac{4}{3}$　D. $2\ln\frac{3}{4}$　E. $3\ln 2$

15. $\int_{-\frac{\pi}{2}}^{\frac{\pi}{2}}(\sin^3 x+\sin^2 x)\cos^2 x\,dx=$(　　).

A. 0　B. $\frac{\pi}{2}$　C. $\frac{\pi}{4}$　D. $\frac{\pi}{8}$　E. $\frac{\pi}{10}$

16. 曲线 $y=x^{\frac{3}{2}}\left(0\leqslant x\leqslant\frac{4}{9}\right)$ 的长度为(　　).

A. 1　　B. 2　　C. $\frac{8}{27}$　　D. $\frac{16\sqrt{2}}{27}$　　E. $\frac{16\sqrt{2}-8}{27}$

17. 过坐标原点作曲线 $y=\ln x$ 的切线，该切线与曲线 $y=\ln x$ 及 $x$ 轴围成平面图形 $D$，则 $D$ 的面积为(　　).

A. $e-1$　　B. $e+1$　　C. $\frac{e}{2}-1$　　D. $\frac{e}{2}+1$　　E. 1

18. 设位于曲线 $y=\frac{1}{\sqrt{x(1+\ln^2 x)}}$ $(e\leqslant x<+\infty)$ 下方、$x$ 轴上方的无界区域为 $G$，则 $G$ 绕 $x$ 轴旋转一周所得空间区域的体积为(　　).

A. $\frac{\pi}{2}$　　B. $\frac{\pi^2}{2}$　　C. $\frac{\pi}{4}$　　D. $\frac{\pi^2}{4}$　　E. $\pi^2$

19. 若函数 $f(x, y)=\arctan(1+2x^2+3y^2)$，则在点(1，1)处有 $\frac{\partial f}{\partial x}+\frac{\partial f}{\partial y}=$(　　).

A. $\frac{7}{36}$　　B. $\frac{5}{18}$　　C. $\frac{10}{37}$　　D. $\frac{11}{36}$　　E. $\frac{11}{37}$

20. 若函数 $z=z(x, y)$ 由方程 $e^z+xyz+x+\cos x=2$ 所确定，则 $dz|_{(0,1)}=$(　　).

A. $-dx$　　B. $dx$　　C. $-dy$　　D. $dy$　　E. 0

21. 已知函数 $f(x, y)=x^2(2+y^2)+y\ln y$，则(　　).

A. $\left(\frac{1}{e}, 0\right)$ 是 $f(x, y)$ 的极小值点　　B. $\left(0, \frac{1}{e}\right)$ 是 $f(x, y)$ 的极小值点

C. $\left(\frac{1}{e}, 0\right)$ 是 $f(x, y)$ 的极大值点　　D. $\left(0, \frac{1}{e}\right)$ 是 $f(x, y)$ 的极大值点

E. $f(x, y)$ 没有极值点

22. 已知 3 阶矩阵 $\boldsymbol{A}=(\boldsymbol{\alpha}_1, \boldsymbol{\alpha}_2, \boldsymbol{\alpha}_3)$，且 $|\boldsymbol{A}|=a(a\neq 0)$. 令 $\boldsymbol{B}=(\boldsymbol{\alpha}_1+2\boldsymbol{\alpha}_2, \boldsymbol{\alpha}_2+2\boldsymbol{\alpha}_3, \boldsymbol{\alpha}_3+2\boldsymbol{\alpha}_1)$，则 $|\boldsymbol{B}|=$(　　).

A. 0　　B. $a$　　C. $3a$　　D. $6a$　　E. $9a$

23. 设矩阵 $\boldsymbol{A}=\begin{pmatrix}1&0&1\\0&2&0\\1&0&1\end{pmatrix}$，且矩阵 $\boldsymbol{X}$ 满足 $\boldsymbol{AX}+\boldsymbol{E}=\boldsymbol{A}^2+\boldsymbol{X}$，则矩阵 $\boldsymbol{X}=$(　　).

A. $\begin{pmatrix}1&0&1\\0&2&0\\1&0&1\end{pmatrix}$　　B. $\begin{pmatrix}2&0&1\\0&3&0\\1&0&2\end{pmatrix}$　　C. $\begin{pmatrix}2&0&2\\0&3&0\\2&0&2\end{pmatrix}$　　D. $\begin{pmatrix}0&0&1\\0&1&0\\1&0&0\end{pmatrix}$　　E. $\begin{pmatrix}1&0&0\\0&1&0\\0&0&1\end{pmatrix}$

24. 设 $\boldsymbol{A}=(a_{ij})$ 为 3 阶矩阵，$\boldsymbol{A}^*$ 是 $\boldsymbol{A}$ 的伴随矩阵，$\boldsymbol{A}^{\mathrm{T}}$ 是 $\boldsymbol{A}$ 的转置矩阵，当 $\boldsymbol{A}^*=-\boldsymbol{A}^{\mathrm{T}}$ 时，$|\boldsymbol{A}|=$(　　).

A. $-1$　　B. 0　　C. 1　　D. $-1$ 或 1　　E. $-1$ 或 0

25. 已知$\boldsymbol{\alpha}_1$，$\boldsymbol{\alpha}_2$是非齐次线性方程组$\boldsymbol{A}\boldsymbol{x}=\boldsymbol{b}$的两个解，$\boldsymbol{\alpha}_3$，$\boldsymbol{\alpha}_4$是导出组$\boldsymbol{A}\boldsymbol{x}=\boldsymbol{0}$的两个解，$k_i(i=1,2,3,4)$为实数，则下列结论中正确的有(　　)个．

(1)$k_1\boldsymbol{\alpha}_1+k_2\boldsymbol{\alpha}_2$为$\boldsymbol{A}\boldsymbol{x}=\boldsymbol{b}$的解；　(2)$k_3\boldsymbol{\alpha}_3+k_4\boldsymbol{\alpha}_4$为$\boldsymbol{A}\boldsymbol{x}=\boldsymbol{0}$的解；

(3)$k_1\boldsymbol{\alpha}_1+k_2\boldsymbol{\alpha}_2+k_3\boldsymbol{\alpha}_3+k_4\boldsymbol{\alpha}_4$为$\boldsymbol{A}\boldsymbol{x}=\boldsymbol{b}$的解；　(4)$\boldsymbol{\alpha}_1+\boldsymbol{\alpha}_2+\boldsymbol{\alpha}_3+\boldsymbol{\alpha}_4$为$\boldsymbol{A}\boldsymbol{x}=2\boldsymbol{b}$的解．

A. 0　B. 1　C. 2　D. 3　E. 4

26. 向量组$\boldsymbol{\alpha}_1=(1,1,0)$，$\boldsymbol{\alpha}_2=(1,3,-1)$，$\boldsymbol{\alpha}_3=(5,3,t)$线性无关的充要条件是(　　).

A. $t=0$　B. $t\neq0$　C. $t=1$　D. $t\neq1$　E. $t\neq0$且$t\neq1$

27. 设$\boldsymbol{A}=\begin{pmatrix}1&2&-2\\4&-3&3\\3&-1&1\end{pmatrix}$，$\boldsymbol{B}$为三阶矩阵，且$\boldsymbol{A}\boldsymbol{B}=\boldsymbol{O}$，则以下结论一定成立的是(　　).

A. $\boldsymbol{B}$的秩为1

B. $\boldsymbol{B}$的秩大于或等于1

C. $\boldsymbol{B}$的秩不可能为2

D. $\boldsymbol{B}$的部分列向量能组成$\boldsymbol{A}\boldsymbol{x}=\boldsymbol{0}$的基础解系

E. $\boldsymbol{B}$的全部或部分列向量都不能组成$\boldsymbol{A}\boldsymbol{x}=\boldsymbol{0}$的基础解系

28. 设$n$阶矩阵$\boldsymbol{A}$的各行元素之和均为零，且$\boldsymbol{A}$的秩为$n-1$，则线性方程组$\boldsymbol{A}\boldsymbol{x}=\boldsymbol{0}$的通解为(　　)，其中$k\in\mathbf{R}$.

A. $(1,2,\cdots,n)^{\mathrm{T}}$　B. $k(1,2,\cdots,n)^{\mathrm{T}}$　C. $(1,0,\cdots,0)^{\mathrm{T}}$

D. $k(1,0,\cdots,0)^{\mathrm{T}}$　E. $k(1,1,\cdots,1)^{\mathrm{T}}$

29. 已知$A$，$B$两个事件满足条件$P(AB)=P(\overline{A}\,\overline{B})$，且$P(A)=p$，则$P(B)=$(　　).

A. $p$　B. $1-p$　C. $p^2$　D. $1-p^2$　E. $(1-p)^2$

30. 袋中有1个红球、2个黑球与3个白球，现有放回地从袋中取两次，每次取一个球．以$X$，$Y$分别表示两次取球所取得的红球、黑球的个数，则$P\{X+Y\leqslant1\}=$(　　).

A. $\frac{1}{2}$　B. $\frac{1}{3}$　C. $\frac{2}{3}$　D. $\frac{1}{4}$　E. $\frac{3}{4}$

31. 已知$F(x)=\begin{cases}a, & x\leqslant0,\\ \dfrac{bx}{2}, & 0<x\leqslant1,\\ c, & x>1\end{cases}$为分布函数，其中$a$，$b$，$c$为常数，则$a+b+c=$(　　).

A. 0　B. 1　C. 2　D. 3　E. 4

32. 设随机变量$X$的概率密度函数为$f_X(x)=\dfrac{1}{\pi(1+x^2)}$，则随机变量$Y=1-\sqrt[3]{X}$的概率密度函数$f_Y(y)=$(　　).

A. $\dfrac{1}{\pi(1+y^2)}$　B. $\dfrac{1}{\pi}\left[\dfrac{\pi}{2}-\arctan(1-y)^3\right]$　C. $\dfrac{(1-y)^2}{\pi[1+(1-y)^6]}$

D. $\dfrac{3(1-y)^2}{\pi[1+(1+y)^6]}$　E. $\dfrac{3(1-y)^2}{\pi[1+(1-y)^6]}$

**33.** 设相互独立的随机变量 $X$，$Y$ 具有同一分布律，且 $X$ 的分布律为 $P\{X=-1\}=P\{X=0\}=P\{X=1\}=\frac{1}{3}$，$Z=\min\{X, Y\}$，则 $P\{|Z|=1\}=$(　　).

A. $\frac{1}{9}$　　B. $\frac{5}{9}$　　C. $\frac{8}{9}$　　D. $\frac{1}{3}$　　E. $\frac{2}{3}$

**34.** 设随机变量 $X_1$，$X_2$，…，$X_n$ 同分布，且 $X_1$ 的概率密度为 $f(x)=\begin{cases}1-|x|, & |x|<1, \\ 0, & \text{其他},\end{cases}$

$Y=\frac{1}{n}\sum_{i=1}^{n}X_i^2$，则 $E(Y)=$(　　).

A. $\frac{1}{2}$　　B. $\frac{1}{3}$　　C. $\frac{1}{4}$　　D. $\frac{1}{6}$　　E. $\frac{1}{12}$

**35.** 已知随机变量 $X\sim U(a, b)$，且 $D(2X+1)=3$，则 $a$，$b$ 可能的取值为(　　).

A. 1，2　　B. 1，3　　C. 1，4　　D. 2，3　　E. 2，4

# 答案速查

**数学基础**

| | | | | | | | |
|---|---|---|---|---|---|---|---|
| 1～5 | DEDDB | 6～10 | EEDCD | 11～15 | DEDCD | 16～20 | ECDCA |
| 21～25 | BEBEC | 26～30 | DCEBE | 31～35 | DEEDC | | |

# 答案详解

**数学基础**

**1. D**

**【解析】主要考查等价无穷小替换和洛必达法则，是一道难度较低的计算题．**

$$原极限=\lim_{x\to 0}\frac{\cos x}{\sin x}\cdot\frac{x-\sin x}{x\sin x}=\lim_{x\to 0}\frac{x-\sin x}{x^3}=\lim_{x\to 0}\frac{1-\cos x}{3x^2}=\lim_{x\to 0}\frac{\frac{x^2}{2}}{3x^2}=\frac{1}{6}.$$

**2. E**

**【解析】考查无穷小的阶，是一道难度较低的概念题．**

(1)：由$\lim\limits_{x\to x_0}\frac{f(x)-g(x)}{f(x)}=\lim\limits_{x\to x_0}\left[1-\frac{g(x)}{f(x)}\right]=0$，得$f(x)-g(x)=o(f(x))$，故(1)正确．

(2)：由$\lim\limits_{x\to x_0}\frac{f^2(x)-g^2(x)}{f^2(x)}=\lim\limits_{x\to x_0}\left[1-\frac{g^2(x)}{f^2(x)}\right]=0$，得$f^2(x)-g^2(x)=o(f^2(x))$，故(2)正确．

(3)：由$\lim\limits_{x\to x_0}\frac{o(f(x))+o(g(x))}{f(x)}=\lim\limits_{x\to x_0}\frac{o(f(x))}{f(x)}+\lim\limits_{x\to x_0}\frac{o(g(x))}{f(x)}=\lim\limits_{x\to x_0}\frac{o(g(x))}{g(x)}\frac{g(x)}{f(x)}=0$，得$o(f(x))+o(g(x))=o(f(x))$，故(3)正确．

(4)：由$\lim\limits_{x\to x_0}\frac{o(f(x))\cdot o(g(x))}{f(x)g(x)}=\lim\limits_{x\to x_0}\frac{o(f(x))}{f(x)}\lim\limits_{x\to x_0}\frac{o(g(x))}{g(x)}=0$，得$o(f(x))\cdot o(g(x))=o(f(x)g(x))$，故(4)正确．

综上，正确结论的个数为4.

**3. D**

**【解析】主要考查连续的定义，是一道难度较低的计算题．**

由已知得$f(x)+g(x)=\begin{cases}1-ax, & x\leqslant -1,\\ x-1, & -1<x<0,\\ x-b+1, & x\geqslant 0.\end{cases}$又$f(x)+g(x)$在$\mathbf{R}$上连续，则其在点$-1$，0

处连续，故 $\lim\limits_{x\to-1^+}[f(x)+g(x)]=f(-1)+g(-1)$，且 $\lim\limits_{x\to0^-}[f(x)+g(x)]=f(0)+g(0)$，则 $-2=1+a$，且 $-1=-b+1$，解得 $a=-3$，$b=2$.

**4. D**

**【解析】主要考查连续、可导和极值，是一道难度较低的计算题.**

A、B、C、D 项：由 $f'(0)=\lim\limits_{x\to0}\dfrac{\dfrac{e^x-1}{x}-1}{x}=\lim\limits_{x\to0}\dfrac{e^x-1-x}{x^2}=\lim\limits_{x\to0}\dfrac{e^x-1}{2x}=\dfrac{1}{2}$，得 C 项错误，D 项正确. 再由可导与连续的关系得 $f(x)$ 在 $x=0$ 处连续，由函数取极值的必要条件得 $f(x)$ 在 $x=0$ 处不取极值，故 A、B 项错误.

E 项：当 $x\neq0$ 时，$f'(x)=\dfrac{e^x(x-1)+1}{x^2}$，则

$$\lim_{x\to0}f'(x)=\lim_{x\to0}\frac{e^x(x-1)+1}{x^2}=\lim_{x\to0}\frac{xe^x}{2x}=\frac{1}{2}=f'(0),$$

故 $f'(x)$ 在 $x=0$ 处连续，E 项错误.

**5. B**

**【解析】考查求导公式、函数的乘积求导法则和复合函数求导法则，是一道难度较低的计算题.**

$$y'=\frac{1}{x}f'(\ln x)e^{f(x)}+f(\ln x)e^{f(x)}f'(x)=e^{f(x)}\left[\frac{1}{x}f'(\ln x)+f'(x)f(\ln x)\right].$$

**6. E**

**【解析】考查导数计算和切线，是一道难度较低的计算题.**

当 $t=\dfrac{3\pi}{2}$ 时，$x=\dfrac{3\pi}{2}+1$，$y=1$. 又 $\left.\dfrac{dy}{dx}\right|_{t=\frac{3\pi}{2}}=\left.\dfrac{(1-\cos t)'}{(t-\sin t)'}\right|_{t=\frac{3\pi}{2}}=\left.\dfrac{\sin t}{1-\cos t}\right|_{t=\frac{3\pi}{2}}=-1$，故该曲线在 $t=\dfrac{3\pi}{2}$ 对应点处的切线方程为 $y-1=-1\times\left(x-\dfrac{3\pi}{2}-1\right)$，令 $x=0$ 得该切线在 $y$ 轴上的截距为 $\dfrac{3\pi}{2}+2$.

**7. E**

**【解析】考查零点定理和单调性定理，是一道难度较低的计算题.**

令 $f(x)=x+p+q\cos x$，易知 $f(x)$ 在 $(-\infty,+\infty)$ 上连续，且 $\lim\limits_{x\to+\infty}f(x)=+\infty$，$\lim\limits_{x\to-\infty}f(x)=-\infty$，由零点定理得 $f(x)$ 存在零点. 又 $f'(x)=1-q\sin x>0\,(0<q<1)$，故 $f(x)$ 单调增加，则其零点唯一，即 $p$ 为任意实数时，原方程都恰有一个实根.

**8. D**

**【解析】考查极值与拐点，是一道难度较低的概念题.**

A、B、E 项：由题意，根据拐点的第二充分条件得点 $(x_0,f(x_0))$ 是 $y=f(x)$ 的拐点，故 E 项错误，再根据“可导函数的极值和拐点不能在同一个点处取得”可得 A、B 项错误.

C、D 项：对于 $f'(x)$，由于 $f''(x_0)=0$，$f'''(x_0)>0$，根据极值的第二充分条件得 $f'(x_0)$ 是 $f'(x)$ 的极小值，故 C 项错误，D 项正确.

**9. C**

**【解析】考查渐近线和极限计算，是一道难度较低的计算题．**

由于$\lim\limits_{x\to\infty}\frac{y}{x}=\lim\limits_{x\to\infty}\frac{(2x-1)e^{\frac{1}{x}}}{x}=\lim\limits_{x\to\infty}\frac{2x-1}{x}\cdot\lim\limits_{x\to\infty}e^{\frac{1}{x}}=2$. 令 $x=\frac{1}{t}$，则

$$\lim_{x\to\infty}(y-2x)=\lim_{x\to\infty}\left[(2x-1)e^{\frac{1}{x}}-2x\right]=\lim_{t\to0}\frac{(2-t)e^t-2}{t}=\lim_{t\to0}\left[-e^t+(2-t)e^t\right]=1,$$

因此所求斜渐近线方程为 $y=2x+1$.

**10. D**

**【解析】考查弹性公式，是一道难度较低的计算题．**

由弹性公式得 $\eta_{AA}=-\frac{p_A}{Q_A}\frac{dQ_A}{dp_A}=\frac{2p_A^2+p_Ap_B}{500-p_A^2-p_Ap_B+2p_B^2}$，将 $p_A=10$，$p_B=20$ 代入得$\eta_{AA}=0.4$.

**11. D**

**【解析】主要考查不定积分计算的凑微分法，是一道难度较低的计算题．**

$$\int\frac{\tan x}{\sqrt{\cos x}}dx=\int\frac{\sin x}{\cos x\sqrt{\cos x}}dx=-\int\cos^{-\frac{3}{2}}x\,d(\cos x)=\frac{2}{\sqrt{\cos x}}+C.$$

**12. E**

**【解析】考查原函数的定义、连续性、求导、不定积分计算，是一道难度较低的计算题．**

方法一：利用原函数的连续性和求导排除干扰项．

A 项：由$\lim\limits_{x\to0^+}F(x)=\lim\limits_{x\to0^+}[(x+1)\cos x-\sin x]=1$，$F(0)=0$ 得 $F(x)$在 $x=0$ 处不连续，故 A 项错误．同理计算可得 C、D 项错误．

B 项：当 $x>0$ 时，有

$$F'(x)=[(x+1)\cos x-\sin x]'=\cos x-(x+1)\sin x-\cos x=-(x+1)\sin x,$$

故 B 项错误．

E 项：当 $x<0$ 时，有

$$F'(x)=[\ln(\sqrt{1+x^2}+x)+1]'=\frac{1}{\sqrt{1+x^2}+x}\left(\frac{x}{\sqrt{1+x^2}}+1\right)=\frac{1}{\sqrt{1+x^2}}=f(x);$$

当 $x>0$ 时，$F'(x)=[(x+1)\sin x+\cos x]'=(x+1)\cos x=f(x)$.

$$F'_-(0)=\lim_{x\to0^-}\frac{\ln(\sqrt{1+x^2}+x)}{x}=\lim_{x\to0^-}\frac{1}{\sqrt{1+x^2}+x}\left(\frac{x}{\sqrt{1+x^2}}+1\right)=1;$$

$$F'_+(0)=\lim_{x\to0^+}\frac{(x+1)\sin x+\cos x-1}{x}=1+\lim_{x\to0^+}\frac{\cos x-1}{x}=1,$$

则 $F'(0)=1=f(0)$，故 E 项正确．

方法二：分段求不定积分，再利用原函数的连续性求出两个任意常数之间的关系．

当 $x<0$ 时，原函数为

$$F(x)=\int\frac{1}{\sqrt{1+x^2}}dx\xlongequal{x=\tan t}\int\frac{1}{\sqrt{1+\tan^2t}}d(\tan t)=\int\frac{\sec^2t}{\sqrt{\sec^2t}}dt=\int\sec t\,dt$$

$$=\ln|\sec t+\tan t|+C_1=\ln(\sqrt{1+x^2}+x)+C_1;$$

当 $x>0$ 时，原函数为

$$F(x)=\int(x+1)\cos x\,\mathrm{d}x=\int(x+1)\mathrm{d}(\sin x)=(x+1)\sin x-\int\sin x\,\mathrm{d}x$$

$$=(x+1)\sin x+\cos x+C_2.$$

因为原函数在点 $x=0$ 处连续，故 $\lim\limits_{x\to0^-}F(x)=\lim\limits_{x\to0^+}F(x)$，即 $\lim\limits_{x\to0^-}[\ln(\sqrt{1+x^2}+x)+C_1]=\lim\limits_{x\to0^+}[(x+1)\sin x+\cos x+C_2]\Rightarrow C_1=1+C_2$. 令 $C_2=0$，则 $C_1=1$.

故一个原函数可以为 $F(x)=\begin{cases}\ln(\sqrt{1+x^2}+x)+1, & x\leqslant0,\\(x+1)\sin x+\cos x, & x>0.\end{cases}$

**13. D**

**【解析】考查定积分的性质及换元法，是一道难度较低的计算题．**

由定积分关于区间的可加性得 $\int_1^3 f(x)\mathrm{d}x=\int_1^2 f(x)\mathrm{d}x+\int_2^3 f(x)\mathrm{d}x$①. 令 $x=t+2$，则 $\int_2^3 f(x)\mathrm{d}x=\int_0^1 f(t+2)\mathrm{d}t$，又由已知条件 $f(x+2)-f(x)=x$ 得 $f(t+2)=f(t)+t$，则

$$\int_2^3 f(x)\mathrm{d}x=\int_0^1 f(t)\mathrm{d}t+\int_0^1 t\,\mathrm{d}t=\int_0^1 f(t)\mathrm{d}t+\frac{1}{2},$$

代入式①计算得 $\int_1^3 f(x)\mathrm{d}x=\int_1^2 f(x)\mathrm{d}x+\int_0^1 f(t)\mathrm{d}t+\frac{1}{2}=\int_0^2 f(x)\mathrm{d}x+\frac{1}{2}$，又已知 $\int_0^2 f(x)\mathrm{d}x=0$，故 $\int_1^3 f(x)\mathrm{d}x=\frac{1}{2}$.

**14. C**

**【解析】考查换元法和有理函数的定积分，是一道难度较低的计算题．**

令 $t=\sqrt{x}$，则 $x=t^2$，$\mathrm{d}x=2t\mathrm{d}t$，$t\in[1,2]$，故

$$\int_1^4\frac{\mathrm{d}x}{x(1+\sqrt{x})}=\int_1^2\frac{1}{t^2(1+t)}\cdot2t\,\mathrm{d}t=2\int_1^2\left(\frac{1}{t}-\frac{1}{1+t}\right)\mathrm{d}t=2\ln\frac{t}{1+t}\Big|_1^2=2\ln\frac{4}{3}.$$

**15. D**

**【解析】主要考查对称区间上奇偶函数的定积分和三角公式，是一道难度较低的计算题．**

$$\int_{-\frac{\pi}{2}}^{\frac{\pi}{2}}(\sin^3x+\sin^2x)\cos^2x\,\mathrm{d}x=\int_{-\frac{\pi}{2}}^{\frac{\pi}{2}}\sin^3x\cos^2x\,\mathrm{d}x+\int_{-\frac{\pi}{2}}^{\frac{\pi}{2}}\sin^2x\cos^2x\,\mathrm{d}x$$

$$=2\int_0^{\frac{\pi}{2}}\sin^2x\cos^2x\,\mathrm{d}x=\frac{1}{2}\int_0^{\frac{\pi}{2}}\sin^2 2x\,\mathrm{d}x=\frac{1}{2}\int_0^{\frac{\pi}{2}}\frac{1-\cos4x}{2}\mathrm{d}x$$

$$=\frac{1}{4}\left(x-\frac{1}{4}\sin4x\right)\Big|_0^{\frac{\pi}{2}}=\frac{\pi}{8}.$$

**16. E**

**【解析】考查弧长公式，是一道难度较低的计算题.**

由弧长公式得

$$s=\int_a^b \sqrt{1+(y')^2}\,dx=\int_0^{\frac{4}{9}}\sqrt{1+\left(\frac{3}{2}x^{\frac{1}{2}}\right)^2}\,dx=\int_0^{\frac{4}{9}}\sqrt{1+\frac{9}{4}x}\,dx$$

$$=\frac{4}{9}\int_0^{\frac{4}{9}}\left(1+\frac{9}{4}x\right)^{\frac{1}{2}}d\left(1+\frac{9}{4}x\right)$$

$$=\frac{4}{9}\times\frac{1}{\frac{1}{2}+1}\left(1+\frac{9}{4}x\right)^{\frac{3}{2}}\Bigg|_0^{\frac{4}{9}}=\frac{16\sqrt{2}-8}{27}.$$

**17. C**

**【解析】考查切线和平面图形的面积，是一道难度较低的计算题.**

设切点坐标为$(x_0，\ln x_0)$，切线方程为$y=kx$，则由$y=\ln x$与其切线在点$x_0$处有相同的函数值和一阶导数值得$\begin{cases}\ln x_0=kx_0,\\ \frac{1}{x_0}=k,\end{cases}$解得$\begin{cases}x_0=\mathrm{e},\\ k=\frac{1}{\mathrm{e}},\end{cases}$故切点坐标为$(\mathrm{e}，1)$，切线方程为$y=\frac{x}{\mathrm{e}}$.

如图所示，求$D$(图中阴影区域)的面积.

方法一：选择对$x$积分，$D$的面积$S$等于三角形$OAB$的面积减去其内部空白图形的面积，故

$$S=\frac{1}{2}\times\mathrm{e}\times1-\int_1^{\mathrm{e}}\ln x\,dx=\frac{\mathrm{e}}{2}-x\ln x\Big|_1^{\mathrm{e}}+\int_1^{\mathrm{e}}x\cdot\frac{1}{x}dx=\frac{\mathrm{e}}{2}-1.$$

方法二：选择对$y$积分，由$y=\ln x$解得$x=\mathrm{e}^y$，由$y=\frac{x}{\mathrm{e}}$解得$x=\mathrm{e}y$，则$D$的面积

$$S=\int_0^1[g_1(y)-g_2(y)]dy=\int_0^1(\mathrm{e}^y-\mathrm{e}y)dy=\frac{\mathrm{e}}{2}-1.$$

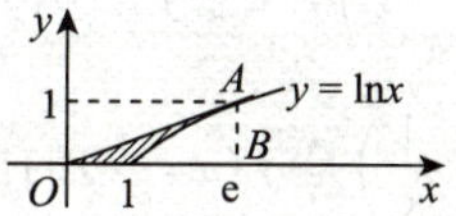


**18. D**

**【解析】考查旋转体体积公式，是一道难度较低的计算题.**

由旋转体体积公式得所求体积为

$$V_x=\int_{\mathrm{e}}^{+\infty}\pi y^2dx=\pi\int_{\mathrm{e}}^{+\infty}\frac{dx}{x(1+\ln^2x)}=\pi\int_{\mathrm{e}}^{+\infty}\frac{d(\ln x)}{1+\ln^2x}=\pi\arctan(\ln x)\Big|_{\mathrm{e}}^{+\infty}=\frac{\pi^2}{4}.$$

**19. C**

**【解析】考查偏导计算，是一道难度较低的计算题.**

方法一：先代再导.

$$\frac{\partial f}{\partial x}\bigg|_{(1,1)}=\frac{df(x，1)}{dx}\bigg|_{x=1}=\frac{d}{dx}[\arctan(4+2x^2)]\Big|_{x=1}=\frac{4x}{1+(4+2x^2)^2}\bigg|_{x=1}=\frac{4}{37},$$

$$\left.\frac{\partial f}{\partial y}\right|_{(1,1)}=\left.\frac{\mathrm{d}f(1,\ y)}{\mathrm{d}y}\right|_{y=1}=\left.\frac{\mathrm{d}}{\mathrm{d}y}[\arctan(3+3y^2)]\right|_{y=1}=\left.\frac{6y}{1+(3+3y^2)^2}\right|_{y=1}=\frac{6}{37}.$$

故在点(1，1)处有$\frac{\partial f}{\partial x}+\frac{\partial f}{\partial y}=\frac{10}{37}$.

方法二：先导再代．

$$\left.\frac{\partial f}{\partial x}\right|_{(1,1)}=\left.\frac{4x}{1+(1+2x^2+3y^2)^2}\right|_{(1,1)}=\frac{4}{37},\ \left.\frac{\partial f}{\partial y}\right|_{(1,1)}=\left.\frac{6y}{1+(1+2x^2+3y^2)^2}\right|_{(1,1)}=\frac{6}{37}.$$

故在点(1，1)处有$\frac{\partial f}{\partial x}+\frac{\partial f}{\partial y}=\frac{10}{37}$.

**20. A**

**【解析】考查隐函数求偏导和全微分计算公式，是一道难度较低的计算题．**

将$x=0$，$y=1$代入原方程得$z(0,\ 1)=0$. 原方程两端对$x$求偏导得$\mathrm{e}^z z'_x+yz+xyz'_x+1-\sin x=0$，将$x=0$，$y=1$，$z(0,\ 1)=0$代入可得$z'_x(0,\ 1)=-1$. 原方程两端对$y$求偏导得$\mathrm{e}^z z'_y+xz+xyz'_y=0$，将$x=0$，$y=1$，$z(0,\ 1)=0$代入可得$z'_y(0,\ 1)=0$. 故

$$\mathrm{d}z\,|_{(0,1)}=z'_x(0,\ 1)\mathrm{d}x+z'_y(0,\ 1)\mathrm{d}y=-\mathrm{d}x.$$

**21. B**

**【解析】考查多元函数无条件极值的必要条件和充分条件，是一道难度较低的计算题．**

由$\begin{cases}f'_x=2x(2+y^2)=0,\\ f'_y=2x^2y+\ln y+1=0,\end{cases}$ 解得唯一驻点$\left(0,\ \frac{1}{\mathrm{e}}\right)$，定义域内无偏导不存在的点，故$\left(0,\ \frac{1}{\mathrm{e}}\right)$为唯一可能极值点．

又由$f''_{xx}=2(2+y^2)$，$f''_{xy}=4xy$，$f''_{yy}=2x^2+\frac{1}{y}$，得

$$A=f''_{xx}\left(0,\ \frac{1}{\mathrm{e}}\right)=2\left(2+\frac{1}{\mathrm{e}^2}\right),\ B=f''_{xy}\left(0,\ \frac{1}{\mathrm{e}}\right)=0,\ C=f''_{yy}\left(0,\ \frac{1}{\mathrm{e}}\right)=\mathrm{e},$$

则$AC-B^2>0$，且$A>0$，故$\left(0,\ \frac{1}{\mathrm{e}}\right)$是$f(x,\ y)$的极小值点．

**22. E**

**【解析】考查分块矩阵运算和方阵的行列式，是一道难度较低的计算题．**

由于$\boldsymbol{B}=(\boldsymbol{\alpha}_1+2\boldsymbol{\alpha}_2,\ \boldsymbol{\alpha}_2+2\boldsymbol{\alpha}_3,\ \boldsymbol{\alpha}_3+2\boldsymbol{\alpha}_1)=(\boldsymbol{\alpha}_1,\ \boldsymbol{\alpha}_2,\ \boldsymbol{\alpha}_3)\begin{pmatrix}1&0&2\\2&1&0\\0&2&1\end{pmatrix}$，因此

$$|\boldsymbol{B}|=\left|(\boldsymbol{\alpha}_1,\ \boldsymbol{\alpha}_2,\ \boldsymbol{\alpha}_3)\begin{pmatrix}1&0&2\\2&1&0\\0&2&1\end{pmatrix}\right|=|\boldsymbol{\alpha}_1,\ \boldsymbol{\alpha}_2,\ \boldsymbol{\alpha}_3|\begin{vmatrix}1&0&2\\2&1&0\\0&2&1\end{vmatrix}=9|\boldsymbol{A}|=9a.$$

**23. B**

**【解析】考查矩阵和逆矩阵运算，是一道难度较低的计算题.**

由 $AX+E=A^2+X$ 得 $AX-X=A^2-E$，即 $(A-E)X=(A-E)(A+E)$. 由于 $|A-E|=\begin{vmatrix}0&0&1\\0&1&0\\1&0&0\end{vmatrix}\neq 0$，故 $A-E$ 可逆. 在 $(A-E)X=(A-E)(A+E)$ 两端左乘 $(A-E)^{-1}$ 得

$$X=A+E=\begin{pmatrix}2&0&1\\0&3&0\\1&0&2\end{pmatrix}.$$

**24. E**

**【解析】考查方阵的行列式，是一道难度较低的计算题.**

在已知等式 $A^*=-A^T$ 两端取行列式得 $|A^*|=|-A^T|$，其中

$$|A^*|=|A|^{3-1}=|A|^2,\quad |-A^T|=(-1)^3|A^T|=-|A|,$$

代入可得 $|A|^2=-|A|$，则 $|A|(|A|+1)=0$，解得 $|A|=0$ 或 $-1$.

【注意】若本题有附加条件"**A** 为非零矩阵"，则应选 A 项，详见卷 6 第 22 题.

**25. C**

**【解析】考查线性方程组解的定义及矩阵运算，是一道难度较低的计算题.**

由题意可知 $A\alpha_1=b$，$A\alpha_2=b$，$A\alpha_3=0$，$A\alpha_4=0$，则

(1)：$A(k_1\alpha_1+k_2\alpha_2)=k_1A\alpha_1+k_2A\alpha_2=(k_1+k_2)b$，由于 $(k_1+k_2)b=b$ 不一定成立，因此 $k_1\alpha_1+k_2\alpha_2$ 不一定为 $Ax=b$ 的解，故(1)错误.

(2)：$A(k_3\alpha_3+k_4\alpha_4)=k_3A\alpha_3+k_4A\alpha_4=0$，因此 $k_3\alpha_3+k_4\alpha_4$ 为 $Ax=0$ 的解，故(2)正确.

(3)：$A(k_1\alpha_1+k_2\alpha_2+k_3\alpha_3+k_4\alpha_4)=k_1A\alpha_1+k_2A\alpha_2+k_3A\alpha_3+k_4A\alpha_4=(k_1+k_2)b$，由于 $(k_1+k_2)b=b$ 不一定成立，因此 $k_1\alpha_1+k_2\alpha_2+k_3\alpha_3+k_4\alpha_4$ 不一定为 $Ax=b$ 的解，故(3)错误.

(4)：$A(\alpha_1+\alpha_2+\alpha_3+\alpha_4)=A\alpha_1+A\alpha_2+A\alpha_3+A\alpha_4=2b$，故 $\alpha_1+\alpha_2+\alpha_3+\alpha_4$ 为 $Ax=2b$ 的解，则(4)正确.

综上，正确结论有 2 个.

**26. D**

**【解析】考查向量组的线性相关性和行列式计算，是一道难度较低的计算题.**

向量组 $\alpha_1$，$\alpha_2$，$\alpha_3$ 线性无关 $\Leftrightarrow$ 方程组 $(\alpha_1^T,\alpha_2^T,\alpha_3^T)x=0$ 仅有零解 $\Leftrightarrow|\alpha_1^T,\alpha_2^T,\alpha_3^T|\neq 0$，又

$$|\alpha_1^T,\alpha_2^T,\alpha_3^T|=\begin{vmatrix}1&1&5\\1&3&3\\0&-1&t\end{vmatrix}=\begin{vmatrix}1&1&5\\0&2&-2\\0&-1&t\end{vmatrix}=2(t-1),$$

故 $\alpha_1$，$\alpha_2$，$\alpha_3$ 线性无关的充要条件是 $2(t-1)\neq 0$，即 $t\neq 1$.

**27. C**

**【解析】主要考查矩阵秩的性质和方程组的基础解系，是一道难度中等的概念题．**

由 $\boldsymbol{A}=\begin{pmatrix}1 & 2 & -2\\ 4 & -3 & 3\\ 3 & -1 & 1\end{pmatrix}\sim\begin{pmatrix}1 & 2 & -2\\ 0 & -11 & 11\\ 0 & 0 & 0\end{pmatrix}$，得 $R(\boldsymbol{A})=2$①. 又 $\boldsymbol{AB}=\boldsymbol{O}$ 得 $R(\boldsymbol{A})+R(\boldsymbol{B})\leqslant 3$②.

联立式①、②得 $R(\boldsymbol{B})\leqslant 1$，即 $R(\boldsymbol{B})=0$ 或 1，故 A、B 项错误，C 项正确．

若 $R(\boldsymbol{B})=0$，则 $\boldsymbol{B}$ 为零矩阵，其列向量全为零向量，全部或部分列向量都不能组成 $\boldsymbol{Ax}=\boldsymbol{0}$ 的基础解系，故 D 项错误．

若 $R(\boldsymbol{B})=1$，则 $\boldsymbol{B}$ 含有非零的列向量，又由 $\boldsymbol{AB}=\boldsymbol{O}$ 可知该非零的列向量为 $\boldsymbol{Ax}=\boldsymbol{0}$ 的解，再结合 $\boldsymbol{Ax}=\boldsymbol{0}$ 的任意 $n-R(\boldsymbol{A})=3-2=1$ 个线性无关的解均为基础解系，可知 $\boldsymbol{B}$ 的非零的列向量组成的向量组是 $\boldsymbol{Ax}=\boldsymbol{0}$ 的基础解系，故 E 项错误．

【注意】对于仅由一个向量组成的向量组，该向量非零⇔该向量组线性无关．

**28. E**

**【解析】考查线性方程组的通解，是一道难度较低的概念题．**

由已知条件 $R(\boldsymbol{A})=n-1$，得 $n-R(\boldsymbol{A})=1$，则 $\boldsymbol{Ax}=\boldsymbol{0}$ 的任意 1 个线性无关的解均为基础解系．又 $\boldsymbol{A}$ 的各行元素之和均为零，则 $\boldsymbol{A}(1,1,\cdots,1)^{\mathrm{T}}=\boldsymbol{0}$，故 $(1,1,\cdots,1)^{\mathrm{T}}$ 为 $\boldsymbol{Ax}=\boldsymbol{0}$ 的 1 个线性无关的解，即为基础解系，进而 $\boldsymbol{Ax}=\boldsymbol{0}$ 的通解为 $k(1,1,\cdots,1)^{\mathrm{T}}$.

**29. B**

**【解析】考查事件的运算律和概率的性质，是一道难度较低的计算题．**

由已知条件，结合事件的对偶律和概率的性质得

$$P(AB)=P(\overline{A}\,\overline{B})=P(\overline{A\cup B})=1-P(A\cup B)=1-P(A)-P(B)+P(AB),$$

则 $P(B)=1-P(A)=1-p$.

**30. E**

**【解析】主要考查古典概型，是一道难度较低的计算题．**

由题意知 $X$，$Y$ 的可能取值均为 0，1，2，则

$$P\{X+Y\leqslant 1\}=P\{X=0,Y=0\}+P\{X=0,Y=1\}+P\{X=1,Y=0\}.$$

利用古典概型计算概率得

$$P\{X=0,Y=0\}=\frac{C_3^1\times C_3^1}{C_6^1\times C_6^1}=\frac{1}{4},$$

$$P\{X=0,Y=1\}=\frac{2\times C_2^1\times C_3^1}{C_6^1\times C_6^1}=\frac{1}{3},$$

$$P\{X=1, Y=0\}=\frac{2\times C_3^1}{C_6^1\times C_6^1}=\frac{1}{6}.$$

代入计算得 $P\{X+Y\leqslant 1\}=\frac{1}{4}+\frac{1}{3}+\frac{1}{6}=\frac{3}{4}$.

**31. D**

**【解析】考查分布函数的性质，是一道难度较低的计算题.**

由 $F(x)$ 的表达式得 $F(-\infty)=\lim\limits_{x\to-\infty}a=a$，$F(+\infty)=\lim\limits_{x\to+\infty}c=c$，又根据分布函数的性质可知 $F(-\infty)=0$，$F(+\infty)=1$，故 $a=0$，$c=1$；由 $F(x)$ 在 $x=1$ 处右连续得 $\lim\limits_{x\to1^+}F(x)=F(1)$，即 $\lim\limits_{x\to1^+}c=\frac{b}{2}$，解得 $b=2$. 故 $a+b+c=0+2+1=3$.

**32. E**

**【解析】主要考查分布函数的定义，是一道难度较低的计算题.**

由分布函数的定义得

$$F_Y(y)=P\{Y\leqslant y\}=P\{1-\sqrt[3]{X}\leqslant y\}=P\{X\geqslant(1-y)^3\}=\int_{(1-y)^3}^{+\infty}f_X(x)\mathrm{d}x$$

$$=\int_{(1-y)^3}^{+\infty}\frac{\mathrm{d}x}{\pi(1+x^2)}=\frac{1}{\pi}\arctan x\Big|_{(1-y)^3}^{+\infty}=\frac{1}{\pi}\left[\frac{\pi}{2}-\arctan(1-y)^3\right],$$

故 $f_Y(y)=F'_Y(y)=\frac{3(1-y)^2}{\pi[1+(1-y)^6]}$.

**33. E**

**【解析】考查用最值表示的事件的转化和概率的性质，是一道难度中等的计算题.**

$P\{|Z|=1\}=P\{Z=-1\cup Z=1\}=P\{Z=-1\}+P\{Z=1\}$，其中

$$P\{Z=-1\}=P\{\min\{X, Y\}=-1\}=P\{X=-1\cup Y=-1\}$$

$$=P\{X=-1\}+P\{Y=-1\}-P\{X=-1, Y=-1\}=\frac{1}{3}+\frac{1}{3}-\frac{1}{3}\times\frac{1}{3}=\frac{5}{9},$$

$$P\{Z=1\}=P\{\min\{X, Y\}=1\}=P\{X=1, Y=1\}=\frac{1}{3}\times\frac{1}{3}=\frac{1}{9}.$$

代入计算得 $P\{|Z|=1\}=\frac{5}{9}+\frac{1}{9}=\frac{2}{3}$.

**34. D**

**【解析】考查期望方差的性质和计算公式，是一道难度较低的计算题.**

由期望的运算性质得 $E(Y)=E\left(\frac{1}{n}\sum\limits_{i=1}^{n}X_i^2\right)=\frac{1}{n}E\left(\sum\limits_{i=1}^{n}X_i^2\right)=\frac{1}{n}\sum\limits_{i=1}^{n}E(X_i^2)$.

由 $X_1$，$X_2$，…，$X_n$ 同分布得 $E(X_i^2)=E(X_1^2)$，$i=2, 3, \cdots, n$，又由期望的计算公式得

$$E(X_1^2)=\int_{-\infty}^{+\infty}x^2 f(x)\mathrm{d}x=\int_{-1}^{1}x^2(1-|x|)\mathrm{d}x=2\left(\int_0^1 x^2\mathrm{d}x-\int_0^1 x^3\mathrm{d}x\right)=\frac{1}{6}.$$ 故

$$E(Y)=\frac{1}{n}\sum_{i=1}^{n}E(X_i^2)=E(X_1^2)=\frac{1}{6}.$$

**35. C**

**【解析】考查均匀分布的方差和方差的运算性质，是一道难度较低的计算题.**

由 $X\sim U(a,b)$ 得 $D(X)=\frac{(b-a)^2}{12}$，结合方差的运算性质得

$$D(2X+1)=D(2X)=2^2D(X)=4\times\frac{(b-a)^2}{12}=3,$$

则 $b-a=3$（由 $a$，$b$ 分别为区间的左、右端点知 $a<b$，故舍去负值），满足此条件的只有C项.